阅读力

聂震宁 著

生活・讀書・新知 三联书店

Copyright © 2017 by SDX Joint Publishing Company.
All Rights Reserved.
本作品版权由生活·读书·新知三联书店所有。
未经许可，不得翻印。

图书在版编目（CIP）数据

阅读力/聂震宁著. —北京：生活·读书·新知三联书店，2017.3（2019.1重印）
ISBN 978-7-108-05125-7

Ⅰ.①阅… Ⅱ.①聂… Ⅲ.①读书活动-研究-中国 Ⅳ.① G252.17

中国版本图书馆 CIP 数据核字（2017）第 039316 号

责任编辑	唐明星
装帧设计	康 健
责任校对	张国荣 王军丽
责任印制	宋 家
出版发行	生活·讀書·新知 三联书店
	（北京市东城区美术馆东街22号 100010）
网 址	www.sdxjpc.com
经 销	新华书店
印 刷	河北鹏润印刷有限公司
版 次	2017年3月北京第1版
	2019年1月北京第9次印刷
开 本	880毫米×1230毫米 1/32 印张 10
字 数	208千字
印 数	52,401-72,400 册
定 价	39.00元

（印装查询：01064002715；邮购查询：01084010542）

目 录

致热爱阅读的未来精英   1

导 语   1

一 无始无终的阅读史   1
    1. 阅读先于文字   3
    2. 文字提升阅读   6
    3. 朗读先于默读   10
    4. 出版扩展阅读   14
    5. 忙时读屏,闲时读书   19

二 阅读史上的好风景   23
    1. 阅读好时代特征(一):社会转型   24
    2. 阅读好时代特征(二):写作活跃   28
    3. 阅读好时代特征(三):出版繁荣   31
    4. 阅读好时代特征(四):政策开明   36
    5. 阅读好时代特征(五):名人领读   40

  6. 阅读好时代特征（六）：蔚成风气 44
  7. 迎来阅读的好时代 48
  8. 阅读永远是进行时 53

三　究竟为什么要读书 57
  1. 这个问题还需要讨论吗？ 57
  2. 为什么读书？ 59
  3. 读书目的（一）：读以致知 62
  4. 读书目的（二）：读以致用 64
  5. 读书目的（三）：读以修为 69
  6. 读书目的（四）：读以致乐 75

四　阅读一定有方法 81
  1. 与书结缘 81
  2. 让阅读成为习惯 89
  3. 读书不妨动一动口 97
  4. 读书最好动一动手 101
  5. 读到好书要动心 107

五　不止一种读书法 115
  1. 如何阅读论述型的书 115
  2. 如何阅读文学作品 118
  3. 朱子读书法 124
  4. 快阅读与慢阅读 130

   5. 浅阅读与深阅读　　　　　　　　　　138

六　独读书不如众读书　　　　　　　　143
   1. 自古以来就有社群阅读　　　　　　143
   2. 家庭阅读：阅读传递亲情　　　　　　145
   3. 校园阅读：习惯养成当此时　　　　　153
   4. 读书会：为了阅读的聚会　　　　　　161
   5. 社区阅读：闲暇的伟力　　　　　　　171

七　如何找到好书　　　　　　　　　　177
   1. 找好书很重要吗？　　　　　　　　　177
   2. 90年前的一次荐书活动　　　　　　　182
   3. 变"必读书"为"应知书"　　　　　　202
   4. 推荐"应知书"的书目　　　　　　　216

结　语　　　　　　　　　　　　　　　231

附　录　　　　　　　　　　　　　　　235
   1. "中学生语文新课标课外文学名著必读丛书"书目 235
   2. "中国文库"书目　　　　　　　　　　239
   3. "百年百种优秀中国文学图书"书目　263
   4. "世界文学名著文库"书目　　　　　268
   5. "汉译世界学术名著丛书"书目　　　276

致热爱阅读的未来精英

亲爱的未来精英，你应当是热爱阅读的。因为我们不能想象，在一个文明社会，还有未来精英是不爱阅读乃至拒绝阅读的。倘若你是一位受到许多老师和长辈称赞的聪明、机灵的少年，倘若你是一位得到过许多老师和长辈称赞的善学习、会思考的少年，倘若你是一位能歌善舞、能书善画的少年，那么，热爱阅读吧！让阅读为你的聪明插上智慧的翅膀，让阅读为你的思考插上思想的翅膀，让阅读为你的才艺插上创新的翅膀。让阅读为未来精英插上翱翔天空的翅膀！

亲爱的热爱阅读的少年朋友，你应当会成为未来精英的。因为我们知道，在一个文明社会，阅读是一切精英人才成长的必由之路。如果你热爱阅读古今文学经典作品，那么，你就开启了自己的文学之路。如果你热爱阅读古今文史知识书籍，那么，你就开启了自己的哲思之旅。如果你迷恋阅读科普科幻作品，那么，你就正在形成自己的科学思维能力。如果你热爱各种艺术图书，那么，你就正在获得自己的艺术修养。因为，优秀的文学、文化、艺术、科学、思想精英人才的成长，都是与最初的广泛阅读分不开的。让阅读帮助你成长为未来的精英！

亲爱的热爱阅读的未来精英，我在《阅读力》这部书里讲述了阅读的历史、阅读的文化和阅读的方法，介绍了我对"为什么读、怎样读、读什么"的一些见解，希望能跟你们有更多的交流。其中，我最希望能得到你们认可的是，在书中我提出"读以致知、读以致用、读以修为、读以致乐"的观点。倘若你们能够认同这个"四读"的说法并且坚持付诸实践，那么，你们应当能成为未来精英的。成长是一辈子的命题，阅读也是一辈子的功课，只要坚持下去，你们就应当能读以成才——我坚信，并热切地期待着！

特将此书献给热爱阅读的未来精英！

聂震宁

2018 年 11 月 18 日

导 语

2016年初，我忽然做了一个决定，要把对社会阅读问题的研究重点转移到阅读力研究上来。而在此之前的十年里，我只是在提高国民阅读率、改善国民阅读状况方面做些事情，为此写下过数十万字的东西，结集成《舍不得读完的书》出版。

现在，促使我把注意力转移到阅读力研究上来，因素是多方面的，其中一个重要因素，就是在媒体上获知中美大学生阅读状况的比较现状后，对我的触动特别大。

2016年初，媒体披露，有专业机构对中美两国著名大学学生做了2015年全年学生借阅图书情况的调查，公布出来的调查情况是：美国排名前十的大学的图书馆学生借阅量排在前四位的是柏拉图的《理想国》、托马斯·霍布斯的《利维坦》、尼科罗·马基雅维利的《君主论》和塞缪尔·亨廷顿的《文明的冲突》；中国排名前十的大学的图书馆学生借阅量最高的依次是《平凡的世界》《三体》《盗墓笔记》《天龙八部》《明朝那些事儿》。我感觉到这一调查结果颇具意味，于是在多次演讲中加以引用，而且，每次引用都会引发现场笑声，甚至，在大学生中演讲，同样引发笑声。事后我就寻思，原本是想通过这种比较，让我们的读者们特别是大学生读者们感到汗颜，感到耻辱，然后知耻而后勇，奋起阅读那些更为厚重的人文著作。可是，效果并不如我所预期的那样，那些笑声内涵其实还是有些复杂的。这是为什么呢？看来，我们只用一种高蹈的欧美学术标准来衡量我们的阅读实践，并不能说明全部问题。一个民族的阅读文化，自然还会有民族的阅读性格、审美特点和思维方式需要予以理解。但是，无论如何，这当中还是存在着阅读力高下强弱的问题。这也就是阅读界专业人士经常提出的"为什么读""读什么"和"怎么读"的问题，这些问题几乎是阅读学永恒的问题，有如哲学上"你是谁""从哪里来"和"到哪里去"的永远追问。其实，阅读力问题应当被看成是人类阅读研究的起点和归宿。我既然有兴趣涉足于阅读学，那么，就应当在阅读力问题的研究上多下一些功夫。

2016年初，还有一件关于阅读的事情触动我转向阅读力研究。当时我在南方一所"211"大学与大学生们座谈读书生活。在提问阶段，一位女同学提问道："我是中文系的学生。但我很想读哲学书，可总是读不懂，请问老师怎么办？"我告诉她，阅读要循序渐进，要弄懂一些基本概念，要找这方面的老师请教，在老师的指导下去阅读一两本哲学入门书籍。接着，我又说，提高阅读力需要长期的训练，提高阅读力需要更多的阅读。我的回答没有引起同学们的掌声。会场上比较静寂，尴尬的静寂。我意识到我的回答很难令大家特别是那位女同学满意。而当时我的回答只能是这个水平，因为那时我在阅读问题上的兴趣还停留在鼓动更多的人来读书上，而这位同学和在场的更多同学却希望我能告诉他们如何才能提高阅读力。

了解到大学生们对于提高阅读力的强烈需求，我启动了阅读力的研究之旅。

我国大学生如此急迫地提出阅读力问题，可见他们已经深感自己在这方面的不足。按说，一个人进入大学学习阶段，应当具备了比较好的阅读能力。可是，很长时间以来，我国大学生在成为大学生之前，深陷应试教育的泥淖，而我们的应试教育又严重地脱离阅读能力的培养，这就使得他们到了大学之后才开始关注阅读力的养成。我们知道，欧美发达国家的国民教育早就比较普遍地提倡"席明纳"（Seminar，即"研讨班"）

教学方法，这是一种起源于德国并广泛应用于欧美学校教育的教学模式，强调以学生为主体，培养学生的综合能力，尤其在大学教学中广泛运用。采用"席明纳"教学方法，往往是以学生大量的阅读为基础。而我们的中小学教育正好并不以学生的阅读作为基础，而似乎是以知识点的掌握和应试能力作为基础。这就是说，我们的中小学生，从一开始上学起，就基本上要告别大量的自主的阅读。近些年来，在国家开展全民阅读的形势下，校园阅读也渐次开展起来，可是，在教学与阅读脱节的教育体制下，我们的校园阅读也不会迅速得到很大改观。美国有一位对中小学生阅读有专门研究的专家到华东某省考察，指出我们的小学生阅读明显滞后，其中突出的例证是，一年级中国儿童每年的阅读量大概是4900字，还不到美国儿童阅读量的六分之一；许多小学三年级以上的学生，主要在阅读动漫书、绘本书，而这应当是三年级以前学生的主要读物。其实，何止是小学高年级学生主要在阅读动漫，现在就是中学生、大学生也都在轻轻松松地读动漫。很显然，这就是阅读力弱化的问题。

事实上，关于阅读力问题，已经引起人们越来越广泛的关注，这是在提倡阅读的背景下，一个顺理成章的结果。2016年，我以《如何提高阅读力》为题全年发表过十多场演讲，我发现，较之于过去演讲关于阅读的其他问题，听众明显注意力更为集中。我明白，这是因为许多人急于想掌握提高阅读力的方法。就像平常我们见到过的那种实务性演讲，有需求者总是特别关注，因为大凡属于方法一类的知识，必须切实学习才行。然而，提高阅读力，却不只是传授一些方法就可以做到的。不可想象，一个过去不爱读书、较少读书或者读书较少有心得的人，只要把一些方法传授给他，就能使得他迅速成长为有志于进行终身阅读的饱读之士？一个阅读者，对于阅读的历史、阅读的内涵及其文化意义有了比较正确的认识，在此基础上，又能掌握阅读的科学方法，其阅读力才可能得到较大提高。阅读力，其实就是教育力、文化力、思想力的一部分，一个人是如此，一个社会更是如此。为此，本书主题虽然是谈阅读力，却要从人类阅读的历史讲起。人类阅读历史的变迁，无疑也是人类阅读力发展变化的重要轨迹。

一　无始无终的阅读史

在我国，阅读史方面的书籍出版不多，书业推广也很少用力。有人认为，原因是此类书比较专业，属于小众需求。这种看法有一定的道理。不过，我以为有一个原因不能不被提及，那就是，在我们过去的国民教育体系中，几乎不曾开设过阅读课程，小学没有，中学没有，大学也没有，阅读学方面的知识只是在一些相关课程中捎带传授，一个没有开设过系统课程的专业知识，其专业书籍受重视程度往往就会大为降低，因此，阅读学方面的书籍在我国一直出版得比较少。至于阅读史方面的书籍，所能见到的则少之又少——当然，作为一种专业性相对比较强的书籍，阅读史方面的书籍并不需要有多少品种，我们只是希望，品种可以不多，可读者不要太少。

近几年我读过的阅读史方面的著作，感觉收获比较大的是加拿大阿尔维托·曼古埃尔的《阅读史》和新西兰史蒂文·罗杰·费希尔的《阅读的历史》；前一部的作者是一位加拿大作家，这部书趣味性比较浓一些，在书中能够让我们感受到人类历史上似乎比较真实的阅读生活场景，让我们读到一些世界性大作家的故事，比较亲切；后一部的作者是一位新西兰文化学者，书的学术气息比较浓厚，条分缕析，易于理解记忆。尽管这两部书有许多不同（当然会有许多不同，要不然商务印书馆怎么会出版曼古埃尔的《阅读史》之后不久，又出版费希尔的《阅读的历史》，因为它们基本不重复），但是，有一点却是相同的，那就是，谈到阅读，他们都充满了激情。费希尔的《阅读的历史》是一部学术性的著作，可是开篇就激情四射，他写道："世间最神奇的事莫过于阅读。"接着，又写道："古往今来，不论长幼，谁都无法否认它的重要性……对于我们大多数人来说，它永远是文明之声……"曼古埃尔的《阅读史》扉页则引用了法国19世纪著名作家福楼拜的一句名言："阅读是为了活着。"大师箴言，启人心智。

在阅读成为当今社会热词的情形下，几乎所有学校都把阅读当作随时要提及甚至布置的内容，甚至几乎所有稍微正规一些的机构、企业、社团组织乃至社会活动中，也都言必称要开展阅读。一方面这是令人欣慰的，这是社会阅读自觉性空前加强的体现；另一方面，又觉得这样简单化地重复下去，把阅读说成了标签式语言，说着说着就俗了、浅了、傻了。为了在社会热潮中不被失去自我，为了提高阅读的自觉性和自主性，提高阅读力，我们不妨多了解一些人类阅读史方面的知识。这也是值得重视的人文阅读，与人类文化史、文明发展史、精神发展史相关，可以开阔视野，增长知识，其中不少知识还不无趣味——这是一句诚实的话，我们不妨想想，有多少人留意过人类阅读的前世今生，又有多少人了解过人类文明发展与阅读关系密切到何等程度，人类的阅读从什么时候开始？事实上，人类的阅读无始无终，在我们这个星球，人类自从成长为人类，就开始有了自觉的阅读；而人的生命一旦诞生，阅读就已与生俱来，正可谓人类的阅读无始无终。

1. 阅读先于文字

我并没有在这里梳理阅读史的打算。我只是希望通过阅读史的一些知识，让读者们对于人类的阅读发生、变迁和发展增添一点知识，从而拓宽自己对阅读的理解和想象。

阅读是人类最主要的认知过程，是人类最重要的获取信息知识的手段。阅读把人类最广泛地联系起来——无论是上下数千年甚至更为久远，无论是纵横几万里乃至浩瀚的星空——阅读在这当中发挥着不可或缺的作用。有人说自从有了文字就有了阅读，其实不准确，应当说，自从有了人类就有了阅读。农民阅读土地和庄稼，牧民阅读草原和羊群，渔夫阅读河海和鱼汛，星相家阅读浩瀚星空，寻宝人阅读山丘沟壑，大自然阅读生态万物。一块石头，赌石人阅读含玉的蛛丝马迹，地质学家阅读矿脉，园艺家阅读造型之美。人与人，有情人阅读对方的表情，以便准确做出下一步的情感行为，父母阅读新生婴儿神秘的表情，儿女阅读父母临终前最后一滴泪水的含义，如此等等，都是先于文字的阅读。"阅尽人间春色"是阅读，"读你的感觉像三月"是阅读。体育竞赛中说优秀运动员善于"阅读比赛"，已经成了不少媒体体育节目主持人的常用说法。曼古埃尔的《阅读史》指出："一个社会可以没有书写的存在——很多社会的确就是如此，但是没有社会可以缺乏阅读而存在。"

中国有句谚语：不识字，但要识事。我们社会还要求人要"阅世""阅历"，成语有"察言观色""暗送秋波"，也都是先于文字的阅读，是一种经验式的阅读，是一种寻求事物

甲骨文

意义的阅读。在文字产生之前，这样的阅读毫无疑问曾长久地存在过，凭借这样的阅读，人类才能生存繁衍下来并创造出包括文字在内的一切文明成果。

阅读先于文字。这几乎是一个不需要求证的事实。而注意到这一事实，将有助于我们对阅读文化的正确理解。

阅读先于文字，也就是说，人类的阅读首先是为了认识事物、趋利避害，而不是首先为了文字。在文字产生之前，阅读只关乎意义。文字形成之后，文字的语音、字形、书写乃至图画、书写、文辞等逐步成为阅读的对象物，现在更是扩大到了视频、音频，超越了文字，然而，还是要守住阅读的本源，即阅读首先在于为了对象物的意义。

清末光绪年间，金石学家王懿荣从那些散落在药铺里的中华龙骨上的刻纹阅读出意义，解读出这是一种契文，即甲骨文，

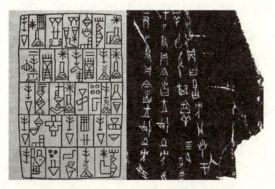

甲骨文与楔形文字

这就是追寻意义的阅读获得的意想不到的好处。紧随其后,又有考古学家通过中华龙骨上的记载,找到了河南的安阳小屯,在那里以及后来在其他地方先后发掘搜集到 15 万片甲骨卜辞,在龟甲与牛胛骨上刻的文字总字数达到 3500 个左右。从甲骨文字的结构来说,除了象形以外,形声、会意、假借等比较进步的造字方法已普遍被应用。足见在 3000 多年前的商代,汉字已达到了相当完备的程度。而且由此可以推断,中华文字在商代以前还应当有一个很长的发展形成过程,其历史可以继续向前延伸。这就是阅读史上超越文字而又恩惠于文字的一次阅读。

2. 文字提升阅读

阅读是基于文字的阅读,否则就要落入泛阅读和反文化的窠臼。人类社会什么时候有了文字阅读?迄今为止,寻找得到最早的实证是公元前 3200 年古巴比伦苏美尔人的楔形文字。至于中华民族的文字到底最早形成于哪一个年代,还需要不断地去考证。目前仅就一百多年来考古发现,证明中华民族早在公元前 1700 年就有了基本完善的文字——甲骨文。而在五六千年前的仰韶文化、大汶口文化中还发现在陶器上刻画的符号有数十种之多,其中有些与甲骨上所见的字类似,因而有人认为它们就是早期文字。至于在龙山文化早期的陶罐上发现的朱书可以肯定就是文字,表明中国的汉字至少已有 4000 年

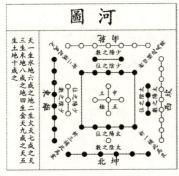 

"河图洛书"

以上有文字的历史。而根据先秦许多史书上的记载,中华文字出现的年代还应当更早。譬如相传造字的仓颉,就是古代整理文字的一个代表人物。据《说文解字》,仓颉是黄帝时期造字的史官,被尊为"造字圣人"。他所处的年代大约为公元前26世纪。据此推测,四五千年前,我国的文字就已经比较成熟了。

"河图洛书"一直被看成中华文明的重要起源。虽然我们现在还不能把"河图洛书"臆断为文字载体,可无论如何也说明这是一次十分重要的阅读。创造文字,阅读文字,乃是人类走出蛮荒、结成社会、迈向文明的一大步。《淮南子·本经》中记载:"昔者仓颉作书,而天雨粟,鬼夜哭。"足见这是多么重大的一件事,可谓惊天地、泣鬼神。自有文字产生,从根本上提升了人类阅读的作用和价值。阿尔维托·曼古埃尔指出,即将成为书写着的人必须能够先识别和辨认符号的社会系统,然后才可能将其记载于书页上;对大部分文字社会而言,阅读是社会形成契约的初始,学会阅读便是一个人在社会上的通关仪式。

自有文字之后,所谓阅读就专指对书写在物体表面上的连续文本符号的理解,现在,当然也包括从电子屏幕上获取编码信息的阅读。人们一旦获得这样的阅读能力,就主要通过文字来理解事物,获取人生经验。对于绝大多数的阅读者来说,阅读文字往往先于实践之前,再通过此后实践来印证或者纠正文字所给予的信息和知识。这种倒逆式的学习成为人类加快进步的主要路径。最能够说明阅读对于人类提升认知能力的名言是我国的一句俗话,即"秀才不出门,能知天下事"。土耳其著名作家帕慕克对阅读文字的好处有过一番很有趣的理解,他在《白色城堡》一书里写道:"人生犹如单趟车旅,一旦结束,你就不能重来一次了。""但是假如你能一卷在握,不管那本书多么复杂或艰涩,假如你愿意的话,当你读完它时,你可以回到开头处,再读一遍,如此一来就可以对艰涩处有进一步的了解,也会对生命有进一步的领悟。"阅读是一件多么美好的事情,它可以使得我们对生命有过很多次的体验和领悟。

对于识字的人,阅读很自然会成为自己生活的一部分。西班牙大文豪塞万提斯一直酷爱阅读,甚至连丢落在街道上的碎纸片他都会捡起来读。著名英国女作家弗吉尼亚·伍尔芙每年都要重读一次莎士比亚的《哈姆雷特》,而且都会将读后感记下来。"这实际上便是在记录自己的传记,因为我们对生命所知更多时,莎士比亚就会进一步评论我们对世界的理解。"而识字的人一旦孤立独处,想到的第一件事情往往是阅读。我国著名诗人、翻译家绿原先生，在20世纪50年代遭遇冤案入狱七年，他竟然借此孤独的遭遇在监狱里自学德语，出狱后翻译了德国文学经典名著《浮士德》和不少德语文学作品。奥地利著名作家茨威格有一部著名的中篇小说《象棋的故事》，写的是一个银行职员落入德国纳粹的监狱，监禁使他孤独得几乎发疯，一个偶然的机会他偷到一本书，却是他从不感兴趣的棋谱书，是国际象棋著名对局，在百无聊赖、孤苦无援下他只好用阅读这部棋谱度过牢狱中的日日夜夜，岂料从此陷入独自对弈的魔症。

　　文字的魅力在于，人们一旦认识它就再也离不开它。文字对于阅读的提升一度达到登峰造极的地步。曾有过这样的故事，某些文字的东西被当成宗教或者帮派的秘籍而受到誓死保护。在武侠小说中，侠士通常要舍命保护门派的秘籍，到底是什么，作者始终不说，总之是一些很神圣的文字。在古代印度社会，地位最低的首陀罗种姓的人是不准识字的，甚至不准他们听诵《吠陀经》，所以他们几乎全是文盲。大凡宗教，几乎都把经卷看成是宗教属性中不可更改的一部分，许多宗教把寺庙僧侣诵经作为每日必修之课。佛教徒诵经是为了来生转世，基督教徒祈祷是为了死后灵魂上天堂，这些都是通过文字来表达重要意思。中国古人认为一个成功的人士一定要"读万卷书，行万里路"。古人还将家族的传承寄托在阅读之上，即"忠厚传家久，诗书继世长"。在传统的中国人看来，无论是居庙堂之高，还是处江湖之远，阅读均不可或缺。不仅是"学而优则仕"，还要"仕而优则学"，说是"万般皆下品，唯有读书高"也不为过吧。

3. 朗读先于默读

说到朗读和默读，孰先孰后，人们通常很少去想它。今天的一般读者，常常会脱口而出：默读先于朗读。因为我们在提倡情形下也是如此，拿到一篇文字，总会先默读浏览一遍，而不是拿过文稿就朗读。

有人问,谈这个问题有意义吗？我们今天要谈朗读和默读，作为对阅读史发展、变化过程的了解，作为今天对阅读方法的正确掌握，还是有意义的。

朗读先于默读，这是阅读史研究已经证实了的。以听为读，自有多种缘由。在公元前7世纪，古希腊大约只有5%的人识字，能阅读的更是寥寥无几，加上书籍极少，那时候的公共阅读总是以听为读。阅读史研究专家认为，已知最早的公共阅读始于希腊，也就是说，希腊较高水平的识字人就是朗读者。希腊语中的"阅读"一词就是取"我读，我认识，我大声朗读"之意，一直到中世纪的多数欧洲语言里"阅读"一词也都有"朗读、背诵、播送、宣告"的意思。古希腊时期，医生甚至会开出"阅读"的处方，让病人通过听别人的朗读来调养心神。而不少希腊人以及罗马人，还有过养一名受过专门阅读训练的奴隶为主人朗读的风气。阿尔维托·曼古埃尔认为，在公元10世纪前，雅典人、罗马人的正常阅读方式是大声朗读。而早在公元前7

世纪,到亚述图书馆查找资料的亚述学者,"肯定都是在隆隆嘈杂声中阅读"。"在雅典或珀迦马的时代,旁边另有几十个读者各摊开刻写板或卷轴,喃喃自念着各类故事……我们找不到有抱怨希腊或罗马图书馆的噪音的记载。"直到公元前 5 世纪,希腊哲学家苏格拉底还是坚决反对书写和默读,他对他的学生柏拉图一再强调口述的重要性。柏拉图当然要尊崇恩师的教诲,但又不能不把乃师的思想记录下来,这才有了柏拉图的《对话录》等一些口语体的著作,并一直流传到今天。

中华民族的阅读也是一个从朗读到默读的过程。比苏格拉底更早出现的孔子,也是一个强调口述、反对书写的哲学家、教育家。"述而不作"是他的信条,这个信条一直流传至今。当然,现在"述而不作"已经成了一些学人的范儿,有的人滔滔不绝却极少著述,有的本来就是懒得写作而自况。我们通过一些文献典籍也可以了解到先秦时期以听为读的阅读情形。战国时期的儒家集大成者荀子,在他的《劝学篇》里,透露出当时阅读以朗读为主的情形:"君子之学也,入乎耳,着乎心,布乎四体,形乎动静。""小人之学也,入乎耳,出乎口;口耳之间,则四寸耳,曷足以美七尺之躯哉!""君子知夫不全不粹之不足以为美也,故诵数以贯之,思索以通之……"从这些名句里,我们可以得到一个信息,当时的阅读学习是首先听到——入耳,然后才是入脑。学习则是"诵之"。宋代理学集大成者朱熹在其《朱子读书法》中谈道:"大凡读书,且要读,不可只管思。口中读,则心中闲,而义理自出。"由此可以想见,这里说的读书乃是指那种要动口的诵读。读鲁迅的《从百草园到三味书屋》，写到三味书屋的先生大声喊道："'读书！'于是大家放开喉咙读一阵书，真是人声鼎沸……先生自己也念书。后来，我们的声音便低下去，静下去了，只有他还大声朗读着：'铁如意，指挥倜傥，一座皆惊呢；金叵罗，颠倒淋漓噫，千杯未醉嗬……'我疑心这是极好的文章，因为读到这里，他总是微笑起来，而且将头仰起，摇着，向后拗过去，拗过去。"以前读了这一段文字，只觉得旧学死读书读死书可笑而且害人，现在回过头来一想，发现这竟然是一段十分真切的古代流传下来的阅读场景的描写，让我们得以窥见朗读在中国传统阅读中的普及和传承。

　　早期古代的朗读与书籍载体的形态密切相关。中国古代竹简、木牍时代，竹简、木牍制作不易，搬动也很不容易。据史书记载，秦始皇总览朝政，一天要读的竹简有120斤之多。西汉时期，东方朔给汉武帝写一封信，曾用了3000根竹简，要两个人才抬得动。成语"学富五车"，是描述战国时代的名家惠施勤奋好学的。他每次出门，都要带上五车竹简在路上阅读。这车当时一般都是牛车。五车竹简加起来也没几部书，一架牛车装一部《春秋左传》都不得了。照这么个算法，现代一般读书人都称得上学富几十车、上百车了。正因为书籍制作的不易，所以古人书写惜墨如金，形成极为精炼的文章。古希腊、古罗马用的是莎草纸，莎草纸采集和制作也是十分不易。也有使用羊皮纸的，但可想而知，羊皮炮制成比较薄的羊皮纸，多么费工费时费料。古印度用的是处理过的棕榈树叶和桦树皮,也有用竹简和木牍,有的地方还用铁笔刻字,然后用灯黑把字涂黑。面对如此笨重的书籍,为了提高阅读的效率,最好的办法只能是一人高声朗读,众人竖耳静听,又经济,又高效。

古代的朗读还与传统书写不够完善有关。我国古代的书写长期没有句读标点,这也造成初学者阅读的困难,被迫要先听先生诵读而后跟读,学生想不诵读都不行。西方书写的标点具体化是在公元7世纪后,我国则是在15世纪才有粗略的断句记号,而标点的具体化则是西学东渐后的20世纪之初。书写标点符号具体化的滞后也使得阅读者依赖听读的时代延后。我国古代长篇小说四大名著中有三部成书于说书人长期说书之后,《三国演义》《水浒传》《西游记》的故事已经由许多民间说书人多次表演给普通观众们听,然后才由文人作家集中整理创作而成。这一事实也可以表明,听书之所以成为我国大众的爱好是与书写不够完善有关的。

人类阅读肯定是一个"联觉"过程,听觉、视觉甚至触觉都在同时发挥作用。阅读者只要在足够时间里拥有文本,其阅读既可以朗读、诵读,也可以默读、速读,而默读的速度肯定高于朗读,默读替代朗读成为人们通常阅读的方法只不过是早晚的事情。随着文本书写不断完善,随着断文识字的人越来越多,随着阅读文本越来越容易获得,个体默读也就越来越普遍。在默读成为普遍的阅读方式后,朗读也就退位为一种辅助性的阅读方式。不过,正如古希腊人认为朗读具有娱乐性,中国古代书院的会讲具有广场性,朗读作为一种大众阅读的形式,至今还一直为人们所乐于采用,成为一种艺术形式。中国传统的说书艺术一直传承下来,袁阔成、单田芳、刘兰芳等说书艺术大家一直受到许多观众和听众的欢迎。近来在微信上非常火爆的"为你读诗"微信公众号,每晚十点钟播送一首诗歌,粉丝达到一百多万。有人为此惊呼诗歌的春天来了。诗歌的春天是否来了还有待判断,但很多人喜欢倾听朗读却是事实,其实,喜欢倾听朗读乃是人的原始审美和原始记忆。

4. 出版扩展阅读

中国古代有四大发明彪炳于世,其中关于阅读文本传播的发明就有两项,一是汉代的造纸术,二是宋代的印刷术,足显我国阅读史的悠久和辉煌。据《史记》记载,我国早在周朝,就有朝廷的图书馆,当时称为"守藏室",而古代哲人老子就曾经担任过朝廷图书馆的馆长,当时官职为"守藏史"。到公元6世纪,也就是唐代,雕版印刷可以印刷出高清晰度的文本。那时候还没有现代形态的书籍装订,书籍形态主要是卷轴,通常一书会有好几卷。现在中国出版业还将同一种书籍中的分册称作"卷",就与卷轴的形态有关。在书籍装订成册之前,作为卷轴向书籍的过渡形态,唐代出版工匠还有过龙鳞装、蝴蝶装等书装形式。现存北京故宫的唐中叶王仁昫写本《刊谬补缺

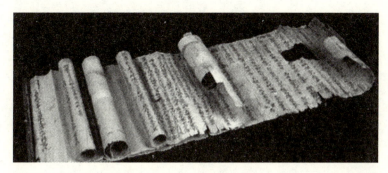

《刊谬补缺切韵》龙鳞装

蝴蝶装
蝴蝶装（Butterfly Binding）：印本书籍的早期装帧形式之一，因其版心在内，翻阅时左右书页如蝶翅般展开而得名，盛行于宋元（960—1368），明初仍有使用。与线装和包背装的区别是以糨糊逐页粘连版心。

切韵》一书就是龙鳞装。龙鳞装又称鱼鳞装，外观与卷轴无异，舒展开后页张边沿有规律地翘起，呈现鳞状而得名，偶遇风吹页张微微卷起呈旋风状，故又称旋风装。此书钤有宋宣和四枚玉玺，明代宋濂作序，加钤清乾隆帝诸玺，又兼纸墨考究，被视为稀世之珍。唐末宋初，出版业则进入册页制度，即把零散页张粘贴起来，做成册页书。宋代则已经出现蝴蝶装的包背书，当时我国书刊印刷业的水平远远领先于世界。到了明代有了线装书，出版业更是大规模发展。据称，一直到公元18世纪中期，汉语出版的书籍比其他所有语言出版的书籍的总和还要多。当时的传统市场主要有三类出版方式，即官刻、私刻和坊刻，多数印刷商一直垂青于雕版印刷。

我国古代出版物大量出现主要在14世纪。因为明代朝廷重视教育，初等教育形成规模，学校遍布全国，成为原有私塾的补充，办教育第一位的就是需要课本，当时这些课本主要来自浙江、四川、福建等省，亦即出版史上所说的浙版、蜀版和建版图书。与此同时，大量供人们消遣的小说也乘势而上。宋元时期的"说话"技艺发展到明代后期，逐渐被说书所代替，有不少人整理宋元话本，并模仿创作了很多短篇白话小说，这种小说被称为"拟话本"。拟话本的作品专集很多，但真正反映出我国古代白话短篇小说最高成就的是"三言二拍"，即冯梦龙编选的《警世通言》《醒世恒言》《喻世明言》和凌濛初写作的《初刻拍案惊奇》《二刻拍案惊奇》。到了18世纪，我国出版物市场一时间彩色连环画畅销，19世纪则街头小报风靡。19世纪在广州街头，甚至出现沿街挑担贩卖书的小贩，他们收购旧书或到书库领取新书，分装在两只箱子里，走街串巷，挨家挨户叫卖。这样的小贩还从事租书业务。可见当时的阅读平民化、市场化特点非常明显。

自19世纪晚期起，西方印刷技术被引进到上海，极大地促进了中国现代出版业的发展，扩展了商业化的阅读市场。著名文化学者李欧梵等将中国现代大众文化的产生追溯到上海的出版业，认为自1895年后，上海的杂志和小报把政治消息与新观念传播给了中国读者；此外，教科书、工具书、小说和科学书籍重塑了中国的国民素质。当时的商务印书馆和中华书局不仅是新式文化的先锋，也是技术革命的先锋，与传统出版业去中心化的特征相反，技术基础使上海成为全国最重要的出版中心和阅读中心。

西方社会的阅读在出版技术的促进下也出现过革命性的变化。公元14世纪中国造纸术经阿拉伯国家传入西欧，15世纪中期在欧洲大部分地区取代羊皮纸。1450年，金属活字印刷术在德国美因茨问世，约翰内斯·古登堡发明的印刷技术核心是活字技术和螺旋式压印机，据科学史家分析应与中国的技术发明相关。中国的活字技术在公元11世纪就见诸《梦溪笔谈》一书的记载，虽然是泥活字而非金属活字，可这一设计思想无疑是世界首创，当时，中国的雕版印刷压力原理的技术也已经使用千年，在东亚地区广泛运用，这两项技术应当对古登堡技术的发明产生过影响，就技术问世的先后来说，中国的印刷术无疑对世界文明做出了重大贡献。

当然，作为一种具有产业价值的技术，古登堡技术的发明无疑是具有划时代意义的。史蒂文·罗杰·费希尔指出：美因茨古登堡的发明堪称种种进步之源。其影响力之巨大、发展之迅速，为大多数人所始料不及。1450年整个欧洲仅有一家印刷所，但到了1500年，就出现了250个印刷中心，1700余家印刷所，已知印刷的图书27000余种，印量超过1000万册。仅仅在两代人的时间里，欧洲读者数量由几万骤增至几十万。

古登堡技术的发明和产业化正值欧洲文艺复兴滥觞时期，进步的人文主义作品得到空前的大传播，莎士比亚的作品脍炙人口，马丁·路德宗教改革的著作产生了无与伦比的影响。其《圣经》德译本受到印刷业的极大支持。《新约》在马丁·路德的居住地维腾堡两年再版4次，之后在其他几个地方再版达到66次，有力地支持了宗教改革，使得教堂内的经书飞入寻常百姓家。法国大作家雨果在他的小说名篇里这样预言印刷术对后世的影响，他指出："人的思维随着思维方式的转变，也将改变其外在表现形式；每一代人的主流思想将会用一种新的材质以新的方式来体现；石刻书，何等坚固，何等持久，即将让位于纸书，相比之下这些纸却比石头更加坚固，更加持久。"可以说，过去1000多年来，印刷技术的发明使得人类的阅读发生了不啻是天翻地覆的变化，甚至对社会发展、思想进步也做出了史无前例的贡献。

新的千年早已来临，人类社会正置身于又一轮的技术革命中，那就是以数字技术为代表的信息技术革命。信息技术革命首先就是一场阅读领域的革命。人类的阅读生活又一次面临着重大的甚至是颠覆性的改变。数字技术使得人类的知识存取几乎有心想事成一般的高效，移动互联网使得无边无际的人群的阅读几乎有信手拈来一般的便捷，而交互式的出版和传播使得人们的思维方式和舆论交流的自由度极大扩展，传统媒体与新兴媒体融合后将以从未有过的快节奏和精准度为人们提供阅读的即时文本。数字技术将进一步扩展人类社会的阅读。人类的阅读历史正在续写新的华章。

5. 忙时读屏，闲时读书

所谓"忙时读屏，闲时读书"，是我的一个建议，意思是，在移动互联网时代，在繁忙的生活中，人们不妨利用碎片时间在手机上、电子阅读器上读一些自己喜欢读的东西，同时，一定要挤出空闲时间读些纸书。

我的这个建议受到了不少朋友的欢迎，这些朋友有的主张阅读纸书，有的迷恋于手机阅读，不过，他们似乎对于把两种阅读结合起来的设想并不反感。

数字技术正在大规模地扩展人类的阅读，而全民阅读的呼声却前所未有地高涨起来。这二者之间看起来完全是历史的巧合，实则却有某些内在的规律值得关注。

全民阅读，是联合国教科文组织在1972年首次提出的倡议，1982年再次提出。1995年，联合国教科文组织决定，把两位世界大文豪——西班牙的塞万提斯和英国的莎士比亚的忌日，即4月23日这一天确定为"世界读书日"，并郑重发表宣言："希望散居在世界各地的人，无论你是年老还是年轻，无论你是贫穷还是富裕，无论你是患病还是健康，都能享受阅读的乐趣，都能尊重和感谢为人类文明做出过巨大贡献的文学、文化、科学、思想大师们，都能保护知识产权。"

新世纪以来，一个全民阅读活动正在我国蓬勃开展。这既是我国经济社会发展和精神文化生活必然提出的要求，也是对联合国教科文组织宣言的积极回应。

纵观人类阅读史，历史上从未有过倡导全民阅读，更不要说开展全民阅读的活动。可以说，全民阅读是人类阅读史上的一大进步。阅读从来就是个人的事情，即便在历史上有过文人群体阅读的雅集、团体或者是为了一本书的比较广泛的阅读活动，但从未有过覆盖全民的阅读活动。因而，其意义自有其特殊性。

阅读的意义，在我们看来，当然首先关乎学习，但又并不限于学习。阅读的功能除学习外还关乎人的精神趣味。一个临终老人的阅读，学习对于他已经毫无意义，但他要读，只能认为与其精神生活的需要相关。阅读关乎人的进步，但又并不限于人的进步；阅读能够改变命运，但并不能确认一定能改变命运。阅读的目的除为了进步外还可以为了消遣。阅读一部惊险小说，阅读者阅读的预期是紧张与快乐，而这时人生进步通常不会成为其目的。全民阅读关涉全民，因而其意义必定丰富多样，不可整齐划一，简单从事。我记得读到过这样一个段子，有一个哲学家，曾经这样来回答别人的提问："如果今天是你生命中的最后一天，你选择干什么？"他说阅读。又问他："如果你已经被囚禁在牢房里，你干什么？"他说阅读。又问他："如果已经到了世界末日，你今天打算干什么？"他还是说阅读。还有一个段子，说的是美国一个著名的成功学家，有人问他："如果你的事业失败了，你干什么？"他说阅读吧。又问他："如果你失业了,你干什么?"他说要提升自己,阅读吧。又请教他说:"如果我失恋了,我怎么办?"他说:"你阅读吧。"

全民阅读的意义的最大公约数还是"享受阅读的乐趣"。古人说的"开卷有益"乃是一种至善而平和的劝读方法,读以致学,读以修为,读以致乐,甚至读以消遣,都是全民阅读认可的阅读价值观。在一定意义上,全民阅读最主要的目的就是阅读,如果还要加上什么限制词,那就是"有益的阅读",让阅读成为人们生活的一部分。而作为一种社会化的活动,我们也希望通过全民阅读,改善全民的精神生活,涵养全民的精神气质,弘扬社会主流价值观,铸就国家的文化根基。正如史蒂文·罗杰·费希尔的名言,阅读"永远是文明之声"。

早在1972年联合国教科文组织发出全民阅读呼吁的时候,数字技术还是科学家实验室里的一个重要项目,激动人心的蜂窝通信技术也还被限制在特殊的用途中。而今,在全民阅读活动蓬勃开展的重要关头,数字技术又已经成为激动人心的新宠。阅读专家们正在号召增加图书的阅读量,移动互联网的阅读却在催生更多的低头一族。厚厚的大部头书籍有被越来越薄的智能手机取代的危险,快速的抽拉浏览已经使得传统的速读技术望尘莫及,读微视频比读长文稿当然是开心一刻,读八卦趣闻比起读八股社评自然是轻松时分。碎片化、肤浅化、浏览式阅读正在受到传统阅读所诟病,而智能手机阅读我行我素照样招摇过市。传统阅读正在遭遇新兴阅读的挑战。

然而,回望人类的阅读历史,阅读方式、阅读内容、阅读载体、阅读效果,特别是出版扩展阅读、推动阅读,一直是在变化发展之中。阅读先于文字,因而阅读包罗万象,一个读书人既要"读万卷书"也要"行万里路",既可以读文字,也可以读视频,只要是在阅读中,你就是一个读者。文字提升阅读,同样,视频也会提升阅读的效率。朗读先于默读,默读在超越朗读之后,人们依然在朗读这里找到乐趣,可以让朗读成为全民阅读的一种形式。出版扩展阅读,那么,数字技术难道对阅读只可能是一种倒退或者破坏?作为一种通信工具的普及,数字移动终端业已建立起对大面积人群的服务,正朝着人们生活的各个角落拾遗补阙,这时候,人类阅读历史的进程难道可以背对这一切而抱着竹简木牍或者羊皮纸永不撒手吗?答案当然是不言自明的。一个阅读社会的养成所要做的只能是善待一切阅读方式,坚守人类阅读认知规律,推动传统阅读与新兴阅读的融合,既不要让全民阅读变成全民读屏——迄今为止,阅读纸书依然是保证人类阅读的深度和完整度的主要保证,同时,鉴于全民阅读的当代生活性特征,在阅读上也不妨做一点融合,即:忙时读屏,闲时读书,全民都以读文读图为快乐生活。如能是,全民阅读必将为全民的精神生活升华做出贡献。

二 阅读史上的好风景

我曾经以"阅读的好时代和坏时代"为题做过演讲，从正反两个方面讨论如何推进阅读社会建设。有人觉得好，认为有反思；也有人觉得讲得还不够透彻，认为应当把阅读好时代的标准讲清楚。

其实，阅读时代的好或者坏，不是谁能给出标准的一件事情，因为，每个时代在阅读上有良好表象或者相反，终归是后人总结观察的结果。要了解阅读史上好时代的标准，还不如从阅读史的变迁大体总结一下其中一些共性的东西，借此形成当代阅读社会的自觉追求。对于一个现代社会的读书人，了解阅读史上一些具有共性的良好因素，回顾一下阅读史上的一些好风景，对于提升阅读的自觉性，提高阅读力，是不无益处的。

1. 阅读好时代特征（一）：社会转型

纵观历史，大凡阅读状况良好的时代，往往会是社会转型期。

大家知道，春秋战国，诸子百家，那是一个了不起的思想激荡、文化繁荣的时代，也就是一个转型时代，是从诸侯分封制向封建制转型的时代。当时各种学说层出不穷，儒家、法家、道家、兵家、阴阳家、名家、墨家、杂家、纵横家，百家争鸣。尽管当时的书籍还只是竹简、木简、绢帛，阅读并不方便，但依然让我们感觉到那是一个阅读的好时代。正如我们在第一章里所讨论过的，春秋战国时期的阅读不像现代人阅读那么方便。一篇几千字的著作，写在竹简上，就可能有几十斤重，也许正因为书籍的获取颇为不易，反倒使得阅读者的交流要紧密得多，思想的碰撞也来得直接，人们对于阅读的需求也来得比较强烈。

汉代也是一个转型时代。应当说，这个转型时代是从秦始皇开始，一直到刘邦登基，中央集权的政治体系基本稳固下来。其后，恢复礼法，采取与民休养生息、清静无为的黄老政策，鼓励生产，轻徭薄赋，恩威并施，修复了多年战争带来的巨大破坏，形成"文景之治"，是中国成为大一统时代以来，第一次被传统历史学家称羡的治世时代。其后，汉武帝刘彻在位期间采取了一系列改革措施，锐意进取，使得汉朝的政治、经济、军事变得更为强大，中央集权得到了极大的加强。在文化上，废除了汉朝开朝之初奉行的"黄老学说、无为而治"的治国思想，改以罢黜百家，独尊儒术，积极治国。汉代社会的转型，尤为重要的是奠定了汉民族的文化框架，使得西汉所尊崇的儒家文化成为当时和其后的中原王朝以及东亚地区的社会主流文化。到现今，"汉人"仍为多数中国人的自称，而华夏族逐渐被称为"汉族"，华夏文字亦被定名为"汉字"。汉武帝尽管独尊儒术，却也兼用儒、法、道、阴阳、纵横等各家人才，这种儒术为尊，"王霸道杂之"的思想文化结构，逐渐成为中国历经2000年的主流思想。

汉武帝时期开创了朝廷主导的教育事业，在京师长安设太学，主要是开展儒家经学教育。一开始太学生只有50多人，可是这项事业一直持续发展下去，到东汉光武帝刘秀时期，太学生一度多达3万人。试想，皇帝身边有数万中青年人在诵读儒家经典，讨论各家学说，这是何等壮观的读书景象！

汉代的转型，还表现在对外交流上。汉代主动实行"走出去"和"引进来"的国策。丝绸之路就起源于汉代，成为世界上最为重要的几个通道之一。东汉的汉明帝时期，佛教东渡首次来到中国，在洛阳营建第一座佛教寺庙洛阳白马寺，中国第一部汉译佛教经典是在白马寺译出的《四十二章经》。与此同时，东汉的张道陵创立道教，这也是影响中国历史的大事。

唐代与汉代一样，是中华民族最重要的转型期之一。汉代的转型对中华民族政治经济的影响具有奠基作用，而唐代的转型对中华民族社会文化的影响则具有精神引导价值，故而后世言必称"汉唐"。

唐初即出现了重文的社会风气。当时文学治国的理念深入人心，政治主体结构较之于往昔发生了异质性的变化，形成了文治化转型的趋势。到了盛唐开元、天宝年间，文人政治已经成为客观现实。在这个转型时期，中外文化的交流、交融相当频繁，成为一种社会生活的常态。文化人异常活跃，艺术创新阅读，特别是阅读诗歌，蔚成风气，促成中国诗歌创作鼎盛阶段的到来。

宋代也是一个转型时代。宋代是从五代十国武人专权向文官制度转型的时代，因而也是一个阅读受到很高推崇的时代。宋代从此前的武人专权跋扈的弊端中吸取了深刻教训，明确强调文治，注重任用科举出身的文臣。整个宋代，不断增加科举取士的人数，每年由科举入仕的平均人数大约是唐代的5倍，是元代的30倍，明代的4倍，清代的3.4倍，可谓空前绝后。这些通过科场考试精选出来的，富有较高文史知识素养的文臣，受到了宋代政府的重用。所以，宋代社会提倡阅读是非常给力的。直到今天还被人们经常引用的劝读诗句"书中自有千钟粟，书中自有黄金屋，书中自有颜如玉"，就来自于宋真宗赵恒所作的《励学篇》。古代诗词中，宋代关于阅读的诗词比重也最大，其中诗人陆游就写有关于阅读的诗歌近三百首，苏东坡、黄庭坚等都有关于阅读的名诗名句。"腹有诗书气自华"这一名句就出自苏东坡的笔下。

中国古代书院起自唐代，繁荣于宋代。宋代书院特别盛行，著名的白鹿洞书院、岳麓书院都在宋代达到鼎盛时期。古代书院相当于我们今天的研讨会、培训班、论坛，绝大多数是民间开办，其目的不是为了科举赶考，而是读书，以探讨各种学说和道德伦理、社会问题为主。古代书院的盛行也让我们看到社会阅读的兴旺。

晚清民国当然也是个社会转型期，那是3000年未有之大变局。那个时期的阅读异常活跃，最主要的因素还是西学东渐，读物空前丰富。举一个例子，清代曾国藩是进士出身的朝廷高官，他的大儿子曾纪泽虽然自幼受到严格的传统教育，通经史，工诗文，还是提出要学英语和西方科学文化，曾国藩欣然应允。二儿子曾纪鸿提出要学数学，曾国藩也遂了他的心愿，后来曾纪鸿成了数学家。说明那个时代的学习、阅读是比较活跃的。至于民国初期，那时候图书市场上涌现出大量的西方思想文化学术名著，可见社会阅读的需求强烈。

全面抗战爆发后，邹韬奋先生于1932年创办的生活书店一度引领过全国的阅读风气。生活书店起初只在上海经营，后来在武汉开了一家分店，出书量并不大，1938年起，年度出书量达到600种，成为很受欢迎的出版机构。1939年发展到56个分支店。那时年轻人读书的热情高涨，抗战的书籍热销，各种有价值的思想、文化、知识、文学的书籍也都受到追捧，马克思主义著作、西方文化著作纷纷引进，书店成了年轻人的精神圣地。在桂林，国民党桂系将领白崇禧乘车路过一条街道，看到街边有个店铺门口有很多人，就问这是卖戏票吗？身边的人告诉他，这是生活书店。此事给白将军留下深刻印象。书店竟然能办得门庭若市，这是什么原因呢？原因之一就是当时社会急剧转型,进入全民抗战时代,广大青年热血沸腾,抗战自救的激情空前高涨,出现了阅读的好景象。

2. 阅读好时代特征(二):写作活跃

春秋战国、诸子百家时期的写作十分活跃。周天子已经不行了,诸侯割据,纷纷延揽人才,各种人才都努力以学说独创取胜,春秋战国时期思想文化的写作相当繁荣,成为中华民族文化元典诞生的辉煌时期。

汉代,中国第一部纪传体通史,也是二十四史中的第一部《史记》诞生,为以后两千年正史的编纂提供了规范。中国历史上第一部内容完整的断代史《汉书》诞生,更是成为以后历代王朝撰写本朝历史的范本。汉代其他史书还有《东观汉记》《汉纪》和《吴越春秋》等。很多西方学者认为,汉代的作家所开创的史学标准,直到18世纪都一直领先于世界。汉代还出现了《说文解字》,为后来的汉文字写作立下了规矩。

汉代政府设立乐府,搜集民间诗歌,即为乐府诗,后世的《乐府诗集》《玉台新咏》中便搜集了不少汉代乐府诗,长篇叙事诗《孔雀东南飞》也是写成于汉代末年。赋是一种新的文学体裁,司马相如的《子虚赋》《上林赋》,张衡的《二京赋》等均为千古传颂的文学名篇。汉代时期,隶书亦渐渐取代小篆成为主要书写字体,而隶书的出现则奠定了现代汉字字形结构的基础，成为古今文字的分水岭。这一时期，还出现了标点符号的雏形。

唐代继承隋代开创的科举制度，并且有所创新。科举对于知识的普及和民间的读书风气，起到了相当的推动作用。虽然这种推动是出于一般人对功名的追求，而不是通常的闲适性质的阅读，可是毕竟也客观上带动了阅读的社会风尚。唐代的科举考试除了要考历史文化知识，还要加考诗赋。赋体篇幅比较长，不好判卷，到了唐玄宗时期，考诗赋就改成了考诗歌，诗歌短小，一目了然好判卷。"以诗取士"由此形成，民间学子纷纷学习诗歌写作。唐代诗歌成了中华民族文学的顶峰。

宋代文人治国，写作繁荣势所必然。宋代的散文写作较之于唐朝要发达得多，唐宋八大家就有六位在宋代。宋词的繁荣也是空前绝后，直到今天依然成为读者精神生活的美味佳肴。此外，滥觞于唐代开元年间的古代书院，到了宋代达到鼎盛时期。古代书院成为文化交流、学术探讨的重要场所，书院里的讨论称为"会讲"，也是写作者智慧激荡的好环境。岳麓书院曾经有过"朱张会讲"的美谈。书院主教张栻与应邀而来的朱熹"会讲"，赶来听讲的人有数千人，"一时舆马之众，饮水池立涸"，盛况可想而知。因为朱熹和张栻的意见不合，在这里就理学问题讨论过三天三夜。

明代的写作则是一个不断地由理学为主流向世俗化发展的过程。当时八股文写作越发应试化，而八股文形式上又很是烦琐，因而，考生们备考时就需要大量的参考书，当时的时文（即八股文）汇编出版成风。这是当时写作陈腐的一面。然而，也许正因为诗文令人生厌，作为一种文化上的反叛，世俗社会所需求的通俗小说写作也就符合逻辑地发展起来。被世人称为"四大奇书"的《三国演义》《水浒传》《金瓶梅》《西游记》就在明代诞生。与此同时，话本写作越来越趋向文人创作化，白话短篇小说写作十分活跃，佳作纷呈，在第一章介绍到的著名的短篇小说集"三言二拍"就是当时最重要的代表性作品。

说到明代写作繁荣，还有一个很典型的例证。万历年间，著名书画家董其昌曾官至礼部尚书，因抢占一位叫绿英的穷人家姑娘，姑娘的父亲四处告状，得到了百姓和众多文人的同情，舆论一时大哗。很快就有人写成小说《黑白传》，广为流传。又有说书人在小说的基础上添油加醋，董其昌的丑行被传得沸沸扬扬，成为上自官府、下至民间的笑料，最终酿成焚烧董家的事件。董其昌人倒没事，可他多年收藏的古今书画古董顷刻间化成灰烬。有史学家指出，事后董其昌并不认为焚烧董家是民众打砸行为，而是士人捣乱行为。士人即文人，文人的创作鼓动了造反，这也从一个方面让我们看到当时民间写作所富有的活力。

晚清民国时期，那个时候的写作也是百家争鸣。无论是马克思主义还是德国的古典哲学、法国的启蒙主义、英国的资本主义、美国的实用主义，都成为写作的新鲜内容。小说革命、文学革命，激发了写作的繁荣。现实主义、浪漫主义、为艺术而艺术、新感觉派、鸳鸯蝴蝶派，不一而足，民国时期的文学创作称得上 20 世纪中国文学的辉煌时期。

3. 阅读好时代特征（三）：出版繁荣

春秋战国时期还没有现代意义上的出版。当时是竹简木牍抄写，成本比较高，复制能力很弱，而且不利于传播。后来是绢帛，比较利于传播了，可是成本更高。但是，较之于龟板刻画，已经比较普及了，算是有了很大的进步和繁荣。

汉代处于我国文字载体由甲骨、青铜、石头发展到简牍乃至纸张的转型时代。西汉时期，简牍仍较流行，竹简烘焙、防蛀的技术更为成熟。秦人对于竹简制作技术已经较成熟，但第一次用文献把此工艺记录下来的是在汉代。纸张在西汉已经出现，"灞桥纸""金关纸""中颜纸"就是西汉时期的。东汉出现了以植物纤维为原料的"蔡侯纸"。"蔡侯纸"的出现是纸张技术产业化的飞跃，大大便利了书籍的出版，对阅读的普及做出了巨大的贡献。汉代时期抄书的人越来越多，甚至出现了一种职业抄书人，大大增加了书籍的复制量。出版品种也急剧增加。汉代出版的六艺之书即有"一百三家，三千一百二十三篇"。文学书籍也极丰富，有"诗赋百六家，千三百一十八篇"。汉代还开了书籍贸易之先。先秦时期著书，无名无利，不过是作者想发表自己的思想，所谓"各著书，言治乱之事，以干世主"。汉代产生了专门从事书籍复制的人和专门从事书籍货卖的行业，书籍开始进入市场，书籍贸易开始。

书肆出现,而且不是个别现象,经营方式灵活,敞开售书,允许自由阅览,客观上还起着当时尚未出现的公共图书馆的作用。

唐代出版业已经趋向成熟。中国是印刷术的故乡,在唐代,印刷出版业已经发展起来。虽然当时复制出版物仍然是人工手抄居多,可雕版印刷已经有所普及。今天我们在博物馆里能够看到,唐代的出版商在印卖的出版物上刻印有"成都府成都县龙池坊卞家""京中李家""上都东市刁家太郎"等,均已打出字号,有地点,有姓氏,有的还有排行,亮牌子,招客户,可见当时的出版物市场已经形成。只是当时的书籍主要是经折装、旋风装、蝴蝶装、包背装等形式,宋代主要还是册页,明代才大规模出现今天人们所看到的线装书。前些时热播的古装电视连续剧《武媚娘传奇》中,唐代初年的武媚娘居然在皇宫里翻阅线装书,实在是闹了一个常识性的笑话。早些年拍摄的

雕版印刷的版子

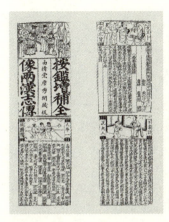

雕版印刷的书样章

电视连续剧《西游记》，也闹过这方面的笑话，唐僧师徒晒的经书竟然也是线装的。唐僧这些人物的背景也是唐代，唐代那个时候实在还不曾有线装书技术。

宋代的雕版印刷大为盛行，还发明了活字印刷术。宋代的出版经营更是空前繁荣发展。官刻、私刻、坊刻都有较大发展。特别是坊刻，也就是民营出版业，使得市场化经营空前活跃。南宋时期，在坊刻这一行业中，浙版书、蜀版书、建版书，成一时之盛。三大版之一的建版，今人可能比较陌生，主要是指福建省建阳地方出版的图书。建版书当时占全国市场份额很大。南宋尽管只是中华大地的半壁江山，偏安一隅，然而文化和出版相当繁荣。由于书籍的普及，以往士大夫的生活伦理逐步影响了普通民众，与此相适应，那时产生了"朱子读书法"，朱子的教学游历主要以福建为中心，与当时建版书尤其盛行应当有一定的关系。

宋代出版在官刻、私刻、坊刻三大系统之外，还有寺观刻书和书院刻书两大系统也十分重要。宋代出版业善本迭出，宋版书五大系统刻书的整体质量比较好，一直是后世翻刻古籍的范本。值得一提的是宋元时代，书院教育遍布各地，在刻书事业上形成了不同于官、私、坊刻的新特点，其书目主要围绕教学和研讨，涉及学术面广，直接服务于学术思想和教学内容的流派传承，如《朱子语类》《岳麓书院课艺》《国朝文类》等。宋代书院发展到元代，全国共有227所，刻书质量达到较高水准，其中园沙、梅溪、西湖书院刻本闻名于世。

明代尤其是晚明时期也是我国古代书籍出版的活跃期。据杨绳信《中国版刻综录》一书记载，整个宋代共有319年，出版书籍362种，在宋至明末684年里，能查到出版时间的书籍3094种，可以确认有2019种出版于晚明嘉靖、万历至崇祯这大约一百年间，占比例65%，可见当时的书籍出版十分盛行。书籍的形态从以前的卷子本变为册子本，宋代那些只是以写本形式流传而显得弥足珍贵的书籍现在竟然较易寻觅得到，为此大学士苏东坡在他的名篇《李君山房记》中埋怨"书益多，世莫不有，然学者益以苟简"。

出版业繁荣不仅要看书籍出版数量，更要看书市的活跃程度。万历年间，书籍出版"异书辈出"，种类繁多，吸引各种读者。当时南京三山街也就是今天南京的夫子庙一带，那是明代南京最为繁华的地段，明人彩绘《南都繁会图卷》上绘有三山街的109个店铺招牌,其中有不少即标明"书铺""画寓""刻字镌碑"字样。清初作家孔尚任创作的历史传奇剧《桃花扇》,剧中书商蔡益所的念白就描绘了一番南京书市的繁荣景象:

"天下书籍之富,无过俺金陵;这金陵书铺之多,无过俺三山街;这三山街书客之大,无过俺蔡益所。(指介)你看《十三经》《二十一史》、九流三教、诸子百家、腐烂诗文、新奇小说,上下充箱盈架,高低列肆连楼。"作家把许多相互间差距极大的书籍放在一起来念白,刚说完《十三经》《二十一史》,就说九流三教,才说罢诸子百家,立刻说腐烂诗文,产生一种混搭的幽默感,尽显当时出版业的开放繁荣景象。

到了晚清,我国开始从欧洲进口现代印刷机器,出版业有了快速发展。1897年,夏瑞芳、鲍咸恩、鲍咸昌、高凤池四人在上海创办商务印书馆,就是从欧洲买来新式印刷机,以印刷商务会计簿册起步,后来才转入图书出版。维新人士张元济先生1902年应邀加入商务印书馆,他组织编辑出版新式学堂中小学课本,出版新式字典及"世界文库"等,成为中国现代出版业的开端。20世纪初期,上海民间出版风起云涌,商务印书馆、中华书局、良友出版公司、世界书局、开明书局、生活书店等一大批优秀出版机构应运而生,快速发展,为变革中的社会提供了宝贵的精神食粮,为广大民众的阅读生活做出了贡献。

欧洲也有类似的情况。我们在第一章中介绍过,1450年之前,偌大个欧洲只有一家印刷所,古登堡发明印刷机后,不到 50 年，全欧洲迅速发展出 250 多家印刷中心，1700 多家印刷所。印刷术的发展使得阅读迅速发展。仅仅两代人的时间，欧洲的读者从几万增至几十万，甚至推动了宗教革命和文艺复兴运动。

4. 阅读好时代特征（四）：政策开明

政府的政策是鼓励阅读还是轻视阅读，甚至是封杀阅读，这是阅读好时代还是坏时代最重要的特征。周朝就有图书馆——藏室。春秋战国，诸侯鼓励上策论，鼓励阅读。秦始皇焚书坑儒，尽管后人说焚烧的只是儒家典籍，医农工商的书籍还是放得过的，可无论如何那也不会是一个鼓励阅读的时代。

在中国古代，作为倡导读书的政策，最开明也最有效的莫过于开科考试。

汉代采取"选举入仕"的办法，主要由各地官员罗致名士，逐级推选人才，交由朝廷策试，通过者就可以成为官员。只是当时诏举没有定期，不像后来的科举选拔那么规制化。此外，汉代还有童子科人才选拔，年龄在 12—16 岁，能够"博通经典"的人才方得以选入太学培养，日后可以做官。

隋唐时期基本成形的科举制度，对于天下读书人无疑具有强大的吸引力和推动力。从我国有文字记载的历史来看，只要是比较风清气正的朝代和社会，官员们普遍好读书，原则上不读书是做不成官的,"学而优则仕",成了一个悠久的良性传统。古代历朝的大多数官员是自幼入学,经过若干年严格的训练和伏案阅读,通过读书增长知识,提升自我的品格,有抱负的更是养成高远的思想境界,这才能"入仕"。这就是说,是读书造就了人才,读书成就了官员。没有若干年寒窗苦读的人,没有对经典学问有一定造诣的人,是不可能通过严格的科举考试进入官场的。官员一旦进入官场,日后晋升的条件,不仅要看其政绩,也要看其文化修养的高下,后者是前者的铺垫和补充。用人政策是最大的导向。古代读书人"入仕"的政策,自然对社会阅读的风气有许多好的引导和激励。

大凡延续时间比较长的朝代,都是比较鼓励阅读的时代。延续时间比较长的朝代,朝廷常常还会组织编修大型类书,让天下读书人为之振奋向学。初唐及中唐时期的类书《北堂书钞》《艺文类聚》《初学记》《白氏六帖》最为著名。《艺文类聚》是唐高祖时由欧阳询主编的唐代第一部官修类书。《初学记》是唐玄宗时的官修类书,被认为是类书编修中的精品。宋朝的宋太宗亲自审读规模很大的《太平御览》,收集摘录1600多种古籍的重要内容。明朝永乐皇帝(明成祖)朱棣,一俟政权稳定,即下令编撰《永乐大典》(初名《文献大成》),是一部比《太平御览》规模还要大的百科全书式的文献集,汇集了古今图书七八千种。这当然是偃武修文的盛举,也是皇帝重视文章和阅读的重要信号,对于社会阅读风气的形成大有益处。清朝康熙皇帝下旨汇编《古今图书集成》,乾隆皇帝主持编修

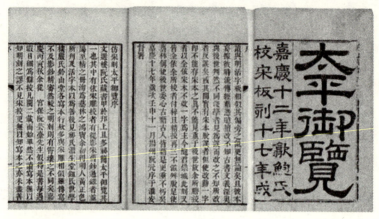

《太平御览》

《四库全书》,其中得失姑且不去论它,却也都是当时朝廷重视文章书籍,带动社会阅读的重要举措。

  我国古代书籍出版初期,大致是由官署刊行,整个宋元两代,也一直是官方出版为主流。到了明代,官刻本数量虽然在增加,可私人出版已经盛行,整个明代的私刻本书籍总量超过了官刻本。与此同时,用来经营赚钱的坊间刻本数量更是快速增长,可以用繁盛来形容当时书市的情景。据张秀民《明代南京的印书》一文统计,晚明时期南京官私刻书机构达二十余所,民间书坊更有三山堂、三乐斋、文英堂、文进斋、芥子园、宝仁堂、萃文书屋、富春堂、世德堂、文林阁、大业堂、嘉宾堂、少山堂、奎璧斋、孝友堂、三多斋、九如堂等57家,数量非常可观。特别引起现代出版史专家感兴趣的是,当时的官府竟然也在刊刻通俗小说,其中有《三国演义》《水浒传》,还有其他通俗性书籍《山歌》《四时歌曲》等。当时出版业进一步世俗化、市场化的趋势,当然十分有利于推动社会阅读。

晚清时期的社会阅读管理越来越趋向放松,尽管还发生过官署禁书的事件,但是,非常明显,晚清政府对文化的管理已经是强弩之末。同治七年,朝廷要求各省查禁有伤风化的书籍,只有江苏巡抚丁日昌最为下力气,着力实施了查禁淫词小说、邪说传奇的行动,查禁了《红楼梦》《西厢记》一类有言情内容的书籍戏曲和《水浒传》一类的邪说传奇,而且把禁书名目清清楚楚地开列出来,闹闹腾腾,张榜公布于大街闹市,等于为民间老百姓的快乐阅读开了一个书目,引得人们好奇心顿起,于是,"雪夜闭门读禁书"成了文人雅士最为快乐的事情。就是不识字读不了书的文盲,也难免寻着读书人讲禁书、听故事,以至于有人说:"按以上各书,罗列不可为不广,然其中颇有非淫秽者。且少年子弟,虽嗜淫艳小说,奈未知真名,亦无从遍览。今列举如此详备,尽可按图而索,是不啻示读淫书者以提要焉夫?"这一次晚清最大规模的禁书反而成为一次阅读大普及,在阅读史上留下了一个笑谈。

晚清时期,西风东渐,真正能够动摇清朝统治的不再是什么淫词小说、邪说传奇,而是从西方引进的先进思想。可是当时官员对于这一类书籍显得十分驽钝,未能做出禁毁的反应。而许多洋务大臣,像曾国藩、张之洞等,脑洞已经打开,不仅不会追查阅读异端邪说的事情,甚至还带头主张"师夷长技以制夷"。在两江总督曾国藩的倡议下,建造了中国第一艘轮船,建立了第一所兵工学堂,印刷翻译了一批西方书籍,安排了第一批赴美留学生,对中国近代政治、军事、文化、经济等方面都产生了深远影响。湖广总督张之洞在"戊戌变法"前夕,写下名篇《劝学篇》,强调"中学为体,西学为用",一时成为中国学界的主导思想之一,而对于以往"一心只读圣贤书"的读书人,无疑是一次教育革命,对于整个社会的阅读政策有着颠覆性的改变。洋务运动以来,译书院、同文馆一类的翻译出版机构陆续开办,使得大量的外国先进思想著作能够通过翻译进入近代中国社会,晚清民初阅读繁荣景象由此形成。

5. 阅读好时代特征(五):名人领读

我国民间历来十分注意用名人勤学苦学的故事来带动后人的阅读。

最古老的名人学习故事是"学富五车"的故事。先秦时期的著名思想家惠施,是先秦名家学派的代表人物,读书多,知识渊博,受到和他同时代的庄子称赞:"惠施多方,其书五车。"后来就用"学富五车"来表示一个人的知识渊博。

"悬梁刺股"讲的是两个古老的苦读故事。一是"锥刺股",说的是战国著名谋士苏秦发愤读书的故事,读书到深夜,每当要打瞌睡时,他就用锥子刺一下大腿来提神;二是"头悬梁",说的是西汉儒学大师孙敬刻苦读书,每到深夜,怕自己睡着就把头发用绳子系在屋梁上。

"囊萤映雪"成语分别说的是晋代车胤和孙康夜以继日、苦学不倦的故事。两人家里都很贫困,夜里没有照明读书的条件,车胤就把很多萤火虫捉到一起,借着萤火虫的光读书,孙康则是映着雪夜里的微光读书。

"凿壁偷光"成语说的是西汉著名经学家、丞相匡衡自幼贫寒,把邻居家墙壁裂缝凿大,借着邻居家的灯光读书的故事。

"带经而锄"的典故说的是汉代位至三公的兒宽勤学的故事,兒宽受业于孔子的十一世孙孔安国,家里很穷,只能一边打工一边读书,他锄地的时候都带上经书,一到休息时就诵读,后来才有了大的出息。

"负薪挂角"讲的是汉朝名臣朱买臣和隋朝名臣李密读书的故事。关于朱买臣的人生经历有不少故事。原先他家里很穷,妻子难以忍受,因此离他而去。为了维持生活,他每天都得上山砍柴,但是他好学不倦,常常背着柴一边走一边看书,这就是"负薪"的故事。"挂角"的故事出自隋朝的李密。李密是一个勤学的人,骑牛外出,怕在路上浪费时间,于是把书挂在牛角上,边走边读,成为后人称颂的人物。后来的《三字经》称颂道:"如负薪,如挂角。身虽劳,犹苦卓。"

尽管现代社会对古人苦学故事的价值意义存在不同的看法,然而,不能不承认,名人读书的故事对后来学子确实具有示范榜样的领读作用,对于这一点,似乎还是有共识的。

关于读书,还有许多名人故事。《三国志》一书里关于吴国大将吕蒙读书的故事得到广泛传颂。三国时期，吴将吕蒙，一直在军队里生活，没有认真读书。一天，吴王孙权对吕蒙说："你应当读书，增加点学问。"吕蒙说："我在军队里事情太多，没机会。"不过，从那以后吕蒙还是发愤读书，研究兵法史书。一次，吴国都督鲁肃去看望吕蒙，发现吕蒙进步很大，他说："想不到你刻苦学习，已经不是以前的阿蒙了。"吕蒙说："士别三日，当刮目相看。""刮目相看"这个意为令人用新的眼光来看待的成语一直用到现在。

"袒腹晒书"讲的是东晋时期的郝隆，无书不读，有博学之名。当时每年的七月七日这一天有晒衣的风俗，富贵人家自然将绫罗绸缎高高挂起，大有炫富的意思。郝隆是一介平民，无富可炫，于是袒胸露腹，仰面朝天躺在太阳下。人家问他这是在做什么，他傲然而答："我在晒书。"

汉代的中央集权，虽有秦政制的沿用，却也有赖于文化立国——董仲舒"独尊儒术"的主张得到汉武帝的采纳，有了比较统一的文化，比较明确的价值观，开创了文化昌盛的时期。董仲舒作为一名普通儒生，在汉武帝下诏征求治国方略时，奉上自己的策论《举贤良对策》，提出了"天人感应""大一统"学说和"罢黜百家，表彰《六经》"的主张，受到了汉武帝的采纳，使得汉武帝加强集权统治，为当时社会政治和经济的稳定做出了贡献。董仲舒即便到了晚年辞官回家，朝廷每逢大事，还会让使者及廷尉到他家，问他的意见，可见一直受到汉武帝的重视。像董仲舒这样如此成功的儒生，在当时自然会带动许多读书人仿效。与此同时，当时汉武帝在长安开太学，从学生中选拔官吏，使得儒学在各郡县得以推广和传播，大大提高了读书人的地位，使得社会上读书风气更加浓厚。

唐代从初唐开始，就形成了比较好的读书风气，这与唐太宗十分重视文化，亲自参与修史有直接关系。唐太宗主张"以铜为镜，可以正衣冠；以史为镜，可以知兴替；以人为镜，可以知得失"，借历史上的成败得失为鉴戒，显然是在提倡读书明理。到了盛唐，唐玄宗酷爱诗歌，对诗人青睐有加，给予很高礼遇，科举考试以诗取士，对于当时社会上读诗写诗蔚成风气发挥了极大的导向作用。宋代的皇帝大都有领头读书的表现。前面我们说过宋真宗写过"书中自有颜如玉"的"劝读文"，还有一个成语"开卷有益"也是宋代皇帝的创造。宋代的笔记文《渑水燕谈录》记载了这个成语典故。北宋初年，宋太宗命文臣编写《太平总类》，他亲力亲为，每天要读两三卷，计划一年内全部看完，为此这部大书就更名为《太平御览》。宋太宗说到做到，如果遇上有事不能读完当天的书，第二天一定要补回来。曾有大臣觉得皇帝每天要处理许多国家大事，还要读这么多书，太辛苦了。就劝宋太宗少看些，以免过度劳神。宋太宗回答道："开卷有益，朕不以为劳也。" 由于刻苦读书，宋太宗学问十分渊博，在处理朝政事务上，也就彰显出了理性，凸显出了智慧。大臣们见皇帝如此勤奋读书，也纷纷仿效，努力读书，以至于当时读书的风气很盛，连平常不怎么读书的宰相赵普，也开始攻读《论语》，后来还留下了"半部《论语》治天下"的美誉。

而宋太宗的"开卷有益"也就成了流传至今的成语。

6. 阅读好时代特征（六）：蔚成风气

前面我们谈到阅读史上那些具有典范意义的时代特征，实际上已经描绘了不同特点的社会阅读风气。可以说，大凡称得上是阅读比较好的时代，当时社会的阅读都应当成为良好的风气。反之，则不会是阅读的好时代。譬如，秦朝就不是一个阅读好时代，因为当时不仅没有提倡读书的政策，恰恰相反，焚书坑儒的做法，只能让当时的读书人战战兢兢、如履薄冰，哪里可能有良好的阅读风气！

春秋战国时期，社会上普遍有着比较良好的读书风气，这与当时诸侯王公大都需要读书人有关。孔子和他的弟子陈蔡困厄，有人说是孔子及其学说走投无路，另一种说法却是陈国、蔡国的诸侯敬畏孔子，担心楚国利用他的智慧灭掉陈蔡这些小国，所以不想让他往楚国而去。这从另一个方面看出诸侯王公们对于知识分子的倚重。正因为那时的诸侯王公求贤若渴，认为要借重君子来治国，耐心倾听君子的意见，合纵家、连横家东走西荡，言者无罪，但说无妨，这才使得那时的读书人能够大胆放言，很有自我实现的感觉。史书记载，当时养士之风很盛，有名的战国四公子（魏国的信陵君、齐国的孟尝君、赵国的平原君、楚国的春申君）就养有门客数千人，作为他们的智库，想出种种办法来巩固各自的政权。这些门客，有学士、方士、策士或术士，甚至只是食客，但都表示自己是读书有心得和见解的人士。这些门客的存在，无疑对一般读书人的人生规划具有相当的吸引力和示范意义。

古代社会推崇读书，读书成才一直成为数千年人才成长的主要路径。在一般情况下，很难想象一个有较好政绩的官员没有一定的文化修养。后人在一些野史札记中尽管也读到过一些由于没有教育背景的官员缺乏文化修养的故事传说，但都是社会主流价值观主导下的一些负面例证，其实不足为训。在古代社会官场的圈子中，出身、门第、谈吐、书法、辞章、风度、名望、口碑等等，都是官员被评价的标准。久而久之，也就养成了他们阅读的习惯，入仕以后也往往离不开书册，孔子说的"仕而优则学"，对于官员们是有警策作用的。风气所向，大多数官员读书以及文风的讲究自是水到渠成，不管是学问家，还是治世能臣；不管是文臣武将，还是一国之君，都把读书当成了生活中必不可少的一部分。从一部中华文明发展史来看，大凡是开明盛世，青史留名的官员大都是"修齐治平"而来，而那些草莽武夫、混账阔少、三教九流之类，即便有人做上了朝廷命官，甚至一人之下、万人之上，史书依然难得给他几句关于治学方面的好话。所谓好风气，其实就是主流社会提倡什么、反对什么、褒扬什么、贬斥什么。读书的好风气，也就是主流社会提倡读书的态度十分明确而形成的。

古代官员崇尚读书的风气，还可以在许多官员退休生活的安排上看得出来。官员们或者因为年事渐高,或者因为志趣所向,辞官回乡,解甲归田,大都是以归隐山林休养读书为自己的主要生活方式。清朝曾国藩的名句"千秋邈矣独留我,百战归来再读书",据说是赠送给他九弟曾国荃的。曾国荃被停官返乡,郁郁寡欢,曾国藩以"再读书"来慰勉自己的兄弟,从这种慰勉中我们可以窥见当时官员致仕后对于读书生活的重视。

在古代社会,只要不是战乱年代,社会就会形成读书的风气。读书成才不仅是许多人谋取一官半职的主要路径,也是普通人家在解决温饱的同时需要认真考虑安排的大事情,许多穷苦人家节衣缩食乃至忍饥挨饿也要设法让子弟获得读书进学的机会。我们从明代吴敬梓著的长篇小说《儒林外史》和清代蒲松龄著的小说集《聊斋志异》等古典文学名著中,可以读到不少穷苦人家子弟发愤读书的故事。《儒林外史》中穷苦人家子弟王冕,天资聪颖却无钱上学,白天给人家放牛,晚上到佛寺长明灯下读书。有一天,王冕把牛放在野外吃草,自己跑到私塾里听老师讲课,结果忘了时间,牛走失了,被父亲责打一顿。王冕的好学精神感动了一位读书人,主动收他为徒。虽然后来王冕科举未中,他却成为一位史上著名的画家、诗人。《聊斋志异》中《叶生》的故事说的也是读书人的故事。叶生出身贫寒,是个怀才不遇的读书人,巧遇一位卸任的地方官,帮他治病,请他做自己儿子的老师,后来官员的儿子中举人、进士,做了官,叶生也中了举人;尽管小说后来竟然揭秘这是一个鬼魂苦读成才的故事,但这故事让我们窥见当时读书寻觅出路是社会的常态之一。

在古代社会，普通人家寄希望子弟读书出人头地，只是一个普遍的价值追求，但并不是全部生活的追求。耕读传家，才是农村家庭生活的基本方式。所以旧时的家居牌匾或过年春联上常用"耕读传家"这四个字。农耕度日自然是农家的生存需求，可是与农耕同等重要的是读书，这就可以看出这是何等重要的事情。《曾国藩家书》中记载在外做官的曾国藩给远在湖南农村家人的信中这样写道："家中兄弟子侄，唯当记祖父八个字，曰：考、宝、早、扫、书、蔬、鱼、猪。"这当中的"考"和"书"直接指向读书成才。曾国藩还叮嘱家人：吾不望代代得富贵，但愿代代有秀才。这是关于古代农村社会耕读传家的比较突出的范例。在古代社会，普通人家对于家中要有识文断字的人一事看得很重，因为当时社会法制极不健全，文盲人家吃亏以至于倾家荡产的故事举不胜举，一个普通人家有一个读书人，立刻就获得了某些安全感。虽然，这样的读书与我们现在所提倡的阅读在内涵上并不是一回事，但作为一种生存方式，却也是一脉相传的。

我们从古代的很多读书故事和读书诗句，可以认识到绵延不断的读书风气。前面我们说到古代历史上名人苦读故事之多之深入人心，在世界上无愧于首屈一指，成为中华民族数千年来精进尚学的精神标杆。我国古代流传的赞美鼓励读书的诗文警句，更是汗牛充栋。譬如"少壮不努力，老大徒伤悲""人家不必论贫富，唯有读书声最佳""过客不须频问姓，读书声里是吾家""数百年旧家无非积德,第一件好事还是读书",等等,还有《三字经》《千字文》等儿童蒙学经典,大篇幅内容崇学向上,这些诗文警句至今仍口口相传、兴盛不衰,足可以看出中华民族重视文化传承,蔚成读书风气的壮丽景象。

7. 迎来阅读的好时代

上面讲了阅读好时代的六个特征,不一定概括得全面,但至少可以说,倘若一个时代能在这几个方面都做得比较好,就可以称得上是一个阅读的好时代了。对照这六个方面的特征,现在我们可以说,当前我们社会正迎来一个阅读的好时代。

我们显然正处在一个转型的时代。我们的社会正在从计划经济向市场经济转型。改革开放以来,国家不仅是在进行经济形态转型,还引起了一系列的转型,政治体制、文化体制、社会管理、生态文明也都在转型。这一转型必然带来更多的自由发展、创新发展的空间。在这个转型期,阅读应该是人们非常重要的生活方式。20世纪80年代伤痕文学作品、反思文学作品、"走向未来丛书""走向世界丛书"等一系列的书,大家争着要读。《英语900句》《大趋势——改变我们生活的十个方面》《白鹿原》《世界是平的》《哈利·波特》等畅销书风靡一时。转型时期每个人都在寻找自己生存和发展的方向和机会,每个人都在重新认识和理解价值取向。现在,已经快40年了,还在转型的路上,

三联韬奋书店 24 小时书店

不仅深入到人的管理、社区的管理,还延伸到参与世界经济格局的转型,我们的"一带一路"战略正是转型中的世界经济战略。在这么一个转型时期,不阅读是行不通的。这在客观需求上要求主流社会开展阅读,何况社会发展在主观上也有这样的价值诉求,这正是国家号召开展全民阅读的大背景。

我们当然正处在一个写作繁荣的时代。现在的文学写作、思想文化写作,不要说较之于 20 世纪的 70 年代,就是较之于 80 年代、90 年代,都更开放,创新更多。不用说网络写作如火如荼,微信、微博铺天盖地,民间写作相当海量,相当开放,相当具有颠覆感,其开放颠覆程度已经令大众感到不安,就连我们传统的长篇小说创作,都有很大的开放度。像《繁花》这样的现代市井小说,说的是一些凡人小事、饮食男女,甚至还有苟且之事,同样也能够评上茅盾文学奖,表明主流社会对文学的功能有了更宽泛的理解。像《黄雀记》这样反映生存危机的作品，每个人都可能会有黄雀在后之境，这是一个多么深刻多么危险的主题，一样也能获得茅盾文学奖，说明现在还真是一个写作宽松的时期，是一个允许百家争鸣、允许争奇斗艳的时期。

我们当然也正处在出版传播行业迅猛发展的时期。眼下中国已经有了不止 12 亿部的手机，是全世界手机第一大国，手机上网也达到相当大的比例。举目向四面八方望去，到处都可以见到低头一族，主要是年轻人，也有中老年人，都在低头阅读。不管是读什么，总之是在读，用手机来读，用电子阅读器来读，用电脑来读。中华民族何曾有过这样的阅读胜状！同时，传统图书全国年度发行量依然在以 5% 左右的速度增长。按需印刷达到立等可取，网络书店的生意越做越成熟，地面书店也在保生存、谋发展，24 小时书店开了一家又一家，深夜书店的灯光是夏夜的清风、冬夜的暖流、黑夜里的灯塔。20 世纪 90 年代微软的一位副总裁曾经断言 20 年实现无纸化，20 年已经过去，无纸化程度提高了，可有纸化的阅读还在稳步增长。前不久，世界最大的网络书店和电子书巨头亚马逊，在美国西雅图居然开了 1400 平方英尺的实体书店，引得出版界一片惊奇。这就是说，和电影观众从家庭电视机前重新回到电影院一样，许多读者在网络购书和阅读电子书的同时又重新回到书店徘徊选择，许多读者在读过手机、电子阅读器之后，还要回到提供深度阅读、整体阅读的图书上来。我们最后的结论是，整个出版界不只是转型为数字化，而且是正在融媒发展，出版传播的能力更加提高和发展了。

我们也深切感受到政府对于开展全民阅读的政策从未有过现在这么好。深圳特区不到两千万人，已经有了100多个书吧，好几家大书城，这些图书卖场的建设，与其说是市场行为，不如说是公共文化服务体系建设的市场化运作。而且通过市场化运作，书城、书吧不断提升了经营能力和经营质量。加之15年来的深圳读书月活动开展得有声有色，民间读书会遍布城市各个角落，深圳市成了全国乃至国际全民阅读的典范城市，联合国教科文组织为此专门授予其"世界阅读典范城市"的称号。

国家现在对于实体书店的扶持和鼓励是前所未有的，全国开展了实体书店奖励评选活动。国家对于阅读家庭的奖励也是前所未有的，2014年全国奖励了1000家"书香之家"。这样的盛举何曾有过？古代皇帝不时会御赐一个匾，奖励"进士之家""长寿之家""耕读之家"，现在国家是一次就奖励1000个"书香之家"，真正体现了全民阅读的普及性。

在各级政府的支持下，不少城市开办了24小时书店，这也形成了良好风气。有人对24小时书店值不值得开、开了能不能坚持下去有怀疑，我的看法是，只要一个城市开有24小时网吧、咖啡、酒吧，就有理由开办一家以上的24小时书吧，理由不用多说，"第一件好事还是读书"，这就是理由。

现在关于全民阅读更重要的政策即将出台，这就是国务院的《全民阅读促进条例》。这是我国首次为全民阅读出台法规。有人不理解，说难道不读书会犯法吗？不是的。不读书不违法，只是你失去了一个学习的机会，没有享受好自己的文化权益。

《全民阅读促进条例》主要是针对各级政府提出要求，要求各级政府在促进全民阅读方面做出自己的努力，要有预算，有安排，有检查，形成自己的工作机制，最后使得全社会受益。国家通过出台法规来强化、保护全民阅读的权益，其政策力度有了历史性的加强。

现在政府领导带头读书也成了时代风气。据说，许多新华书店接到当地政府领导建议，请书店不定期地给领导们提供新书目，以便他们选购图书阅读。这在多年前是难以想象的。譬如，早几年，有位市委书记，在全市干部大会上说自己春节期间读了托马斯·弗里德曼的《世界是平的》，然后简要谈了一点读后感，会后就有很多干部去找这本书来读，顿时在这个城市形成了一轮阅读《世界是平的》热潮。政府领导带头读书往往就是一个阅读的好时代。

现在阅读的传统正在得到弘扬。社会的阅读人数正在前所未有地扩大。目前，开展全民阅读活动的城市全国已经超过700多座，活动形式可谓千姿百态、异彩纷呈，有的评选阅读典型、读书之家，有的评选领读人，有的把领读人称为"全民阅读点灯人"，很是富有诗意。深圳市的全民阅读已经逐渐形成优良传统，市民们纷纷以读为荣。深圳民间阅读团体很多，在全国的读书会的交流中起着骨干带头作用。信息时代，利用媒体交流阅读也成了常态。全民阅读全国媒体联盟包括了从中央到地方一百多家主流媒体，可见媒体普遍重视报道读书活动。豆瓣网上的读书活动也很了不起，用户上亿，形成了自己主要的盈利面。网络阅读交流往往读的是经典著作，网民可以自觉去读，自觉进行交流的。

8. 阅读永远是进行时

可以说我们正迎来阅读的好时代。但是，且慢，我们说的是"正迎来"而不是"正处于"，可见人类阅读无止境，阅读永远在路上。

我们说社会转型期往往是一个阅读的好时代，但并非自然而然地生成，还需要有正确的价值观的引导。转型期往往泥沙俱下，面临着价值选择的问题。新时期以来，以经济建设为中心，这是一个大转型，但社会建设、国家发展不能只是追求一个经济价值、一个经济目标，不能只从一个GDP看成就，我们的文化发展、社会管理、生态文明乃至制度建设，都应该成为社会进步考量的重要价值标准。转型期如果没有正确掌握核心价值体系建设，社会就不会迎来阅读的好时代。对此我们要有清醒的认识，应该择善而从、趋利避害，把建设一个阅读好时代作为一项文化建设任务来切实做好。

我们说出现写作繁荣的景象往往是一个阅读好时代，但并非写作一繁荣，大量生产出来的作品都是好作品，还是需要做一番评价和选择的。当下写作，无论是纸介质发表还是网络传播，数量越来越大，让我们感觉到评价和选择的任务越来越重。

有人说，我想怎么写就怎么写，直接在网站上传，有的网站一天自动上传的网络小说超过五千万字，有时候竟有一亿字。有人就会产生误区，以为从此不需要编辑了。依我看，所有的作家都需要编辑，著名作家如鲁迅，都需要编辑。鲁迅需要孙伏园夹着大皮包催他写《阿Q正传》，后来，孙伏园离开北京《晨报副刊》一段时间，没人催稿了，鲁迅就把阿Q"枪毙"掉了。如果孙伏园还在，可能不会同意阿Q死得那么早，还会要鲁迅演绎出更多的故事。钱锺书先生算是一代学术大师，却感谢过不少"一字师"，对中华书局的编辑周振甫先生更是感激不尽。周先生对钱先生的《谈艺录》《管锥编》曾经做过大量的编辑订正工作。没有编辑怎么行！现在是一个写作繁荣、信息海量的时期，越是这样的时期，越发需要编辑，现在的问题是编辑认真的选择工作做得不够，公正的评价做得不够，因而优秀作品不多，经典性作品更少，还需要各方面继续努力才可能形成写作的真正繁荣。

新世纪以来出版传播业虽然迅猛发展，可也带来了许多新的挑战和问题。数字化、网络化同时带来了比较严重的出版传播娱乐化倾向。美国社会传播学教授尼尔·波兹曼的《娱乐至死》指出，一切公众话语日渐以娱乐的方式出现，并成为一种文化精神，我们的政治、宗教、新闻、体育、教育和商业都心甘情愿地成为娱乐的附庸，毫无怨言，甚至无声无息，其结果是我们成了一个娱乐至死的物种。这就是新兴的传播媒介给我们带来的弊端。当然其弊端还不止这些，诸如出版传播的真实性问题、深刻性问题等。数字出版传播带来了碎片化、肤浅化等一系列问题，任其放纵下去，这会是一个阅读的坏时代。因此，如何做到既坚持健康有序又能开放搞活，让人们享受出版传播的正当权益，这是当前出版传播业繁荣发展的核心问题。

至于政府关于全民阅读的政策问题，目前还不能完全乐观。政策需要落实，更需要长期坚持，不要因为领导人注意力的变化而变化。经验告诉我们，某项活动一旦成为政府工作的重要内容，就有可能成为政绩工程。倘若全民阅读成为政府的政绩工程，老百姓对于阅读没有更好的一种理解，没有养成阅读的兴趣，其结果可能比没有开展全民阅读活动更危险，因为民众好不容易掀起来的阅读热情将会受到糟践，成为"大跃进"那样的历史笑话，以后再做补课工作可就很难了。全民阅读活动一定要更好地符合阅读的规律，让大家真正地读书，真正地读好书，真正养成阅读的习惯，这才是最重要的。

我们特别钦佩各级领导人带头读书，也希望领导人告诉我们他正在读什么书，这是民众对领导人的敬重和爱戴。希望各级领导人真正做好阅读的表率，带领大家阅读真正有价值的好书，从而形成某种共同的价值观和共同的理想追求。特别是各级领导不要仅仅限于号召阅读，而是能到媒体上来，到群众中去，谈读书的具体收获体会，这样会使得广大民众意识到这一切都是真实存在的。各级领导人倘若只是在号召大家读书、读书再读书，至于他读与不读人们却不得而知，这不免会让普通老百姓和广大读书人感到有所疑惑。

三 究竟为什么要读书

1. 这个问题还需要讨论吗?

为什么要读书?这几乎是一个不成问题的问题。因为在很多人看来,读书是自然而然的事,就是再不讲究幼儿学前教育的人家,孩子到了上学的年龄,那孩子也就自然而然地背起书包上学堂,书包里的书就成为他晚上在家温习阅读的书。这时候你要问他为什么读书,他会愕然。几乎所有人都会认为,到了该读书的年龄就得去读书。

读书,早已成为现代社会人们成长的必由之路。就像人文学者周国平所说的那样,他觉得为什么要读书这个问题和一个人为什么要活着是分不开的。如果说一个人对于人生怎样有意义地度过是无所谓的,那么这样的人当然可以不读书。可是,如果你对人生的意义是在乎的,要把人生的价值体现出来,不愿意虚度这一生,那么,读书对于你就非常重要。在传统农耕社会里，读书几乎是一般人接受信息的唯一渠道，不读书几乎难以知今追往。孔子的年代，书的种类为数极少，还都是竹简木牍，难得搬动，一般人是难得读到的。而要成为一个有知识的人，只有读书求学一条路。社会发展到人人有书读的现代，当然要求学就必须读书。可是，2500多年过去了，迎来了遍地是知识、睁眼有信息的时代，似乎一般人求知成长不一定靠读书了，这才有了为什么要读书的问题的提出。现在天经地义问的是为什么不上网百度一下，而不是为什么不读书了。可是，读信息与读书毕竟既是一回事又不是一回事。现在，人们获取信息、知识，虽然可以通过读书或者上网、读各种媒体，然而，人类创造的精神产品，包括思想、思维、审美以及这一切完整的呈现，还是要通过完整的阅读才能够为人们有所了解。从这个意义上看，就是信息时代，读书也依然是现代社会人们成长的必由之路。

可是，当社会提倡人们读书的呼声越来越高之后，当阅读问题成为社会价值观的一部分不断地被媒体放大之后，人们不禁要问，难道已经有越来越多的人不读书了吗？我们需要再一次明确，这里所说的读书，已经不只是上学的读书，而主要是指作为一个人生活的一部分的终身读书。我们社会在这方面的状况，从专业机构十余年来的社会调查中可见其表现始终不能尽如人意。读书，在现代社会生活中的地位正面临着挤压。物质生活的重负在挤压着人们读书的心情、藏书的空间，精神生活的纷乱在挤压着人们读书的心绪，信息泛滥的紧张在挤压着人们读书的选择，娱乐媒体的喧哗在挤压着人们读书的心境，以至于人们快要用"放不下一张平静的课桌"来形容当前读书的外部环境。这时候，我们讨论如何提高阅读力，作为一种必备前提，首先还应当讨论一下为什么要读书。一个人倘不能比较好地回答这个问题，恐怕就难得有良好的阅读态度。当今，各行各业似乎都在流行"态度决定一切"这样一句话，在读书问题上，这句话完全实用。作为一个人生活的一部分的终身读书，是一个细水长流甚至静水深流的过程，初始时，甚至是一个考验读者意志力和耐力的过程，倘若没有一个良好的阅读态度，是很难将个人阅读终身进行下去的。

2. 为什么读书？

为什么读书？答案肯定是不胜枚举的。我们可以随时举出十几种乃至几十种读书的原因，例如：为了爱而读书，为了恨而读书，为了书名而读书，为了作者而读书，为了出版社而读书，为了自我求证而读书，为了自我反驳而读书，为了健康而读书，为了美德而读书，为了享乐而读书，为了孤独而读书，为了逃避而读书，为了不逃避而读书，为了恶习而读书，为了习惯而读书，为了改变时间而读书，为了再现青春而读书，为了从麻木不仁中清醒过来而读书，为了知道阅读并不能改善什么而读书，为了已经读过而读书。有一种阅读的目的是为了治病，这似乎让人匪夷所思。在第一章中我们介绍过，古希腊时期医生有过开"阅读"处方，让病人倾听别人的朗读达到治病的目的的做法。当今，抑郁症有所泛蔓，国外就有医生替患者开出特别处方——阅读一本名为《情绪的新医学》。这本名列德国亚马逊网站心理学类销售亚军的书籍，由若干知名医学专家撰写而成，不承想成为治病良药。同样能够缓解抑郁的指南书籍在德国还有不少，例如《不要恐惧抑郁症》《病愈密码：六分钟病愈方法》等。

既然有一种经典说法是"让读书成为生活的一部分"，那么，也就可以说读书与生活一样，原因和目的无所不在，无所不是，形形色色。归类起来说，精英人士有精英阅读的目的，专业人士有专业阅读的目的，学生有学业进步的目的，普通人有各有所好的目的，甚至，各个年龄段有人生各个阶段阅读的目的，白领青年的阅读可能是为了时尚，白发老人的阅读可能是为了养生，初为人父母者可能会从幼儿书籍读起，帮助儿女中考高考的父母的阅读可能或多或少要与考试有关，如此等等，不一而足。

中国古人对于读书目的不乏精彩表述。汉代刘向说："书犹药也，善读之可以医愚！"这是把人的成长与书紧密联系在一起。唐代杜甫的诗句："读书破万卷，下笔如有神。"这是为了把文章写好而读书。宋代真宗皇帝赵恒在《励学篇》说"安居不用架高楼，书中自有黄金屋"，照这说法，读书可以解决无房户安居困难，而且读了书不仅解决无房的忧虑，还会得到好的地段，好的楼层，当然要赶快读书。宋真宗又说"娶妻莫恨无良媒，书中自有颜如玉"，说的是为了解决男女婚嫁，那么为了娶得高颜值的女孩，嫁得高大上的丈夫，埋头读书吧——不过，就怕读完书抬起头来一看，白富美、高大上的都不见了。宋真宗的《励学篇》说的都是大实话，尽管境界不高，可是居然传诵了一千多年。前面我们介绍过，宋代是我国古代历史中文官制度比较完善的朝代，科举取士的比例比唐代、元代、明代、清代都大得多，宋代还是古代学术达到鼎盛的时期，宋朝赞颂读书、鼓励读书的诗歌名言也是历朝历代最多的。宋代的汪洙做过一首《神童诗》，流传也足够久远："天子重英豪，文章教尔曹。万般皆下品，唯有读书高。"后面两句态度明显武断，就像当代中国某个狂热时期曾经大唱特唱的"就是好、就是好、就是好"一样，有点儿不讲理，但是这两句诗就是被人们牢牢记住了，看来事实上确实"读书高"。而古代纯粹的大文人谈读书则比较理性。宋代欧阳修说："立身以立学为先，立学以读书为本。"宋代黄庭坚说得比较深刻："三日不读书，便觉言语乏味，面目可憎。"据说，又传黄庭坚原话是："一日不读书，尘生其中；两日不读书，言语乏味；三日不读书，面目可憎。"宋代陆游做了将近三百首关于读书的诗歌。陆游是一位入世很深的诗人，他的读书观主题基本上是修身齐家治国平天下，从"五世业儒书有种""诗书守素业，蝉联二百年""莫笑书生一卷书，唐虞事业正关渠"这些名句，看得出诗人读书的宏伟抱负。

综览古往今来的阅读生活，可谓五彩斑斓，其目的与缘由自然也是五花八门。然而，归纳起来，似乎可以归为四种，即读以致知、读以致用、读以修为和读以致乐。

3. 读书目的（一）：读以致知

先说读以致知。求知欲是人与生俱来的基本需求。人的本性之一就是满足求知欲，就是要满足人们希望知道或了解更多事物的不满足心态。心理学认为：求知欲是个体学习的内在动机，个体寻求知识的动力，是创造性人才的重要特征。人类强烈的好奇心和旺盛的求知欲，必然导致在阅读上不断地搜奇探幽。

孔子说过："我非生而知之者，好古，敏以求之者也。"意思是说自己不是生来就知道一切的人，只是喜好古代文化，勤奋学习追求知识。这位中国古代的第一读书人，一直在强调"知之为知之，不知为不知，是知也"，指出"学而不思则罔，思而不学则殆"，其结论就是"好古，敏以求之者也"，读书以致知。

通过学习而成长，这是古之圣贤倡导的不二法门。秦国丞相吕不韦的《吕氏春秋·尊师》一文为此大发感慨："神农师悉诸，黄帝师大挠……吴王阖闾师伍子胥、文之仪，越王勾践师范蠡、大夫种。圣贤者，未有不尊师者也。"把神话般的人物神农黄帝的师从传说都拿出来举例说明师从学习的重要性。接着他又论述到学习的重要性:"且天生人也,而使其耳可以闻,不学,其闻不若聋;使其目可以见,不学,其见不若盲;使其口可以言,不学,其言不若爽;使其心可以知,不学,其知不若狂。故凡学,非能益也,达天性也。能全天之所生而勿败之,是谓善学。"这段话可谓古人强调后天学习最为雄辩的一篇,大意是:上天造就人,如果不学习,能听见还不如耳聋,能看见还不如眼瞎,能说话还不如说不出来,能认知还不如无知。其实凡是学习,不是使人增加什么,而是通达天性,保全上天赋予人的天性而不使它受到伤害。

中国传统启蒙读本《三字经》就非常严肃地告诫少年儿童:"玉不琢,不成器;人不学,不知义。"明清之际著名思想家王夫之把读书以致知分析出至少两个层次来:"夫读书将以何为哉?辨其大义,以修己治人之体也,察其微言,以善精义入神之用也。"而《幽梦影》一书的作者、清代文学家张潮,对一个人终身读书不断提高见识的过程有一番十分生动的形容:"少年读书,如隙中窥月;中年读书,如庭中望月;老年读书,如台上玩月。皆以阅历之深浅,为所得之深浅耳。"

读以致知,这是一个与生俱来的本能需要,也是人们读书的原初动力。它不是为了什么具体的目的而读书,只是因为我们是人类,所以要读书。孔子说:"朝闻道,夕死可矣。"有人认为这是一番豪言壮语,早上知道了人世间的规律,晚上就结束生命,这样一来还有什么实际用处呢?其实,这个用处就在于一个人终于知道了自己孜孜以求的知识、真相，也就满足了他求知的心愿。古希腊哲人苏格拉底被判了死刑，准备让他服毒去死，当毒药在准备中的时候，苏格拉底正在用长笛练习一首曲子，有人问他："这有什么用呢？"他说："至少我死前可以学习这首曲子。"这不就是为了读以致知吗！我曾经在一些文章中说过一个真实的故事。有一个被判了死刑的人，明知道当天上午就要被执行，可是，在等待行刑时间到来的时候，他得到了期待中的一本书，于是认真地读了起来。也有人会问：这时候读书还有什么用呢？看来苏格拉底的答案可以移植过来：至少他死前可以读到这本书了。

如此看来，与其把读以致知看成是读书目的之一，还不如说这是一个正常人的本能。许多人读书的缘起就来自于一种求知本能的冲动。正如一个蒙昧未开而又难以安静的小孩，家长越是告诉他什么东西不能触碰，他越会设法去触碰它，甚至把它弄坏。求知就是人类最可贵的本能。珍惜我们阅读的求知欲吧，这是上天赋予人最可宝贵的本能，由本能而生的追求，往往就是人们通常所说的"无用之用，乃为大用"。骄傲吧，你若有无用的读书目的，有本能的阅读冲动，正是能成为一位大用之人。

4. 读书目的（二）：读以致用

孔子谈读书谈得最多的是哪一本书？是《诗经》。他认为这部诗歌集非常有用。首先，他说"不学诗，无以言"，指出：对于士大夫来说，读不读诗涉及一个士大夫有没有话语权的重要问题，说到底是一个能不能安身立命的问题。孔子说："小子！何莫学夫诗？诗，可以兴，可以观，可以群，可以怨；迩之事父，远之事君；多识于鸟兽草木之名。"他告诉青年们，不可以不读《诗经》，《诗经》可以激发情志，可以观察社会，可以交往朋友，可以怨刺不平。在家可以侍奉父母，从政可以侍奉君王，还可以知道不少鸟兽草木的名称。他从多方面揭示了读《诗经》的用处。孔子是一位入世的思想家，故而十分重视读以致用。他说："诵诗三百，授之以政，不达；使于四方，不能专对；虽多，亦奚以为。"说的是一个人熟读《诗经》，交给他政事，却办不通；派他出使外国，又不能独立应对。即使读得再多，又有什么用处呢！在孔子看来，学了《诗经》就要会用，理解《诗经》用好《诗经》是阅读《诗经》的主要目标。否则，不如不读。

我们之所以选择孔子读《诗经》的态度为例来说明读以致用这一读书的目的，是因为这些例证十分典型，且对于人们的认识反差够大。试想，在不少现代人看来，《诗经》就是一部诗歌集，对于并不从事文学研究的一般读者，阅读文学作品，特别是读诗，除了丰富自己的语言，再就是陶冶情操，还有就是消遣娱乐，怎么可以想到要学那么多东西！可是孔子就是在阅读文学作品的时候，还在强调有用，可见读以致用被他十分推崇看重。

中国古人历来推崇看重读以致用。在春秋战国时代，读书人都希望通过学习获得更大本领，为王侯们所用，那时候读书人的策论满天飞。孔子说"学而优则仕，仕而优则学"，出发点就是学以致用。可以说，一部《论语》立足点还是学以致用。战国时期，以纵横家苏秦为代表的一大批学人，就是千方百计地把自己的学说呈现给王侯们，学以致用，成就一番事业。苏秦出身卑微，落寞于民间，后来发愤读书，"锥刺股"的典故就出自于他，最后成就了自成一家的合纵说，成为执掌六国的宰相，联合抗秦，害得秦国十五年不敢出函谷关。

到了汉代，董仲舒独尊儒术，其立足点更是取法儒家的经世济用之道，读儒经以致用，立足于改造社会秩序、政治制度、文化价值、伦理道德。刘向的"书犹药也，善读之可以治愚"，这也是读以致用的深刻说法。汉代在长安兴太学，成为学子做官的一条路径，读以致用的主张十分明确。

古代读以致用的故事俯拾皆是。《三国演义》中的庞统正是这样一个读以致用的典型。庞统是一个读书人，算是一位名士，可其貌不扬，投奔孙权，孙权不要，投奔刘备，刘备碍于是鲁肃推荐的，不得不要。但刘备还是以貌取人，只给庞统做一个县令。偏偏庞统不是做县令的材料，老百姓老闹事，后来刘备只好把他的官罢掉。可是后来诸葛亮来了，诸葛亮和鲁肃再次推荐他，说他是凤雏，"卧龙凤雏，得一人可安天下"的说法让雄心勃勃的刘备大为心动。卧龙是诸葛亮，凤雏就是庞统，刘备这才重新起用庞统，让他做军师中军令，辅佐自己西征益州，立下大功。在《三国演义》中并不是很重要的人物庞统见用于刘备的曲折故事，强调的还是一个读书人其读以致用的价值取向。更不要说这部历史演义的一号人物诸葛亮，从隐居卧龙岗到三顾茅庐再到出山征战，演绎的更是一个读以致用的传奇故事。

唐代科举盛行，读以致用就成了千军万马必过的独木桥。读书的目标一旦明确，动力更加直接。"三更灯火五更鸡，正是男儿读书时。黑发不知勤学早，白首方悔读书迟。"唐代大书法家颜真卿的这首诗，直到一千多年后的今天还在激励着千万学子。宋真宗皇帝不仅有过"书中自有黄金屋"的劝学诗，还有劝学谕，也算得上是一位尊师重教的国家领导人吧。他的《劝学谕》写道："为学好，不学不好。学者如禾如稻，不学者如蒿如草。如禾如稻兮，国之精良，世之大宝；如蒿如草兮，耕者憎嫌，锄者烦恼。他日面墙，悔之已老。"宋代大文人王安石的《劝学文》写得十分用心，每句不离一个"书"字："读书不破费，读书万倍利。书显官人才，书添官人智。有即起书楼，无即置书柜。窗下看古书，灯下寻书义。贫者因书富，富者因书贵。愚者得书贤，贤者得书利。只见读书荣，不见读书坠。卖金买书读，读书买金易。好书最难逢，好书真难致。奉劝读书人，好书在心记。"最让读书有用论者牢记在心的还是元代剧作家高明的两句名言，他在《琵琶记》这部杂剧中写了一通念白："十年寒窗无人问，一举成名天下知！"竟然流传了八百多年。

自从隋唐开了科举,读书改变命运的劝读诗、劝读文从此源源不断出现。与科举考试经常联系在一起的苦读故事,也被人们念叨了千百年。锥刺股、头悬梁、囊萤映雪、凿壁偷光这些故事让很多小孩肃然起敬、不寒而栗而又备受鼓舞。其实,按传说,"锥刺股"是战国时期的苏秦,"头悬梁"是西汉的孙敬,"映雪"的是晋代穷人家的读书人孙康,"囊萤"的车胤也是一个晋代穷书生,而"凿壁偷光"的匡衡更是西汉时期的名士,这些故事发生的时代都还不曾有科举制度。可是,科举制度之下,这些本来还是自觉地读以致用的故事,也就被拿来做了"一举成名天下知"的注脚。

平心而论,读以致用实在是天经地义的事情。甚至可以说,读以致用是人类社会不断前进的重要动力。只是本来具有一定的公平精神的科举制度,由于社会人才拔擢途径的过于单一僵化,致使读以致用的主张变形为读以致考、读以中举,读书人与考官们玩起了考试游戏而很少考虑经世致用的学习,如此愈演愈烈之后,科举制度终于遭到废除。至于当代中国教育的应试化,在批评之声不绝于耳之后,也一直在努力改革调整为素质教育,以期走出考试游戏的老路和死胡同。实际上,读书学习,一旦读以致考,为考试而学习,只以应考为要,大体上就与个人精神、个体灵魂无关。读书学习如果由功利起始,至功利而终,成功考过就成了这一闭环系统的全部价值所在,通常情形下个人精神、个体灵魂难得在考试中得到检验和观照。如此循环往复,泛滥下去,全社会的阅读生活势必僵化、扭曲、畸形,社会精神势必混乱、委顿、颓废。从实现人的全面发展来看，只有读以致用是不可思议的，功利性阅读是人的全面发展的大敌。随着人类社会的发展，特别是随着全球化进程加快，一个国家民众的精神状态成为国家软实力的重要组成部分，实现人的全面发展的理念受到空前重视，那么，只有精英教育、精英阅读、专业性教育、功利性阅读已经不能保证社会和国家得到全面的发展。单纯的读以致用，一直不断地被人们有所反思。

不过，无论如何，读以致用还是人类社会阅读的主流。成长性阅读、职业性阅读、精英性阅读、研究性阅读，它们的核心当然都是读以致用。只要不走极端，不要把实用价值看成是阅读学习的唯一价值，而要承认人还有全面发展的需求，有求知的兴趣，有修为的需要，还有娱乐的快感，那么，读以致用就应当在社会科学文化发展中担负起最大的责任。

5. 读书目的（三）：读以修为

中华民族的历史记载比较详尽的教育精神和学术事业，当属孔子的"六艺之教"（礼、乐、射、御、书、数）和"六艺之学"（《诗》《书》《礼》《乐》《易》《春秋》）。"六艺之教"和"六艺之学"被中国现代教育家马一浮先生看成是中华民族至高的文化内容，认为所谓之国学即为"六艺之学"。而这两个"六艺"，一目了然，既有读以致知、读以致用，更有读以修为，是一种人的全面发展的态度。这三种阅读原本浑然一体，既有求知解惑的需要，也有传授知识、探讨规律的追求，还有自我修养的意趣，只是后世随着社会功利化需求愈演愈烈，三者间这才有所消长，现代社会的阅读主张这才在人的全面发展上重新投入很大的热情。反思这些消长的过程和教训，我们似乎可以这么说，一个社会在读以修为上有多么大的热情，将决定这个社会国民的整体素质有多么大的提升。要实现人的全面发展，首先要从读以修为做起。

既然是读以修为，我们认为在倡导全民阅读时最好不要强调"读书改变命运"，少说或者最好不说"书中自有颜如玉，书中自有黄金屋"一类较功利的劝学名言。读书确实改变了不少人的命运，可是，也有很多人读书并没有改变命运。命运这个问题太复杂，岂是一个读书就能完全决定得了。用"颜如玉""黄金屋"乃至"改变命运"来倡导全民阅读，也不是倡导全民阅读的本意，让全体人民都"悬梁刺股"去读书，更不是政府之所愿。全民阅读不是鼓励全民通过阅读达到升学、升职、发财的目的，也不是科学家为了发明创造、教授学者为了专业研究的阅读，甚至不是急用先学、学了就要用的阅读，而是前面我们一再说过的，全民阅读首先是为了人们满足求知欲的需要，是为了每个人都能享受阅读乐趣，是为了每个人的素质得到提高，是为了读以修为，实现人的全面发展。

说到读以修为，首先让我们想起的名言就是宋代大学士苏东坡的"腹有诗书气自华"。这句诗出自苏东坡的一首七律《和

董传留别》。全诗八句,抄录如下:

> 粗缯大布裹生涯,腹有诗书气自华。
> 厌伴老儒烹瓠叶,强随举子踏槐花。
> 囊空不办寻春马,眼乱行看择婿车。
> 得意犹堪夸世俗,诏黄新湿字如鸦。

　　说实话,全诗格调实在算不得有多么高,不过是一个布衣青年在科举教育中的心酸写照和登龙有时的幻想,可是,"腹有诗书气自华"一句却超凡脱俗。这句诗成了千余年来无数读书人自慰的常用精神药剂。

　　"腹有诗书气自华",这句诗在当今社会愈发具有针对性和感召力。不知道从什么时候起,社会舆论谈到人的价值,"白富美""高富帅""高颜值"之类的语词已经大行其道。不少时候像是说说而已,但更多时候已经成了人际评价的价值标准。特别是在青少年比较集中的地方,这样的评价标准及其审美方式几乎是信手拈来。那么,这时,是不是也要说说"腹有诗书气自华"呢?一位男士,也许不够"高富帅",但是他有很好的学习经历,有丰富的读书实践,而且读有所得,比起另一位"语言乏味"的"高富帅"男士,是不是可以获得更好的审美效果呢?说到女士,同理可证,也许颜值不够高,可是,她腹有诗书,又文气静气,谈吐不凡,是另一种"高言值",不是同样也会得到某些聪明男士的好感吗?读书可以养颜,读书可以长精神,读书可以改容貌——清代曾国藩,就曾经对此有过一番高论。他对儿子曾纪泽说:"人之气质,由于天生,很难改变,唯读书则可以改变其气质。古之精于相法者,并言读书可以变换骨相。"我们并不唯古人马首是瞻,但曾国藩这番话实在值得相信。

有人说,从一个人在读什么样的书,我们可以看出他的教养和造诣。还有一种说法,从一个人的眼球被什么所吸引,我们可以看出他拥有怎样的趣味。一位容颜平平的青年,读了一些书,就有可能气质变得不太普通,因为他有了一番教养和造诣。读书人与不读书的人就是不一样,这从气质上可以看出。有些人,你看他其貌不扬,身材瘦弱,可是读书的经历却使得他有了与众不同的言行举止习惯,也就是人们讲的"气质"。在学术会议上,他站起来向主讲人提问,温文尔雅,也有居高临下之态,在多人聚会的时候,他偶尔跟大家幽默一下,也真是谈吐不凡。可是,有时候我也会忽然想到,如果他不是一个读书人,凭他这副长相身材,能够被大家关注都困难,实在是读书改变了他的生命状态。

经常有长辈学者劝导青年人,人要有点书卷气。书卷气来自哪里?当然来自于书卷,来自于读书。一个青年安静地读书,久而久之,就有了一种气质,那就是静气。一个青年,原本表情比较浑浊,读书既久,慢慢地变得清秀起来,那就是文气。一个青年,原本比较木讷的表情,可因为读到书中非常美丽的句子,表情就有微微的愉悦,这就是秀气。一个青年,因为读书,有了一种更好的想象，他的神情往往透露出来的是一种迷人的令人神往的表情，这就是灵气。一个青年，原来比较自负傲气，读了书渐渐谦和起来，因为读然后知不足，知道世界有太多自己不知道的东西，于是就有了雅气。"腹有诗书气自华"——有了静气、文气、秀气、灵气、雅气、书卷气、平和之气，而与那些腹无诗书的人，或者浑身俗气、怨气，或者一身娇气、小市民气，或者一身傲气、霸气、戾气、粗鄙之气，前后比较，社会评价效果高下立判。

中国古人很早就注意到外貌与才华的审美反差，从而不断强调才华的养成其重要性远胜外貌的优越性。比较早的一个例子，就是孔子的弟子澹台灭明的故事。澹台是复姓，名灭明，字子羽。这个弟子是别人介绍给孔子的。孔子一看他生得那么丑，额头很低，低得快到眉毛了，鼻子塌陷，口很窄，心里不待见，觉得这人不可能有什么出息，就没怎么理他。弟子三千，被他不待见、少理睬的学生自然是有的。澹台灭明只好跟着师兄弟们学，居然也能够把春秋、六艺精通。后来去了南方，成为南方一个非常重要的学者，收了门徒三百多人。有人告诉孔子，说是夫子你有个学生真了不起，讲学听众如云，广收门徒，门徒都很有出息。孔子这才很感慨，说"以容取人乎，失之子羽"。直到后来几千年，江南一带都还保存与澹台灭明有关的传说和遗迹。现在苏州还有一个澹台湖，南昌也有一个澹台湖。

史书上还记载了西晋左思的故事。可能今天不少读者知道左思的《三都赋》弄出了"洛阳纸贵"的典故，却并不知道左思是一位奇丑无比的人。他是当时的文化人，认为自己文章写得好，女孩子应该喜欢他，所以还比较喜欢在街上走，希望得到女孩子们的崇敬和追随。结果他一在街上出现，女孩子就都烦他，朝他扔东西，连老太婆都嫌他长得太丑了，也往他身上扔东西。他无以自慰，只好关起门来读书，花了十年时间，写出了《三都赋》，顿时名满天下，人们争相传抄，造成了洛阳的纸价上涨。他再在街上出现，人们不敢再小看他了，可谓粉丝多多，争相观赏，美丑已经不在脸面上，在他的成就、他的气质上。这也算是"腹有诗书气自华"吧。当代文化学者余秋雨有句名言"读书的最大理由是摆脱平庸"，是不是也可以当成读以修为的动力解释呢？

读以修为，不只是被古今社会看成是一个人成长和修养的重要途径，也是许多家庭生活追求的理想状态。"忠厚传家久，诗书继世长"，这是传统人家常常作为座右铭来张贴的对联。唐代翁承赞的诗句"官事归来夜雪埋，儿曹灯火小茅斋。人家不必论贫富，唯有读书声最佳"，蕴含着民间阅读的平等精神，后两句尤其传颂久远。清代姚文田的一副对联"数百年旧家无非积德，第一件好事还是读书"，一经清末大名士翁同龢、张元济等手书，成为古今名联，一直流传至今。读书可以使得许多家庭知书达理，读书可以使得许多家庭懂礼重情，读书可以使得许多家庭和谐乐道，读以修为，乃是社会文明进步、家庭安逸温馨、个人全面发展的重要路径之一。

6. 读书目的（四）：读以致乐

说到读以致乐，我们的脑海里立刻就会浮现出中国人耳熟能详的一句名言："学而时习之，不亦说乎。"这是中国古代第一经典《论语》开篇的话。境界很高的中国古代山水诗人，晋代的陶渊明有句名言："好读书，不求甚解，每有会意，便欣然忘食。"这也把阅读的乐趣做了令人难忘的描摹。陆游是一位最崇尚读书的诗人，他关于阅读的总的态度就是读以致乐，一句"天下无如读书乐"的诗句，可以成为他读书观的主要精神。

读以致乐，往往是在读书人进入纯粹为读而读的状态时，才能忽然觉出读书的乐趣来。中国古代才子迷恋"红袖添香夜读书"的情景，我们只用想象，只有不以读书为人生成败大事的人，才会让红袖的脂粉香气轻拂书籍芳香，以至于不知道陶醉读书人的香气不知道来自红袖还是书页。为了读书人的快乐感觉，古代读书人比较讲究读书环境和方式。明末清初文学评论家金圣叹有一篇《三十三不亦快哉》的小品文，被许多文人叹为极品。其中就有"雪夜闭门读禁书"之不亦快哉。清初大兴文字狱，读禁书被发现是要杀头的，那么，深夜雪天，闭门读禁书，无人打扰，更无灾祸之虞，自然是不亦快哉的了。清初思想家顾炎武还有一个很著名的读书状态，叫作夏天裸体读经。我们不妨想象一下顾炎武此番情景，也算是痛快淋漓的读书生活了。

读书生活状态给读书人带来的快感，不一定都要像金圣叹、顾炎武那样特立独行才能体验得到，大凡中规中矩地读书，都应当有一番快乐的体会。宋末元初诗人翁森有一首《四时读书乐》的诗歌，在民国时期曾经选入中学生课本。诗歌比较长，我们选择一些核心诗句供大家欣赏："……读书之乐乐如何，绿满窗前草不除。""……读书之乐乐无穷，瑶琴一曲来熏风。""……读书之乐乐陶陶，起弄明月霜天高。""……读书之乐何处寻，数点梅花天地心。"读者稍作体会，就能感觉到诗人把一年四季读书的美妙处做了一番优雅的描绘。

中国古代读书人中总有一类旷达人士，不以功名为重，不以经世致用自许，不以世俗场面为荣，唯以读以致知为要，更以读以致乐为理想人生。唐代诗人刘禹锡的名篇《陋室铭》，把这种人生态度表达得淋漓尽致："斯是陋室，唯吾德馨。苔痕上阶绿，草色入帘青。谈笑有鸿儒，往来无白丁。可以调素琴，阅金经。无丝竹之乱耳，无案牍之劳形。"相比较翁森的《四时读书乐》，刘禹锡陋室读书的境界显然要远远高过许多。曾国藩的"百战归来再读书"，也算得上是旷达读书的名句，表达了曾国藩的读书观、人生观，即：百战为国，读书为乐，这也是传统知识分子"达则兼济天下，穷则独善其身"的人生态度。

在中国传统的阅读文化中，读以致乐的阅读主张，初看起来似乎比较娱乐化、平民化、世俗化，较之于读以致知、读以致用、读以修为，显得不是那么高大上。然而，读书，作为一种私人化程度颇高的社会活动，读以致乐却是其第一要素。否则，一个人要做到终身学习，如何能够坚持数十年！且看孔子是怎样看待在诸多事物中"乐"的重要性。他说："知之者不如好之者，好之者不如乐之者。"这段话明确指出了阅读的第一要素。当然，孔子强调"乐"，并非为乐而乐，更不是乐不可支，他还注意强调"学如不及"。就是说，既做乐之者，又做求知无止境的人。孔子为人师表，正是如此既乐在其中，又学如不及的。在《论语》中，有许多故事说到孔子对于知识的诚实态度。虽然有许多弟子向他求知，可他也不断地从弟子那里得到启悟，一生总在学习、积累并总结经验中。我们社会在大力倡导全民阅读，帮助更多的人成为阅读的"好之者"乃至"乐之者"的同时，还要鼓励大家持续阅读、终身阅读，切不可一乐而过，把一个全民阅读活动弄成一场纯粹的娱乐。

当然，无论如何，读以致乐应当坚持放在阅读价值观的首位。因为，联合国教科文组织也是首先主张"读以致乐"的。请看联合国教科文组织1995年关于全民阅读的宣言："希望散居在世界各地的人，无论你是年老还是年轻，无论你是贫穷还是富裕，无论你是患病还是健康，都能享受阅读的乐趣，都能尊重和感谢为人类文明做出过巨大贡献的文学、文化、科学、思想大师们，都能保护知识产权。"宣言中强调要让"散居在世界各地的人……都能享受阅读的乐趣"，这不正是"读以致乐"吗？可见，在全民阅读这一世界性话题中，"读以致乐"

乃是最具普适意义的读书价值。

　　说到读以致乐，我想起一则未经证实的传闻，颇受启发。2012年夏天，一位中国影视明星带儿子到法国里昂旅游，恰好赶上当地举办读书节。读书节中有一项活动，在当地最大的市立图书馆，两周内，哪个孩子读书最多，将有一份大礼物送给他。影视明星和其他家长一样，赶紧给孩子报了名，在图书馆工作人员的安排下，孩子领到了要读的书。明星的孩子是个乖孩子，放弃了一切活动，一周后经过市立图书馆工作人员考核，他背会了三本书，而别的法国孩子一本也没有完成。明星看着孩子成绩遥遥领先十分高兴，对孩子频频鼓励，让他再接再厉，抓住剩下一周的时间，争取创纪录给老爸争光。没想到的是，这时市立图书馆工作人员来了，带着一份要发给第一名的礼物，对明星说："希望你的孩子放弃这次读书活动，礼物可以先发给你。"明星很惊讶："不是还有一周吗？为什么提前给礼物啊？为什么让我孩子退出？"工作人员说："因为你的孩子为了读书而读书，只想争第一，而不理解内容，没有感觉到读书的乐趣。读书不是比赛，没有功利性，他这样疯狂地读，要是得了第一，会给其他孩子做出不好的榜样。所以，我们提前发给你礼物，他退出了，别的孩子就没有了忧虑感，才会用心去感受读书的快乐。"明星原本有些愤怒，但是听完了工作人员的话，不由得连连点头，最后连礼物也没要，很诚恳地主动让儿子退出了活动。这件事对我们的明星触动很大，他对朋友感慨道："我们教育孩子读书，目的都不纯，规定了目标，好像是为了完成任务。这次法国之行让我明白了，读书就是放松，就是享受，孩子读书仅仅因为读书快乐，就这么简单。"

是的，在我们的传统文化中对这读以致乐重视得很不够，苦读故事比比皆是，乐读故事却凤毛麟角，好像不在读书人群里折磨出几个死相来感动他人誓不罢休一样。以至于直到今天，一说到读书还有许多人悚然肃立，如临大敌，要就不参加，要参加就发愤争先。每每想到这一点，我们就恨不得把读以致乐的重要性强调再强调。可以说，我们社会的全民阅读成败如何，首先就看能否让更多的读者读以致乐。乐读则成，不乐则不成，而况强读硬读苦读乎？让更多的人"享受阅读的乐趣"吧，这是全世界各民族共同推崇的首要的阅读价值取向，我们中华民族的阅读者一定也会乐在其中的。

四 阅读一定有方法

1. 与书结缘

我曾经用"如何读书"这个关键词在生活中和网络上做过一些调查和搜索,总的感觉是读书生活五彩缤纷,处处充满了偶然性,每一个读书人都有一个偶然的读书缘起,关键在于他们对于偶然的缘分各自"心有灵犀""心有戚戚焉",甚至有的"心有猛虎,细嗅蔷薇",由此与书结缘。经验告诉我们,许多成功的读书人,乃是与书有缘而起。

我应邀参加 2015 年深圳读书月活动,被安排与 20 多岁的青年作家魏小河对谈。魏小河开了一个微信公众号"不止读书",据说已经有 30 万以上的粉丝,这意味着他已经是一个成功的微信操盘手。我问他,你从什么时候开始喜欢读书的。他说,那是非常偶然的事。他是安徽颍上县人,因为父母在外打工,他被放到江西九江农村跟外公外婆过日子。他说:"我很幸运,小时候，我是挨着大地生活的。在外婆家，我就像一只石头中蹦出来的猴子，找到了自己的天地，撒野玩闹，快活无比。我的外婆不识字，但是她有各种本领，她会包粽子，她会用嫩竹扎成条把（扫帚），她会炕茶叶，她会用狗尾巴草编出一只小狗，她还会在夏天的夜晚里讲上一个又一个鬼故事。"许多名作家都有一个会说故事的外婆，这个现象普遍得让许多作家成为自嘲的一个笑柄。不过，我敢打包票，魏小河的外婆可是真实存在的。

乡下人很少接触到书籍。整个小学生涯，魏小河只接触过两本书，一本是《舒克和贝塔》，郑渊洁的作品，这是他后来才知道的。那时候谁管作者是谁呢？因为书的封面花花绿绿看着好奇，而且里面尽是些图画，他才向同学讨来胡乱看了。另外一本是童话书，不知道是安徒生童话还是格林童话，他也记不清了，因为那本书无头无尾，没有了封面封底。

魏小河真正读完第一本课外书，是初中二年级的时候。有位政治老师在课堂上喜欢给学生们天南海北地讲故事。一次，他讲了《哈利·波特》的故事，说是在这个世界上有两种人，一种人会魔法，另一种人不会，不会魔法的人被称为麻瓜……故事中有神奇的魔杖、咒语、可以飞行的扫帚，活在我们周围的巫师……不知道怎么回事，这个故事竟然激发了初中二年级学生魏小河的阅读欲望，他找到小镇上唯一一家书店，买到了一本打折的旧书《哈利·波特与密室》。这本书就成为他第一次完整读完的书。

魏小河后来只上了一个"三本"大学，对一个农村孩子来说，这已经是不错的出路，可他同我说起这事时对自己表现出明显的自责和鄙夷的态度。他说高中时期自己什么书都读，什么武侠、玄幻、言情、推理、恐怖，甚至是尼采、巴金和村上春树，没有挑选，一律通吃，唯一就是不愿意去读摆在校园门口堆积如山的高考教辅读物。我说，这就是说你已经开始了一个作家而不是赶考秀才的生涯。这样一来，到底是"一本"还是"三本"大学，对你来说也就无所谓了。

大学毕业后魏小河到深圳打工，打工时写了一些东西，大多是读书感想，发在微信上面，得到朋友圈的好评，然后他就开设微信公众号，命名为"不止读书"，既有不停止读书的意思，也有不只是读书，还有生活、思想的意思。现在他辞去了原先的工作，专职在做微信公众号，每天他都要发表几则关于读书的言论，写得还真不错，言之有物且颇具交互性。"不止读书"微信公众号的成功，靠的是这位青年作家每天认真的读书和写作，可是，它却起源于一个农村孩子与当代儿童文学名著"哈利·波特系列"的偶遇。我对魏小河说，你的起点很高，独自完整阅读的第一本书就是"哈利·波特"，特别是第二集《哈利·波特与密室》，小说的语言既优雅又有反讽，氛围更是神秘抓人，构成了阅读的强烈追逐效应，而不是通常人家的孩子循序渐进、由浅入深的搭积木式的阅读，似乎不从"小蝌蚪找妈妈"开始都不行。这二者间孰高孰低，需要请儿童阅读专家们来讨论，只是，眼前的成功者就在前者，他不仅成为一个大 V，还出版了三本书：《独立日——用一间书房抵抗全世界》《独立日——读在大好时光》《失眠书》。

近几年，著名作家王跃文的长篇小说《大清相国》备受关注。1999 年我在人民文学出版社做社长，出版了他的第一部长篇小说《国画》。当时我和编辑们惊讶于青年作家王跃文的才华，并不主要在于他对当代生活中人情世故的准确把握，而是他不动声色、颇为老到的现代汉语写作风格，可以说有点儿独树一帜。那么，这样一个作家是从哪里开始阅读的呢？他说，他出生在农村，小时候几乎没有什么阅读条件，十一二岁的时候，发现他大哥床头有本书，他拿起来读，是一本卷了边的《红楼梦》，而且是繁体竖排的，读起来有点儿费劲。他对书里的文字也很不理解，林黛玉、薛宝钗明明是女的，怎么用"他"呢？同时，里面很多事情也不太理解，那肯定是少小懵懂，不谙人间世事，只是读下去觉得里面有些故事也蛮有意思。王跃文说，一开始是懵懂地读，直到后来稍稍长大，再回头看《红楼梦》，才感觉文字是有魔力的。总之，一个偶然的机会，中国最伟大的小说《红楼梦》成了作家王跃文阅读的起点，从此他与阅读、写作结下不解之缘。

与王跃文同为湖南籍的著名作家阎真，我在人民文学出版社主持出版过他的代表作长篇小说《沧浪之水》。他是这样开始自己的阅读生涯的。他回忆道：母亲在图书馆工作，少儿时代她经常借一些民间故事书给我看，但最开始读民间故事并没有特别深的印象，倒是另外两本书，对我的影响很大，一是《红楼梦》，我读小学时因为遇上"文革"，没有去学校，结果在一个朋友家里看了《红楼梦》，当时我内心冲击很大，之后我也养成了写作中多愁善感、常带悲观消极的叙事意味，这是我最初的印象，也是真正震撼了我内心的；还有一个就是屠格涅夫的《贵族之家》，丽尼翻译的版本，这是我看过所有的翻译作品里翻译得最好的！也是那种忧郁的叙事风格。这两部小说，我印象非常深刻，一是培养了我对文学的爱好，二是这种忧郁的、哀愁的风格在心理上影响了我。

我以为，如果说《红楼梦》给作家阎真打下过文学情感的底子，那么，屠格列夫的《贵族之家》则给了他文学表达的底本，总之，这两部名著给他的文学阅读和文字写作打下了难得的底子，而不是母亲经常借回来给他读的一些民间故事。我对民间故事一直都充满好感，民间故事的阅读同样可以成为一个阅读者的启蒙和一个作家的底子，但是，它们没有激发一个叫作阎真的作家的心智。

2014年，著名作家王蒙在他的80寿辰之际出版了45卷逾千万字的《王蒙文集》。这位著作等身的大作家这样回忆自己此生读的第一本书："1941年上小学二年级时，开始读我这一辈子的第一本书———《小学生模范作文选》。书中的第一篇文章是《秋夜》，文章的第一句话我至今还记得：'皎洁的月儿升起在天空。'我看后非常兴奋。什么原因？那时我快满7岁了，已经知道什么叫月亮。我还把月亮与太阳做了一个比较：太阳很亮、很刺眼，晒在身上很热；月亮也很亮，但跟太阳的亮又不一样,那叫什么呢?不知道。我读到这篇文章后,知道了叫'皎洁'。从此我只要看到月亮,就想到'皎洁';我给月亮的亮命名了,就叫'皎洁'。"我在漓江出版社编辑出版过《王蒙幽默作品自选集》,在那本书的封面上,我们给作家王蒙写推荐语,强力指出"他是中国当代文学的语言英雄",有人觉得恰如其分,而且有力度。总之,王蒙在语言上是极具才华的。他这才华的启蒙是不是来自于自己生平读的第一本书中"皎洁"一词的撞击呢?

英年早逝的著名作家王小波,一直以他深邃的思想和厚重的文笔被读者们所追忆。对于自己阅读的起点,他也有过真切的回忆。他说,从小就喜欢读书。"除了玩,剩下的就是看书,不管什么纸片捡起来就看,连农作物栽培手册都看得津津有味。"那时,他最喜欢去的地方是西单商场的旧书摊,在那里,他以蹲着、坐着、站着等多种姿势阅书无数,还时常和哥哥一起凑钱买书。王小波记忆力惊人,可以大段大段背诵马雅可夫斯基的长诗,甚至能把看过的书从头到尾一句不漏地背诵下来。

在王小波的一篇随笔《我的精神家园》里,他写道:"我13岁时,常到我爸爸的书柜里偷书看。那时候政治气氛紧张,他把所有不宜摆在外面的书都锁了起来,在那个柜子里,有奥维德的《变形记》、朱生豪译的莎翁戏剧,甚至还有《十日谈》。柜子是锁着的,但我哥哥有捅开它的方法。他还有说服我去火中取栗的办法:你小,身体也单薄,我看爸爸不好意思揍你。

但实际上,在揍我这个问题上,我爸爸显得不够绅士派,我的手脚也不太灵活,总给他这种机会。总而言之,偷出书来两人看,挨揍则是我一人挨,就这样看了一些书。虽然很吃亏,但我也不后悔。"他说,他看过了《变形记》,就对古希腊着了迷,陷入了对古希腊哲人的许多想象之中。王小波后来的文学写作,总是有着浓重的哲思在其中。很显然,他最初的阅读与古希腊哲学结下了缘分,

我国获得诺贝尔文学奖的著名作家莫言,出生在山东农村的普通农民家庭,十一二岁时候因逢"文革"辍学。那时他已经有了很强的读书渴望,可是在农村能够找到的书籍屈指可数。为了读到一本书,他常常要付出沉重的劳动来进行交换。邻村同学家里有一本绘图版的《封神演义》,他为了读到这本书,经常要去那个同学家中替他推磨。推磨是让孩子痛苦不堪的一种劳动,因为它非常单调,没有任何趣味。可是莫言只有用这种痛苦不堪的劳作来换得读那本神秘奇妙的《封神演义》。可以说,莫言后来的创作与《封神演义》不无缘分。

后来,他从一个小学老师那儿借到了《苦菜花》《林海雪原》《青春之歌》等红色经典小说,它们的主要情节、主要人物甚至主要人物讲过的一句非常重要的话,至今记忆犹新。这也就是莫言后来的创作尽管受到拉丁美洲文学爆炸的影响,可是他善于讲故事的底子还是因读了那些传统现实主义小说打下的。

严格说来,莫言的年龄只能保证他在"文革"爆发前基本读完小学课程,他后来的文学功底显然有赖于他的个人阅

读。幸运的是,他的大哥在家中留下很多中学语文教材,每逢雨天无法下地,莫言便躲到磨坊里去读这些课本。当时的语文课本分为汉语和文学两种教材,汉语教材主要讲逻辑、语法、文言文;文学教材主要选录了古今中外名著的片段,比如《林家铺子》《雷雨》《骆驼祥子》《说岳全传》《渔夫和金鱼的故事》等等。这些教材虽然很薄,但它们打开了这位农村少年的眼界。茅盾的《林家铺子》使他知道了民族资本家和民族资本走过的艰难道路;《雷雨》让他知道了话剧剧本是怎么回事;老舍的《骆驼祥子》让他对北京有了想象,而生动活泼的北京方言启发他要学会活用语言。

后来莫言到部队当兵。他在部队里的任务很单调,就是站岗,保卫公社的饲养场。那时并没有人来查岗,这样他就在岗上瞅着空闲偷偷读书。一个战友在县城当图书管理员的未婚妻每个星期都会帮助他们借来一些小说,比如《战争与和平》《安娜·卡列尼娜》《约翰·克里斯朵夫》等。这样,很多外国的经典名著是在部队站岗的三年间读的,这三年的阅读使得他的眼界更加开阔。如此这般,莫言创作之前的阅读尽管杂乱和随机,可是涉足古今中外,足以为一个小说家的创作打下底子。

如何读书才能提高阅读力?我们先讲述了一些成功读书人与书结缘的故事,似乎与书结缘比掌握阅读方法更为重要。是的,我们正是如此看重一个人与某种书的缘分。这是一个人与某一种书的心心相印,这是一个人在一个蓦然回首的当口,相遇了灯火阑珊处的喜欢之物,甚至,这是一个人忽然确定了终生命定的乐此不疲追求的方向。一个青少年，特别是在 9—12 岁这个被阅读学专家认为养成阅读习惯的年龄段，对一本具有相当文化含量的书籍产生兴趣，是他此生与书结下的最重要的缘分，会影响他一生的读书生活。看重与某种书结下的缘分吧，也许这就是你此生稍纵即逝、失不再来的最可宝贵的精神种子。

2. 让阅读成为习惯

阅读力首先有赖于阅读者读书习惯的养成。

孟子有一句名言"仁者如射"，出自《孟子·公孙丑上》，全句是："仁者如射，射者正己而后发。发而不中，不怨胜己者，反求诸己而已矣。"他的意思就是仁者的为人如同射箭一样。那就是"射者正己而后发"，就是说要像射手那样，先要端正自己的姿势，然后再放箭。也就是说，"仁者"的关键是要"首先端正自己"。孟子接着说：如果射不中，就做两件事，一是不要埋怨胜过自己的人；二是要反过来找自己的问题。孟子这句名言的首要意思就是"正己而后发"。我们要提高自己的阅读力，也应当"正己而后发"。阅读者的正己，就是要养成良好的阅读习惯。

阅读的习惯是一个人阅读力的基石，一时的习惯影响着一时阅读的成效，终身的阅读习惯影响着一生阅读的效果。也就如同有人所说：习惯形成性格，性格决定命运。

所谓习惯，是习性，是惯性，是一个人心性的自然向往，是自然而然的行为，是一个人内在的需要，而不是被动的，勉强的，迫于外在力量的行为。迫于外在力量去读书，只能读上一时，不可能读上一世。而我们所讨论的阅读，是指人们自觉自愿的阅读，是非常个人化的阅读，不可能靠着外在的力量施加压力去读，也不可能靠着外在力量的裹挟去读，哪怕是在外在力量影响下读过一时，倘若没有形成个人的阅读习惯，终究也不是长远之事。阅读的习惯一旦形成，读书也就成为一个人的生活方式。甚至，读书这种生活方式，还要超出通常人们一般物质生活的重要程度，因为读书较之于生活的其他内容，还具有一个理性的人的理性选择。有名人说自己的阅读习惯已经达到"饭可以一日不吃，书不可以一日不看"的地步，这就是阅读习惯理性选择的最高境界。

这么说吧，一部手机和一部书籍摆在你面前，你会先拿起哪一件，拿起的那一件就是你习惯需要的东西。关注一部名著改编的大片上映时间，还是急于阅读大片的原著，这就是你心性向往之所在。在纷乱的生活中，我们是为眼前的苟且纠结不休，还是权且放下眼前的一切，静下心来想一想：有多久没读完一本书了，这就是阅读的习惯在催促我们的内心。工作太忙，要升职了，朋友聚会推不掉，想去看场电影，拿起书本就犯困，好不容易翻了几页但忍不住拿起手机开始刷微信，哪里有我们的阅读习惯？我们感觉自己越来越忙，忙到很难挤出时间来读完一本书。但我们真的忙到没时间读书了吗？

从全社会宏观的角度来看，应试教育磨灭了大多数人早期的阅读兴趣，过于务实的生活态度又消弭了大多数成年人重拾书卷的热情，媒体通常用炫富比富来吸引人的眼球，社会到处传闻一个人一夜暴富，而一些"富二代""官二代"花里胡哨、五迷三道、怪相百出的种种行为，凡此种种，都是全社会缺乏阅读兴趣的重要原因。

自然，我们希望社会环境变得更加诗意和洁净，从而可以摆放更多安静的书桌，但是，这是一个缓慢绵长的过程，非要等到环境改观后才能安心读书，那就不如说这实在是一个侏儒主义者的托词。读书是个人的事情，我们还是要从个人的习惯养成去做起。传说青年毛泽东为了磨炼自己的意志，故意去到闹市里埋头读书，从这里开始，养成了他终身手不释卷的习惯。曾国藩有一段名言，说的是个人阅读习惯须得有赖于个人的自我养成，他说："苟能发奋自立，则家塾可读书，即旷野之地，热闹之场亦可读书，负薪牧豕，皆可读书；苟不能发奋自立，则家塾不宜读书，即清静之乡，神仙之境，皆不能读书。何必择地，何必择时？但问立志之真不真耳。"可谓言之凿凿，一语破的！

个人良好的阅读习惯养成别无他法，只有不断地实际操练。正如有人说的，水滴石穿，不是水的力量有多么大，而是水滴坚持的结果；简单的事情重复做，你就成为专家，重复的事情认真做，你就是赢家。要把自己的阅读生活内化为习惯，则要将生命浸泡在书籍之中，将感觉融入书籍之中，让读过的好书驻留在心中。

　　一个人的阅读习惯并不需要天才。天才生而就是，而所有阅读者都是后天的行为。良好的阅读习惯其实是后天养成。后天能够养成阅读习惯，那就给平凡之辈的我们带来了希望。阅读给我们带来了知识。知识还不是具有思维价值、创造价值的智慧。一时的阅读只带来一时的知识，而连续的阅读就可能带来智慧。且看，知识的"知"放到智慧的"智"里，它的底下加了个"日"字。这就是说，知识要成为一个人每天都交集在一起的东西，就能成为一个人的"智"。我们有了每天的阅读习惯，日复一日积累下来的知识势必就要朝着"智"自然而然地发展。顺着说文解字的方法，再来看"慧"字的启示。"慧"字从心，彗声，说的是聪明才干来自于心。启示我们要用心来对待知识，用心来融会事物。"智"与"慧"合在一起，就是需要我们不仅每日求知，而且是用心求知，如此方能成为智慧之人。

　　多么重要的每日和用心！

　　在求知、求智的道路上，每日和用心不可或缺。首先是要每日去做，同时努力做到用心。

　　具体到治学和读书上，每日就是生活学习的习惯，用心则是内在的精神和思维的操练。

　　曾国藩认为，自学和读书，最重要的是三个字：恒、勤、专。其实说的就是坚持不懈、持之以恒的意思。曾国藩说："盖士人读书，第一要有志，第二要有识，第三要有恒。有志则断不甘为下流；有识则知学问无穷，不敢以一得自足，如河泊之观海，如井蛙之窥天，皆无识者也；有恒则断无不成之事。此三者缺一不可。"在这三者之中，曾国藩特别看重有恒。在给儿子曾纪泽的家书中，曾国藩就谈到"人生唯有常是第一美德"。常者，恒也。"学问之道无穷，而总以为有恒为主。"做到有恒，既是易事，又是难事。说易，因为人人可以做到。说难就在于难坚持，习惯就在于坚持下养成。这就是他所提倡的"恒"。

再说"勤"。曾国藩从小读书靠的就是一个"勤"字。据说有一天夜里他在家读书，对一篇文章不知道重读了多少遍，还是没有能够背下来。这时候他家里来了一个贼，潜伏在他的屋檐下，想着等他读完书去睡觉好下手偷窃点东西。可是等来等去，见他翻来覆去地诵读那篇文章，就是不去睡觉。贼完全失去耐心，推门进去说："这种水平还读什么书？"然后将那文章背诵一遍，扬长而去。这个不速之客的才学让少年曾国藩大受震撼，而少年曾国藩的勤学也由此在乡间传播出来。

第三是"专"。曾国藩在家书中常常告诫家人晚辈读书要专，"穷经必专一经，不可泛鹜"，这成了曾国藩的读书名言。"一句不通，不看下句；今日不通，明日再读；今年不精，明年再读：此所谓耐也。读史这法，莫妙于设身处地。每看一处，如我便与当时之人或辞笑语于其间。不必人人皆能记也，但记一人，则恍如接其人；不必事事皆能记也，但记一事，则恍如亲其事。经以穷理，史以考事，舍此二者，更别无学矣。若夫经史而外,诸子百家,汗牛充栋。或欲阅之,但当读一人之专集,不当东翻西阅。如读《昌黎集》,则目之所以见耳之所闻无非昌黎,以为天地间除《昌黎集》而外更别无书也。此一集未读完,断断不换他集,亦专字诀也。"试想,如同曾国藩这般孜孜矻矻地读书,这阅读的习惯岂有形成不了的道理!

联想到我们现实生活中,不少人连完整读一本书的恒心、耐心都没有,怎么可能养成阅读习惯?"读一本好书,就如同和一个高尚的人交谈",如果读完了几本好书,怎么会没有一点阅读兴趣呢?一旦有了一些阅读兴趣,继续读下去,兴趣就会越来越强烈,最终也就能够养成规律性的阅读习惯。依我们的看法,缺乏阅读习惯的人,大多数的原因就在于没有完整地读过几本好书。

通过坚持完整读书来养成阅读习惯,这自然是取法乎上的习惯培养方法。更多的读者并没有特别专门的阅读方向,那么,阅读习惯的养成更应当随时随地与生活联系起来。

要随时随地与书做伴。出门远足,出差旅游,带上一两本内容连贯完整的小书(记住,一定不要带那种拼凑剪接而成的读物,那种书无法抓住你不安分的心),既不会加重行李分量,也不会占据行李箱太多空间,它们却能在许多时候与你相伴,替你解忧。机场候机,飞机漫长飞行,小书能伴你读过那局促的时光;火车站熙熙攘攘,列车上空气混浊,小书能帮助你暂时忘却这一切的不快。旅途漫漫,亲人尚在远方,思念之情纠结，在这种难挨的时光里，你可以胡思乱想，可越想越乱，困意深沉，你可以随手翻阅报纸杂志，可这些读物不免零碎，不能让你沉浸其中，小书这时候就是可爱之物，它让你牵挂，让你流连，让你急于下回分解，终于让你进入持续阅读的忘我状态。旅行结束，小书读完，虽然略显陈旧，然而从此它印入了你的一段人生，成为你的一点美好回忆。即便是居家度日，开门七件事或者不做事，即便活得有规律，可依然难免孤寂无聊的空隙，这时候，床头，茶几，洗手间，私家车，随手可以拿到一本你喜欢的书，一读就能读进去，暂时忘却其他，真是"何以解忧，最是好书"！久而久之，我们的阅读习惯是不是也就自然养成？

　　要随时随地留意身边的书籍。这是有意识养成自己阅读习惯的一个办法。出门办事、拜访、接洽，其间会有一点等候的空隙，百无聊赖之间，眼睛无意看到一本你感兴趣的书，不妨记下来，算是你又增加了一点书目积累。同学读书，同事携书，你也应当稍微留意一下，如能攀谈请教最好，特别是新书，不妨更多请教了解此书的内容和评价，如果是你心仪已久的名著，应当受到赶快去读的激励，如果是人口皆碑的畅销书，不妨掂量一下是不是自己也应当去购得一册来解渴。你可以张口求借，"书非借不能读"，这是读书人之间的雅事，而且你一旦借了别人的书，十之八九会去读它的。当然，你也可以立刻去往书店或者上网下单买下一本，它就成为终身归属于你的一本书。

去书店买书，这是养成阅读习惯很好的办法。买不买书，是衡量一个人喜不喜欢读书的标志之一。一般来说，没有喜欢买书而不喜欢读书的人，也没有喜欢读书而舍不得买书的人。现在买书也有讲究。去书店买书和上网店购书，后者似乎来得便捷，可是，前者蕴含着许多我们将难以享受到的用户体验。用户体验是什么？就是一种无法言说的期待和期待的被满足感。你本来是去寻找一本已知的书籍而去，可是，你会在书店不期而遇大量的好书，特别是那些新近出版的好书，成队列阵一般地在书店中心地带迎接你，你瞬时被唤起的潜意识的"惊艳"，激情难耐，以至于你不得不唤醒自己的知识和理性，重启选择之旅。还有，书店里往往还有许多常设的经典，安静地排列在稍稍靠后的书架上，一直是经典的矜持和厚重态度，让你不得不在它们面前昂起头颅浏览和沉思。最后，也许你在书店里只是选购了有限的几本心仪之书，也许你一本书都没有购得，然而，离去后，书店里那无比丰富的书籍信息将会长时间萦绕你的心头。著名作家陆天明曾经这么表达自己对书籍的感觉："一个人不读书永远不可能成为一个有素养的人。我每天都要读书，坐地铁都带着小说。阅读已经成为一个与喝水、吃饭、呼吸一样的习惯了，什么东西都代替不了阅读。即使不买书，也要经常去书店待一会儿，在那里能感受到灵魂的纯净，有一种升华感。"是的，去书店待一会儿，灵魂就有一种升华感，那么，多去一会儿书店吧，养成的将不只是阅读的习惯，而是我们灵魂的纯净。

养成阅读习惯还有很多方法。譬如,家庭阅读,亲子共读,情侣共读,书友共读,同学共读……不一而足,我们将在本书后面的章节陆续谈到。我们要特别强调的是,养成阅读的习惯,最关键的是感兴趣。一定要使自己对阅读感兴趣,否则,一切方法都可能是外在施加的压力,效果不可能持久。德国作家托马斯·曼有一本小说《浮士德博士》,书中有一个细节值得玩味。书中那个年轻女钢琴教师,辅导十几岁的小男孩弹钢琴,弹琴间歇时,小男孩忽然两眼充满兴奋地向女教师提了一个问题:"老师,这个世界上,除了爱这种情感,还有没有另一种情感,它的浓烈度超过了爱本身?"女教师的回答十分精彩:"有,这个情感叫作兴趣!"这个回答有深度,让人难忘。可以说,兴趣是一切爱之源,而要使得爱保持下去,也要以兴趣为支点。同理,阅读习惯的养成有赖于兴趣,兴趣是阅读习惯保持下去的情感基础。保持我们的阅读兴趣,这是提高阅读力的关键点。

3. 读书不妨动一动口

一个人如果能够与书结缘,又能够让阅读成为习惯,这时,他还能掌握一些阅读的具体方法,那么,可以相信,他将拥有较强的阅读力。

下面给诸位介绍一些阅读方法。这些方法是不少卓有成效的阅读者总结出来的。我做了一下归纳，即为"三动"：动口、动手、动心。一个人要提高阅读力，坚持实行"三动"，必定有所收效。

先说动口。

在第一章里，我已经向大家介绍，在人类阅读史上，朗读早于默读。尽管那是人类早期历史的阅读状况，源自于出版物匮乏的历史陈因，然而，这毕竟已经成为人类的历史记忆和认知习惯，朗读还是能引发我们享受阅读的快感。

现代人的阅读基本上是默读，也就是说，在阅读时人的五官功能只使用了视觉功能，那么，朗读则不仅使用了视觉功能，还发挥了听觉的功能。这就是为什么许多内容，经过几番朗读，人们的记忆往往更快更深。其实，许多人都有过这样的体验，一篇文章，几段警句，经过讲坛上的老师或者演讲者郑重、清晰地朗读，作为听众的我们会受到震动，留下很深记忆，其效果实在不是独自一人默读能比。这也许就是尽管默读已成常态，许多人还是喜欢吟哦诗句、朗读名篇的原因吧。

宋代朱熹十七八岁时读《中庸》《大学》，每天早起第一件事就是诵读十遍。他终身喜好背诵屈原的《楚辞》、诸葛亮的《出师表》、陶渊明的《归去来兮辞》和杜甫的诗歌。晚年他退居山林，在福建武夷山的"武夷精舍"讲学、著述，依然坚持读书成诵，和他的门生弟子挟书而诵，诵读《诗经》《楚辞》，念到兴起，还喝着酒咏唱起来，实在是一种全身心忘我的投入。朱子终其一生，读书、著述不辍，留下了《四书章句集注》《楚辞集注》等传世之作，其中有他的学生整理的读书法经典《朱子读书法》，这些全赖于他一生用心读书，而熟读成诵就是他读书的秘诀，成为古今用心读书的典型。

朗读还会帮助理解和想象。中国古人说"听君一席话，胜读十年书"，可见听人讲述得到的印象并不亚于默读的效果，至少是各有所长吧。许多人都有这样的体验，朗读的人与默读的人最大的不同有若干不同，譬如，默读可以一目十行，浮皮潦草而过，可是，朗读却不可以，既不可以一言十行，更没有办法浮皮潦草而过，不会念的字句你得先念对了，否则将读不下去，不理解的词语你得先理解一下，否则断句可能闹出笑话。这不就帮助我们把书读好读对了吗？还有，朗读将诉诸人的听觉，因而，朗读者势必对朗读的听觉效果有所考究，你说是朗读中有一些感情的表现也行，说是装腔作势、故弄玄虚也罢，总之，这里面帮助我们有所想象。一般说来，我们在生活中接触到的朗读者，他们的朗读总是带着些感情的，总是有利于帮助我们的理解和想象的。

当然，默读终归是今人阅读的常态，但也不意味着默读就与动口无关。我们主张读书之后还是要动一动口。或者选择一些书中精彩段落大声诵读，让自己愈发记忆深刻，或者找机会与别人讲述一番。

经验告诉我们，对一本书的阅读认知通常有三个层次，第一个层次是读过，只是一个普通阅读的层次；第二个层次是了然于心，就是说能清晰地讲述全书主要内容，对全书能做一番归纳整理；倘若还能对书中内容有所评析，并且结合其他阅读其他事实做出比较，这就上升到第三个层次即融会贯通的层次。为此，我们读了一本好书，最好能向家人和周围的人推荐，让他们也一起阅读，读后相互交流读书心得，特别是在家庭里多做交流，推动养成读书的爱好和习惯。读了一本好书，应当主动寻找机会对愿意倾听的人讲述主要内容的机会，一本书经过我们讲述，很可能与我们从此紧密相连。一本书十几万字乃至几十万字，一个人读完后能够做一番讲述，难道不就证明你具备了比较强的阅读力了吗？倘若你再有所评析，触类旁通，使用书中一些观点归纳演绎，生发开去，那是何等的一种境界。如果我们一直坚持如此这般勤于读书勤于动口，阅读力必定会得到明显提高。

关于动口，不知道为什么，中国传统文化性格中过多推崇那种"不显山不露水"的隐士，总喜欢让人们为那种"不着一字，尽得风流"的审美效果拍案叫绝，武侠小说也是喜欢把武功最高的人物安排在最后才开尊口，以至于大家常常对喜欢开口的人有所担心，有所揶揄，以至于在我们身边的许多朋友里，看到的多是勤于默读、懒得动口的优雅人士，而坦诚交流者甚为难得。我认识一位年轻的美国朋友，是美国一家跨国公司驻华机构的中层，毕业于哥伦比亚大学，他告诉我，只要回美国，他都会争取在公司总部请求安排让他发表一次演讲，或者介绍大家共同感兴趣的话题，或者讲述在中国的一些见闻，或者报告近期阅读一些有价值图书的内容和感想。他发表这些演讲既不是上级派给他的任务,也不是为了捞外快,因为没有任何酬金。他说为的只是自己的进步和成长。这就是喜欢动口的美国人。学会动口,善于动口,是美国教育对小学生及至大学生的基本要求,前面已经说到,这一要求是提高一个人阅读力的重要方法,值得成长中的青少年认真去做。

4. 读书最好动一动手

前不久我整理自己的藏书,忽然找到了自己在20世纪70年代读过的几本书,其中一本是马克思《〈政治经济学批判〉序言》。记得读这本书时是1972年,那时我还是一个插队知识青年,身边的书读完了,就在回城探亲时到新华书店买了这本小册子来读。现在翻开来看,书上面竟然被我画过许多横线,点了不少重点符号,书眉书边上写了一些批注,半懂不懂、半通不通地发表自己对生产、消费、分配、交换之间的关系的意见,热情表达对马克思观点的服膺和理解。现在随便一读,就发现自己当时无比的稚嫩。可是,我捧着这本被自己画上了许多记号的旧书,感觉到的是相当深厚的一份亲切感。四十多年前的一本书,由于有了我阅读留下的痕迹,也就成为完全属于我的一本书。有不少成功的阅读者都主张在所读之书上动手画线,写上自己的心得文字,认为日后会有一番旧雨重逢的况味。

在所读之书上标注符号，记上评点，古已有之。最早使用评点方法在书籍上记录阅读心得的，据说是唐代丹阳进士殷璠，他在编选《河岳英灵集》一书中在每一篇诗歌作品后都标注精辟的评点，可以称为评点本的开先河之作。南宋时期的朱熹曾经对读书能做圈点的学者做过介绍，在《朱子读书法》一书里，他提到一位学者，"于六经三传皆通，亲手点注，并用小圈点。注所不足者，并将疏楷书，用朱点"。到了明朝，线装书成形，书尚评点，一时间许多书籍带有评点文字，成为出版和读书的风尚。明代散文家归有光的《史记》五色圈点本，至今仍堪称精品。明末清初最有影响的评点本则是金圣叹评点的六大才子书，即《离骚》、《庄子》、《史记》、杜诗、《水浒传》、《西厢记》，尤其是他的《水浒传》评点本最受古今读者和文学批评家推崇。现在著称于世的古典文学名著，当时都有评点本名世，有《金瓶梅》的张竹坡评点本、《三国演义》毛宗岗的评点本、《红楼梦》的脂砚斋评点本等。《西游记》似乎并没有一个评点本被人们所称道，然而明清两代竟先后有过八个评点本出版，今天看来质量虽都不高，却也让我们窥探到其时的评点之风正盛。从明清两朝评点成风，也让我们想象得到当时社会的阅读态度趋于专注和细读，从一部经典允许多种诠释，还可以看得出当时对于文史经典文本批评解读一定程度上的自由度。

评点这种阅读和文学批评方式一直传承至今。尽管作为一种文学批评和出版方式，民国以来就几乎没有得到成规模的沿用，可是，在阅读界却一直为人们普遍使用。许多阅读者在自

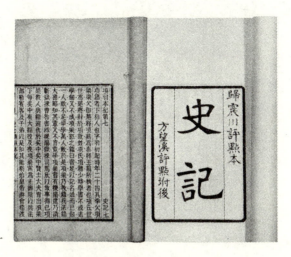

《史记》内文一

己阅读的书籍上留下横线圈点,这是自然而然的事情,而留下自己的阅读感想,也并不奇怪。作为一个时代的伟人,毛泽东阅读评点二十四史,就堪称典范之举。

毛泽东读书必动笔墨。一部二十四史,他读下来洋洋洒洒竟有评点万言。这部卷帙浩繁的中国历史典籍,是从西汉司马迁撰写《史记》开始,经由两千多年来历朝著名的历史学家精心编撰的纪传体史书合集,全书共3259卷,约4000万字,是我国最详细、最权威的一部历史巨著。毛泽东一生酷爱读史,尤其青睐二十四史。1952年,工作人员为毛主席添置了一部清乾隆武英殿版的二十四史,从此,无论在京还是外出,无论健康还是生病,这部史书始终伴随在毛泽东身边。他用顽强的毅力通读这部历史长卷,有些史册和篇章还两遍、三遍、四遍地研读过。他在研读二十四史时,用不同颜色的笔写下了大量

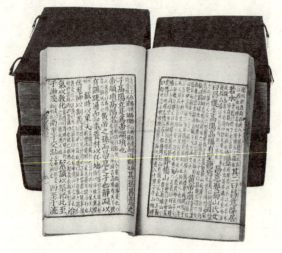

《史记》内文二

图画和批语,成为毛泽东情感和思想的率直流露和深刻表述。譬如他评点有"五帝三皇神圣事""一篇读罢头飞雪",颇为真实地留下了伟人读史的深刻心迹;又有"几千寒热"令伟人感叹"东方白""歌未竟",描绘了他读史的环境感受,如此等等,不一而足。现在,影印线装本《毛泽东评点二十四史》这部大书已经出版,让后人得以看到毛泽东多次阅读二十四史留下的奇思妙想和超拔憬悟,堪称出版界、史学界、阅读界的一件大事。

1994年,我在漓江出版社担任社长,策划了一套"古典文学名著评点系列",邀约当代著名作家王蒙、李国文、高晓声、刘心武等评点中国古典文学名著,先后出版了《红楼梦》王蒙评点本、《三国演义》李国文评点本、《三言精华》高晓声评点本,以及直到新世纪后才出版的《金瓶梅》刘心武评点本，对重新提倡中国传统评点方法有所助益。有些读者朋友阅读了这些名家的评点本，对于深度阅读名著颇受启发。自那之后，一些时兴的学术文化出版物也有意识地在书籍的天头页边安排一些提示性文字，也可以看成是一种变相的评点。

我们特别希望评点本的出版，对阅读界有更多的示范作用。平时，我们读书时做的摘抄往往是书中的精华，做的点评一般是自己的见解与感悟，这时候，读者表现的是难得的率真随意，最见性情。倘若书上随处可见读者的批注，可以说，这一番读书一个人是下了一番功夫，读后必有所得。反过来，一本书读毕，干干净净，要不是这本书没有入得你的法眼，要不就是你的读书方法存在欠缺。一部经典，一部好书，倘若我们是认真阅读，必定有所发现，有所启发，有所思考，这就要在书上留下痕迹——当然，这本书必须是你个人所有，倘若是从图书馆借阅或者从他人处借得，那还是不要涂画留言，否则有悖公德。

当然，如果不便在书上写写画画，也可以动手抄摘名句段落的办法把阅读引向深入。曾国藩对自己的儿子就主张读书要勤于摘抄，他在《家训》中写道："近世文人如袁简斋、赵瓯北、吴縠人，皆有手钞词藻小本，此众人所共知者。阮文达公为学政时，搜出生童夹带，必自加细阅，如系亲手所钞，略有调理者，即予进学。如系请人所钞，概录陈文者，照例罪斥。阮公一代鸿儒，则知文人不可无手钞夹带小本矣。昌黎之计事提要，纂言钩元，亦系分类手钞小册也。……尔曾看过《说文》《经义述闻》，二书中可钞者多。此外如江慎修之《类腋》，及《子史精华》《渊鉴类函》，则可钞者尤多矣。"曾国藩以对家中子弟教育严格务实著称，在他的家书、家训中多有读书治学方面的见解，后世学人常常引以为鉴。他这一番读书要动手抄摘的主张，可谓亲情间至情至性且至为私密的传授，值得我们记取。

清代有部书比较特别，书名是《悦心集》，书的编者是雍正皇帝（胤禛）。这部书应当是胤禛用心读书的明证。还没有登基的时候，胤禛继位还是未知数，他却是诸皇子中读书最为勤奋的，除了单日读经，双日读史，还读了很多文学作品，凡是他喜欢的诗文作品，就随手抄录下来，久而久之，就成了一部书。直到他当皇帝四年后，才正式刊刻出版。这部书所录入，"有庄语，有逸语，有清语，有趣语，有浅近语，不名一体。人有仕，有隐，有儒，有释，有高名，有无名，亦不专一家"，是一部典型文摘本。雍正说："披阅经史之余，旁及百家小集。

清代《悦心集》

其有寄兴萧闲，寓怀超脱者，佳章好句，散见简编。或如皓月当空，或如凉风解暑，或如时花照眼，或如好鸟鸣林，或如泉响空山，或如钟清午夜。"还是皇子时候的胤禛，读书能够心目想通、手眼并用，足可以看出其勤勉精思。雍正的读书态度和读书方法对后人应当是有启发的。

雍正说摘抄这些百家之文，是看到"有寄兴萧闲，寓怀超脱者，佳章好句"这些情形，显然他最为看重"寄兴萧闲，寓怀超脱"，其次才是"佳章好句"，这对一般读者也是一个很好的提醒。读书摘抄，初学者往往追求词藻富丽，摘抄多在词藻上用力，尽管这也无可厚非，正如万丈高楼平地起，总要从一词一句开始阅读和积累，可是，断不可以迷恋于富丽词藻这个层面。学识渐长，则应当在文章内容意境上多所体会，在学理逻辑上多下功夫，在思维辨析上多做理解，这样的摘抄就有了深度，所读之书才能进到读者的思维学识中间。

5. 读到好书要动心

我们说读书要动口、动手，这可以理解。可是，动心是什么意思呢？

简单说来，动心就是指读书人读书要投入自己的感觉，如果你打算读了这本书要与别人交流，那么，就得在书中寻找内容的主干、要点和足以引起人们兴趣的细节；如果你打算读了一些书也要去写书的，那么，就得在书中去感觉有哪些东西不妨试着学一学的；如果你并不为了什么，只是要享受阅读的乐趣，那你就寻找阅读快感，不能让你快乐的就跳过去，总之要设法让自己欢喜。

莫言从部队调到一所军校。军校里有个小图书馆，许多人不愿意担任图书管理员，他为了读书主动要求当图书管理员。管理员做了三年，他利用图书管理员的便利读了不少书。后来不知道为什么学校竟然让他去当政治教员，教军校里的《政治经济学》《哲学》《科学社会主义》。他为了讲好课，就去认真啃读这些著作。当时判断一个教员水平的高低就是看能否脱稿讲课，如果能够脱离书本，滔滔不绝地讲完一堂课的话，大家就认为这个人水平非常高。莫言就冲着这个标准去做准备，毫无疑问，他必须抓住课程的逻辑结构，还要熟悉几个重要的论据演绎，很年轻的他记忆力又好，几乎可以把当天要讲的课背下来，以至于来听课的首长和观摩的教员，都感觉他很有理论水平。其实，他就是读书时动了心，把自己的感觉投入进去，把书中自己能够诠释的内容化成了自己的言说。试想，如果莫言没有动心思做准备，而只是照本宣科去讲，他能取得最初讲课的胜利吗？

我们注意到，大凡优秀的作家都很注意阅读中让自己怦然心动的一点东西。作家王蒙在小学二年级时能够为"皎洁"一词怦然心动，透露出这位大作家自小读书就有对语词而心动的阅读力。

作家铁凝在20世纪70年代初，还只是一个初中小女生，一个偶然的机会偷偷读到法国作家罗曼·罗兰的《约翰·克里斯朵夫》,她首先对着扉页上题记的两句话心动了:"真正的光明绝不是永没有黑暗的时间,只是永不被黑暗所掩蔽罢了;真正的英雄绝不是永没有卑下的情操,只是永不被卑下的情操所屈服罢了。"这两句话使她深深感动,她说自己忽然有了要为这个世界做点什么的冲动。

加西亚·马尔克斯的《百年孤独》的叙述方式对我国20世纪80年代很多中青年作家有影响。《百年孤独》的开头是:

很多年以后,奥雷连诺上校站在行刑队面前,准会想起父亲带他去参观冰块的那个遥远的下午。

不少作家为此心动。请看莫言成名作小说《红高粱》的开头:

一九三九年古历八月初九,我父亲这个土匪种十四岁多一点。他跟着后来名满天下的传奇英雄余占鳌司令的队伍去胶平公路伏击日本人的汽车队。奶奶披着夹袄,送他们到村头。余司令说:"立住吧。"奶奶就立住了。奶奶对我父亲说:"豆官,听你干爹的话。"父亲没吱声,他看着奶奶高大的身躯,嗅着奶奶的夹袄里散出的热烘烘的香味,突然感到凉气逼人,他打了一个战,肚子咕噜噜响一阵。余司令拍了一下父亲的头,说:"走,干儿。"

再看陈忠实长篇小说《白鹿原》的开头：

白嘉轩后来引以为豪的是一生里娶过七房女人。

稍作比较，我们不难发现，这二位天才作家在《百年孤独》前是有过动心的。

而且，我还得为我们民族的作家说一句公道话，他们并不是比照着《百年孤独》来写自己的小说的。陈忠实50多万字的《白鹿原》，除了这一句开头让我们影影绰绰感觉到加西亚·马尔克斯的韵味，其余两相之间毫无关系。要说外来的关系，还不如说《白鹿原》可以与肖洛霍夫的《静静的顿河》有着些许血缘关系。而莫言的《红高粱》，要稍微运用了加西亚的一些主观感觉写作的笔触，可两相之间仍然看不出任何直接的关系。果然，莫言后来承认，他的创作受了加西亚·马尔克斯《百年孤独》的影响，不过，从1984年起，直到2015年10月份，他才真正把《百年孤独》读完。当时读不完是因为刚翻开书看了几行，就有了创作的冲动。小说里的人拿着磁铁在大街上行走，把每家每户的铁盘、铁钉子都吸出来跟磁铁走。这么夸张的细节，我们生活中太多了。这种魔幻主义创作把他在农村这些年的积累给激活了，因此没等把这本书读完就放下来写小说，而且从此一发不可收。这就是说，莫言在打开《百年孤独》之后就心动了，阅读激发了他对生活的想象，想象让他有了强烈的创作冲动。

莫言堪称一个学习型、阅读型的作家。他还坦言，当年读李文俊先生翻译的美国作家福克纳的名著《喧哗与骚动》，只读了李文俊的序言，他就激动得不能读下去，而是立刻想着可以这样去写。莫言还说他读过法国一位大学教授撰写的纪实文学作品《合法杀人家族》，书里记录了一个刽子手家族七代人二百年充当刽子手，发明过断头台，斩首路易十六及其皇后，斩首过罗伯斯庇尔和丹东等革命党人，莫言的长篇小说《檀香刑》就从中得到启示。特别是书中对"示众和看客"的描写，对他的《檀香刑》书中的深层次描写和人物刻画都具有直接的启发。

要使得我们不只是一个为读而读的读书人，看来要随时关注自己阅读过程中的心动。至于是不是心动之后一定要行动，要写作，那倒不一定，成就一次成功的写作不只在于一次阅读的心动，还有赖于一个写作者多方面素质的准备。我们之所以强调读书人要关注自己阅读时的心动，这是使得我们的阅读卓有成效，更有心得的物我交融的关键点。一本好书，其中有一处甚至多处让你心动，你会对这本书留下更深的记忆和理解。

读书要动心，心动就要有所行动，就要尽快把心中的感觉记录下来，把那瞬间的激情记录下来，也许只是只言片语，也许只是电光石火，可那是我们与写作那本好书的智者趣味有了交流，感情有了撞击，这是值得立此存照甚至值得进一步扩展的事情。如此这般，日积月累，我们的阅读力将有更大增强。

所谓动口、动手、动心，显而易见，最难做到的就是动心。

前二者只是习惯的形成，后者却是心智的养成。我认为首先有赖于先天的心性，聪颖还是愚钝，这是没有办法的事情，纵使与莫言一起读书，乡间那些玩伴终究没有他那样生出讲故事的冲动，纵使莫言战友的未婚妻是图书管理员，却也没有因为阅读条件比莫言好得多而成为拿起外国文学名著就能心动而去创作的优秀作家，而读者对阅读有强烈的兴趣，便是先天心性甚佳的证明。但仅此是不够的。值得提醒大家的是，青少年时期的莫言已经在阅读心理上有所准备，他已经有了做一个作家的心愿，因而那些经典著作会青睐这个有准备的读者。有所期待，有所准备，这是能在好书面前能够有所心动的主要条件。此外，莫言的阅读也是在一个成长和成熟的过程中。在农村时他所读的作品和后来阅读世界文学名著是一个很大跨度的过程，没有前者，后者的效果也不会太好。当一个人的思想和经验还没有达到阅读一本杰作的程度时，那本杰作对于他是难得发生应有的效果的。林语堂就此发表过一番高人之论，他说："且同一本书，同一读者，一时可读出一时之味道来。其景况适如看一名人相片，或读名人文章，未见面时，是一种味道，见了面交谈之后，再看其相片，或读其文章，自有另外一层深切的理会。或是与其人绝交以后，看其照片，读其文章，亦另有一番味道。"孔子曰："五十以学易。"那就是说，一个人四十岁的时候都还不可读《易经》，即便四十五岁时候读了，得出的也会是另一番效果。林语堂认为，孔子在《论语》中的训言的冲淡温和的味道，以及他的成熟的智慧，非到读者自己成熟的时候是不能欣赏的。为此，可以说，一个人要能做到读书心有所动，需要有强烈的求知欲，需要有敏锐的心理感受，更需要有相应的人生感悟能力——也许什么都不需要，只需要有一瞬间的怦然心动。

五　不止一种读书法

1. 如何阅读论述型的书

关于如何提高阅读力,古今中外,有过不少著述,大多数都是作者身体力行总结出来的感想体会。读读这些书,总会得到一些启发。近年来,关于这方面的书逐渐受到读者的欢迎。

《如何阅读一本书》是从美国引进的版权,商务印书馆2004年出版。10年来每年也就能卖2000册左右,可是自2014年以来,此书销售量陡增,竟然每年销售近十余万册,在全国学术文化类图书销售榜上一直排在前三位,这是出版社和书店都始料不及的。不用说,这应当归功于全民阅读的推动。

《如何阅读一本书》是"二战"期间美国一位学者莫提默·J.艾德勒撰写的。1940年出版,正值世界大战期间,可这书却受到热捧,排在当年年度畅销书的头名。这也印证了我们在第二章所论述的,社会转型期往往是阅读的好时期。1972年,此书经过美国一位知名教授查尔斯·范多伦与原作者合作，做了大幅度的改写，再次出版。商务印书馆出版的就是后来这个版本。

我们说是全民阅读推动了这本书的热销，其实，估计不少读者望文生义把它买了回去，读一读也就束之高阁。为什么这么说呢？因为，我们知道，全民阅读中大多数读者是文学作品读者和普及类读物读者，而这本书是不讲文学作品阅读方法的，对普及类读物也没有专门的介绍。作者甚至认为书籍的作用主要不是提供资讯的，普及也就谈不上了。这本书介绍的是"论述型"书籍的阅读方法。

《如何阅读一本书》是一部比较专业的论述型书籍的阅读学读物。全书把阅读由浅入深分成四个层次。第一个层次是"基础阅读"。在这个层次中，一个人可以理解到阅读的基本要求。其实这个要求很简单，就是能读懂一篇文章、一本书。也就是说，如果连这个层次的要求都达不到，那么，后续的其他要求都会难以实现。

《如何阅读一本书》介绍的阅读第二个层次是"检视阅读"。这个层次的特点是强调时间和效率，也就是快速浏览。对于某一本书籍做一番有系统的略读，通过略读把握一本书的基本信息，确定是不是要读它。也就是看书名页，浏览序言，再研究目录页，看看索引和作者的介绍，挑几个看来和主题相关的篇章看，随手翻开来，读几个段落，判断要不要读下去。这时我们要有一些背景知识来支撑你，孤陋寡闻者势必无从下手。此后，我们最好能快速通读。不管看得懂看不懂，快速从头到尾看一遍。也许我们之前看走眼了，待快速读完后发现这本书不值得深究，就此可以放下。也许这本书确实值得一读，并且我们想读透一些，那么这一遍可以帮你快速做出决定。在这个阅读层次里，我们必须在规定的时间内完成一项阅读的功课。譬如可能要用15分钟读完一本书，或是同样时间内念完两倍厚的书。

第三个层次是"分析阅读"。比起前面所说的两个层次阅读，这个层次就比较复杂了。分析阅读就是全盘的阅读、完整的阅读，甚至是优质的阅读——你能做到的最好的阅读方式。如果说检视阅读是在有限的时间内，做到完整的阅读，那么分析阅读就是在无限的时间里，要做到最好也最完整的阅读。在这个层次里，我们还必须如题所示"分析阅读"，对书籍做出分析性理解和评论。我们可以赞成或者不赞成作者的观点和陈述，但一定要有评论，这样才算是完成了这个层次的阅读任务。

第四个层次为"主题阅读"。这是最复杂也最系统化的阅读。它要求我们按主题去找书来读，当然也就要求我们更主动地去找书来读，进行比较性阅读，要找很多不同的书或材料进行比较、分析、鉴别。主题阅读显然是一种研究性问题，通过这个层次的阅读，我们就会对某一个主题的书籍有一次比较全面的阅读和分析。

显然，《如何阅读一本书》的学理性相当强，合乎逻辑，它受到了大学生们的欢迎。在2015年所做的大学生阅读倾向调查里，复旦大学的学生们最希望读的书就是这部书。从这本书的热销，也让我们得出一个判断，那就是近年来大学生越来越重视阅读了。大学并没有自外于全民阅读活动。大学生群体也受到了全民阅读活动的推动。

2. 如何阅读文学作品

我要给诸位介绍一本《为什么读经典》，作者是意大利著名作家伊塔洛·卡尔维诺，由黄灿然、李桂蜜翻译，译林出版社 2015 年 11 月出版。

既然第一本《如何阅读一本书》没有涉及文学书籍的阅读，而文学阅读绝对是阅读社会的大半壁江山，我们必须选择一本指导文学阅读的书籍，否则一定会有很多读者感到失望。我们在有限的视野里，寻找到了三部这个主题的名著，一部是《如何读，为什么读》，美国作家哈罗德·布鲁姆著，黄灿然译，译林出版社 2015 年 10 月出版；另一部则是《文学阅读指南》英国作家特里·伊格尔顿著，范浩译，河南大学出版社 2015 年 5 月出版；再一部就是伊塔洛·卡尔维诺的《为什么读经典》。望文生义，前两部更为符合一般读者的需要，书名带有明确的工具书性质，特别是第二部《文学阅读指南》，我真是心生欢喜，因为书中用了相当大的篇幅讲述《哈利·波特》的故事，并做了仔细的解读。而我本人就是《哈利·波特》这部新世纪超级畅销书中文简体版的出版人，回想当初作为人民文学出版社的新社长，一口气买进《哈利·波特》前三部的版权，以三部共 60 万册的印数推向被人称为"国际畅销书滑铁卢"的中国文学图书市场，我的心里是多么惴惴不安啊！那时对于后来取得的巨大成功毫无奢望，心下祈祷的只是不要成为滞销书，我作为新社长，更不能和这部书一起走到"滑铁卢"。那么，现在有一部由英国著名文学理论家、批评家特里·伊格尔顿撰写的文学阅读学专著给了《哈利·波特》应有的文学名著解读，把它与狄更斯的名著《远大前程》放在一起做比较性解读，我当然有感同身受的愉快。可是，待我浏览了三部关于文学阅读指导的名著，我还是断然决定，选择介绍伊塔洛·卡尔维诺的《为什么读经典》更为符合文学阅读的需要。

　　理由很简单，前两部的写作都过于文学批评化，因而脱不掉程式化。我从来就认为，文学阅读如果太过于批评化，那么，感性和趣味就会减少很多，而对于阅读者，减少了感性和趣味的文学阅读，甚至比减少了思想意义的文学阅读还要有害。卡尔维诺是一位享誉全球的大作家。他于 1985 年获得诺贝尔文学奖提名，如果不是他猝然去世，极大可能是他获得当年度的诺贝尔文学奖。这样一位大作家，他对文学阅读必定充满感性和趣味。请看他在《为什么读经典》一书前言中所写下的一段感悟，这段文字现在已经成为文学阅读学的经典：

> 我特别爱司汤达，因为只有在他那里，个体道德张力、

历史张力、生命冲动合成单独一样东西,即小说的线性张力。我爱普希金,因为他是清晰、讽刺和严肃。我爱海明威,因为他是唯实、轻描淡写、渴望幸福与忧郁。我爱史蒂文森,因为他表现为他愿意的那样。我爱契诃夫,因为他没有超出他所去的地方。我爱康拉德,因为他在深渊航行而不沉入其中。我爱托尔斯泰,因为有时我觉得自己几乎是理解他的,事实上却什么也没有理解。我爱曼佐尼,因为直到不久前我还在恨他。我爱切斯特顿,因为他愿意做天主教徒伏尔泰而我愿意是共产主义者切斯特顿。我爱福楼拜,因为在他之后人们再也不能试图像他那样做了。我爱《金甲虫》的爱伦·坡。我爱《哈克贝利·费恩历险记》的马克·吐温。我爱《丛林之书》的吉卜林。我爱尼耶沃,因为我每次重读他,都有初读般的快乐。我爱简·奥斯汀,因为我从未读过她,却只因为她存在而满足。我爱果戈理,因为他用洗练、恶意和适度来歪曲。我爱陀思妥耶夫斯基,因为他用一贯性、愤怒和毫无分寸来歪曲。我爱巴尔扎克,因为他是空想者。我爱卡夫卡,因为他是现实主义者。我爱莫泊桑,因为他肤浅。我爱曼斯菲尔德,因为她聪明。我爱菲茨杰拉德,因为他不满足。我爱拉迪盖,因为青春再也不回来。我爱斯维沃,因为他需要变老。我爱……

请问,围绕着这些文学经典千人万众的阅读者,面对如此富有感性和趣味的读后感,还会有多少人对枯燥的学院派程式化批评导读感兴趣呢？就文学本位而言，文学作品的阅读本来就应当以阅读者的感觉、趣味、想象、快乐与喜好为要务，而那些理论批评，其主要出发点和归宿只在于批评的理论，倘若一定要在文学阅读中采取理论分析，前面介绍的《如何阅读一本书》已经包含在内，可这样一来文学阅读将消减掉多少文学性！

卡尔维诺在《为什么读经典》的第一篇"为什么读经典"中，把文学阅读的感觉、趣味、想象、快乐、喜欢与经典作品接通。

他从十二条法则来说明阅读经典文学作品的感受，几乎完全不用理论论述，全然是一个读者的感觉。

第一条是"经典是那些你经常听人家说'我正在重读……'而不是'我正在读……'的书"，强调了文学经典的阅读本位。

第二条是"经典作品是这样一本书，它们对读过并喜爱它们的人构成一种宝贵的经验；但是对那些保留这个机会，等待享受它们的最佳状态来临时才阅读他们的人，它们也仍然是一种丰富的经验"，突显了文学作品所具有的经验性特殊效力。

第三条是"经典作品是一些产生某种特殊影响的书，它们要么本身以难忘的方式给我们的想象力打下印记，要么乔装成个人或集体的无意识隐藏在深层记忆中"，揭示了文学阅读在人的多重意识层面上的作用。

第四条是"一部经典作品是一本每次重读都像初读那样带来发现的书"。

第五条是"一部经典作品是一本即使我们初读也好像是在

重温的书"。这两个法则干脆全部是阅读的感觉。

为此,他把"一部经典作品是一本永不会耗尽它要向读者说的一切东西的书"当作第六条法则,这条法则深刻揭示了经典文学作品其内涵的无穷尽特性。因此,"经典作品是这样一些书,它们带着先前解释的气息走向我们,背后拖着它们经过文化或多种文化(或者是多种语言和风俗)时留下的足迹",也就成为第七条文化解读的法则。

如果说在第七条法则之前卡尔维诺阐释的是文学作品阅读中的悖反性关系,那么,从第八条起,他进入到阅读的切实感受。第八条是:"一部经典作品是这样一部作品,它不断在它周围制造批评话语的尘云,却也总是把那些微粒抖掉。"

第九条是"经典作品是这样一些书,我们越是道听途说,以为我们懂了,当我们实际读它们,我们就越是觉得它们独特、意想不到和新颖"。这两条法则很贴切地描述了读者个体与文学作品建立起来的独特关系。卡尔维诺说他认识一位出色的艺术史专家,一个极其博识的人,在他读过的所有著作中,他最喜欢狄更斯的《匹克威克外传》,他在任何讨论中,都会引用狄更斯这本书的片段,并把他生命中每一个事件与匹克威克的生平联系起来。渐渐地,他本人、宇宙及其基本原理,都在一种完全认同的过程中,以《匹克威克外传》的面目呈现。这就是说,这位读者与狄更斯的《匹克威克外传》建立起了完全是他个人与作品的特殊关系,这也就是文学上通常所说的到达了物我融合的境界。

于是,"一部经典作品是这样一个名称,它用于形容任何一本表现整个宇宙的书,一本与古代护身符不相上下的书",成为卡尔维诺阅读经典文学作品的第十条法则。由于有了"与古代护身符不相上下"的感觉,第十一条法则就是"'你的'经典作品是这样一本书,它使你不能对它保持不闻不问,它帮助你在与它的关系中甚至在反对它的过程中确立你自己"。这也就是经典文学作品的不朽价值所在,无论我们亲近它还是疏离它,一旦你曾经让它成为过你的护身符,你的文学立场就与它紧密相关,这种关系从正面或反面证明着你的存在。

到此,卡尔维诺得出了总结性的第十二条法则:"一部经典作品是一部早于其他经典作品的作品;但是那些先读过其他经典作品的人,一下子就认出它在众多经典作品的系谱中的位置。"

可是,这位大作家依然不能完全确认人们是否对经典文学作品的臣服,又增添了第十三、十四两条补充性法则,一是"一部经典作品是这样一部作品,它把现在的噪音调成一种背景轻音,而这种背景轻音对经典作品的存在是不可或缺的"。二是"一部经典作品是这样一部作品,哪怕与它格格不入的现在占统治地位,它也坚持至少成为一种背景噪音",这就是说,即便现实格格不入,经典作品依然会存活下来,只不过可能反过来成为现实的"背景噪音"。

到这里,经典文学作品的价值、鉴赏、作用几乎得以穷举。

"为什么读经典"只是《为什么读经典》的开篇之作,

如果读者还觉得不免有些玄奥，那么，在随后的篇幅里，卡尔维诺写了 35 篇经典文学作品的阅读随笔。这些随笔，从荷马史诗的《奥德赛》写到巴尔扎克、马克·吐温、海明威，一直到豪尔赫·路易斯·博尔赫斯，共 30 多位作家。但看随笔的篇名，《〈奥德赛〉里的多个奥德赛》《巴尔扎克：城市作为小说》《康拉德的船长》《世界是一颗朝鲜蓟》《海明威与我们》《帕维赛与人祭》……很显然，这就是用文学的办法来阅读文学作品。卡尔维诺凭着他的热忱和智慧，在读者面前展现文学千姿百态的魅力，足以打动世界上成千上万的读者，为他们奉献了一部优秀的阅读文学经典作品的入门书。

3. 朱子读书法

中华民族从来就是一个重视教育读书的民族，自孔夫子起，历朝历代均有优秀的教育家从事教育事业，总结出宝贵的教育、读书经验和思想。然而最为有名、较为完整、全面而且对后世影响最大的，要算南宋哲学家、教育家、文学家朱熹的读书之法。朱熹一生大部分时间都在读书和教书上，提出过许多精辟见解。他去世后不久，弟子们将他的读书经验归纳为六条，称为《朱子读书法》。南宋以降，数百年来《朱子读书法》一直在官刻、坊刻里出版发行，也收入了清朝的《四库全书》。新

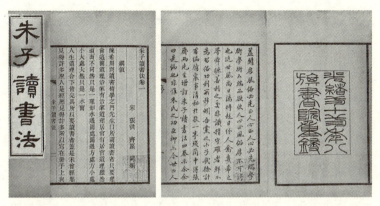

《朱子读书法》

时期以来，有过多家出版社做过点校出版。近来江苏的凤凰出版社出版的《向〈朱子读书法〉学读书》（陈晓浒译评），对《朱子读书法》有深入浅出的讲解，颇受读者欢迎。

国际阅读学界对中国古代阅读学的成就有着很高赞誉，主要是从孔子到朱子，有着大量关于阅读的理念和方法的介绍。特别是诞生于12世纪的《朱子读书法》，被公认为其学术水准是当时的欧洲学者无法比肩的。

首先，朱熹读书的目标非常明确，那就是："穷理之要，必在于读书。读书之法，莫贵于循序而致精，而致精之本，则又在于居敬而持志。"也就是说，他的读书，是为了穷理，通过致精，最后达到实现自己的著书立说的志向。后来，朱熹的学生把他关于读书方面的训导，概括归纳出六条要求，即循序渐进、熟读精思、虚心涵泳、切己体察、着紧用力、居敬持志。

第一条"循序渐进"，就是读书的"量力而行"的原则，这是认知事物的基本方法和规律。朱熹说:"读书之法,莫贵于循序而致精。""凡读书,须有次序。且如一章三句,先理会上一句,待通透;次理会第二句,第三句,待分晓;然后将全章反复䌷绎玩味。如未通透,却看前辈讲解,更第二番读过。须见得身份上有长进处,方为有益。"所以朱熹又说:"学者当自博而约,自易而难,自近而远,乃得其序。""读书之法,既先识得他外面一个皮壳了,又须识得他里面骨髓方好。"朱熹对读书方法和规律的理解,与美国的《如何阅读一本书》的"基础阅读""检视阅读"以及"分析阅读"表述几乎是一致的,而他早在 12 世纪就有了这样相当精确的表述。

第二条"熟读精思",体现的是读书的"巩固性"和"创造性"原则。朱熹强调读书必须熟读成诵。古人阅读皆强调"读",可能与上古时期皆以朗读为主的传承有关。这一点我们在第一章有过较为集中的论述。朱熹当然不只是因为朗读传承而朗读,他的朗读主张乃是为了"熟"。他说:"学者只是要熟,工夫纯一而已。读时熟,看时熟,玩味时熟。如《孟子》《诗》《书》,全在读时工夫。"而且他要求读而成诵:"须要读得字字响亮,不可误一字,不可少一字,不可多一字,不可倒一字,不可牵强暗记,只是要多诵遍数,自然上口,久远不忘。""今所以记不得,说不去,心下若存若亡,皆是不精不熟之患。""书不可不成诵。或在马上,或中夜不寝时,咏其文,思其义,所得多矣。"又说:"读书之法:读一遍了,又思量一遍;思量一遍,又读一遍。读诵者,所以助其思量,长教此心在上面流转。若只是口里读,心里不思量,看如何也记不仔细。"朱熹十七八岁读《中庸》、读《大学》时,每天早起第一件事便是诵读十遍。当读到《中庸》云"人一能之己百之,人十能之己千之。果能此道矣,虽愚必明,虽柔必强"时,他"奋发感慨,不能自已。自此为学,方有寸进"。有意思的是,朱熹终身都喜欢饮酒之后背诵屈原《楚辞》、诸葛亮《出师表》、陶渊明《归去来兮辞》、杜甫的诗,直到晚年依然如此饮酒诵咏。

熟读的目的主要是精思。精思则不仅是读书的巩固创造的原则。朱熹说:"学原于思。"真正符合孔子"学而不思则罔"的原则。朱熹编注《四书》,使之成为此后儒学的元典,这是他精思后的创造性收效。他一生著述甚丰,《诗集传》《易学启蒙》《四书章句集注》《韩文考异》《楚辞集注》《楚辞辩证》《楚辞音考》和《楚辞后语》,成为宋代学术的一个高峰。这当然不可能只是一个读书人的收获,而应当看成是一个精于思考的学者的学术成就。特别是在历代学者诠释《楚辞》的著述中,朱熹《楚辞集注》的学术水准无疑是一座绝对的高峰。朱熹对《楚辞》的考据建立起一个字、音、义三者统一的解说体系,而且重塑了屈原忠君爱国的历史形象,这只能说他不只是读有所得,更是思有所得。

第三条"虚心涵泳",显示了读书要有"有容乃大"的原则。学生问朱熹读诸经的方法,他的回答是:"亦无法,只是虚心平读去。"他说:"大凡人读书,且当虚心一意,将正文熟读,不可便立见解。看正文了,却着深思熟读,便如己说,如此方是。"

"且要虚心,逐一说看去,看得一说,却又看一说。看来看去,是非长短,皆自分明。譬如人欲知一个人是好人,是恶人,且随他去看。随来随去,见他言语动作,便自知他好恶。"说到这里,朱熹再次强调:"只要虚心。"朱熹对读书人的态度十分看重。他说教导学生,观书,要"当平心以观之""须静着心""放宽心""读书之法无他,唯是笃志虚心,反复详玩为有功耳"。这些,都体现了虚心涵泳应有的客观性态度。

第四条"切己体察",强调的是读书必须"体验反思"的原则。朱熹强调读书不能仅仅停留在书本上和口头上。他说:"读书不可只专就纸上求义理,须反来就自家身上推究。"他竭力主张:"读书,须要切己体验。不可只作文字看,又不可助长,学者当以圣贤之言反求诸身,一一体察。"认为如果不是如此切己体察,即使是"广求博取,日诵五车",也是没有实际意义的。

第五条"着紧用力",强调的是读书必不可少的"勤奋向学"的精神。朱熹对他的学生说:"读书之道,用力愈多,收功愈远。先难而后获,先事而后得,皆是此理。""读书之道,须是用工去看。现一书费许多工夫,后则无许多矣。"他主张读书要有紧迫感,不可优哉游哉,要"如猛将用兵,直是鏖战一阵",要"如酷吏治狱,直是推勘到底,决不恕他方得","直要抖擞精神,如救火治病然,如撑上水船,一篙不可放缓"。他说:"为学要刚毅果决,悠悠不济事。且如发愤忘食,乐以忘忧,是什么精神,什么筋骨!"

第六条"居敬持志",特别强调了读书要有"志存高远"的精神。读书能否顺利进行,关键在读书人志向抱负的状况,所以,"居敬持志"作为读书法的最后一条,也是起着根本保证的一条。朱熹说:"敬字功夫,乃圣门第一义。彻头彻尾,不可顷刻间断。"朱熹继承了程颐"涵养须用敬,进学则在致知"之说,提出"致知必须穷理,持敬则须主一"的为学原则。他说:"读书有三到。谓心到、眼到、口到。心不在此,则眼不看仔细,心眼既不专一,却只漫浪通读,决不能记,亦记不能久也。三到中,心到最急,心既到矣,眼口岂不到乎?"

"三到"的要求就在于强调读书时,注意力要高度集中,要聚精会神,打起精神。他说:"看文字须大段着精彩看。耸起精神,竖起筋骨,不要困,如有刀剑在后一般。就一段中须要透,击其首则尾应,击其尾则首应,方始是。"朱熹认为读书是一个以吾心"体验"圣心的过程,即是以自家之心体验圣人之心,以心观心、吾圣合一的过程。若不坚持用心读书,是达不到这个读书效果的。

在讨论阅读力的时候,我们特意介绍上述三本关于读书方法的书,为的是要想提高阅读力,一定多了解一些读书方法,这样能让我们对阅读有比较开阔的思路。其实,每一种读书方法都有其合理之处,关键要看哪一种方法适合自己使用。《如何阅读一本书》具有比较直接的工具价值,通过阅读这部书,我们可以比较迅速地掌握阅读论述型书籍的办法。《为什么读经典》具有比较彻底的文学本位主义,一个人倘若能耐心读完这本书，那么，他的文学修养将不可同日而语。《朱子读书法》则是把读书当作个人性情涵养、学养修为的过程，认为要能掌握好阅读力的提升，必须居敬持志，提升自己人格情操素养。讲求情怀，讲求"正身"，正是中国人做一切事情的前提要求，对于读书这件治学的首要大事，就更是一项根本的要求，值得我们记取。

4. 快阅读与慢阅读

关于读书方法，还有一些属于方法论的范畴值得探讨，譬如，快阅读、慢阅读、浅阅读、深阅读以及泛阅读、精阅读等，而且，这些范畴都有其合理之处，却又互为悖反，用物极必反的规律来看，什么方法都不能一条道走到黑。

先谈快阅读。

过去，人们形容一个人读书速度快，最常用的成语是"一目十行"。进入数字时代，由于数字技术和网络技术的普及，迅速提高了人们阅读的速度，在各式电脑、手机、电子阅读器上，快速点击、快速浏览成为寻常之事，相比较在纸介质书籍上所谓一目十行的快阅读，可以说是极大提速。如果说火车时速从往昔的40公里提高到250公里、350公里已经令世人惊叹，那么，在数字技术条件下，阅读速度的提高并不亚于高铁速度。不过，高铁提速、飞机提速是一回事，此类提速不仅有技术支持,还有技术保障安全,阅读提速则是另一回事了,虽然也有技术支持,可是,却没有技术保障阅读人的接受效果。为此,新世纪以来,到处都在呼吁慢阅读,凡讲阅读,往往就要主张读得慢一些再慢一些,几乎弄到凡快阅读就一定不好的地步。

其实,凡阅读就一定有快有慢。快阅读是不可避免的。

首先就是快速浏览。我们手持一部新书,要做的第一件事应当是快速检索。通过检索把握一本书的基本信息,确定是不是要读它。譬如,先看书名页、序言、副标题等,再看目录页,再看作者介绍,这样的阅读不可能不快。在对这部新书产生一些兴趣之后,我们就应当快速略读。通常是挑几个和主题相关的篇章看看,粗略浏览几个段落,判断一下这本书是不是自己所需要的那一类书。快速浏览这个过程通常我们在书店里买书的时候会这样去做,通过快速浏览,判断要不要买,这是最为正常不过的事情。只是这个判断需要借助我们的知识积累,只有在读的书比较多、认识的作者比较多,这种判断才可能接近于准确。否则,在书名起得天花乱坠、作者吹嘘得神乎其神、图书内容大话空话连篇的今天,购书者又缺乏知识积累,发生误购的事情总是难免的了。

掌握快速浏览的能力之后,依然还要快速通读。快阅读,我们从书店购回的书,从图书馆借的书,甚至是从别人那里借来的书,并不意味着就此开始慢读细想、细嚼慢咽。对于我们所熟悉的作者和熟悉的经典作品,这样做是可以的,而对于我们并不熟悉的人和书,我们不妨再加上一个快速通读的程序。

且不管这部书看得懂看不懂,快速地从头到尾通读一遍,这是有利于我们节约时间,把时间和精力花在值得花的图书上。列夫·托尔斯泰的名著长篇小说《战争与和平》长达130多万字,好莱坞著名导演伍迪·艾伦曾经说:"我上了一个速读班,用20分钟读完了《战争与和平》。(我的印象是)它跟俄国有关。"《每日电讯报》的编辑曾经缩编过一些文学名著,如把《战争与和平》写成一条推特:"拿破仑入侵俄国。俄国贵族家庭陷入精神混乱状态。战争接踵而来。法国人撤军。俄国人庆祝。很多人结婚。"毫无疑问,20分钟读完一部130万字的长篇小说,这种阅读只能是快速通读,至于把130多万字浓缩成一条推特,那也只能是通读过全书的人的读后游戏。他必须对全书有过通读,哪怕是快速的通读。快速通读一遍后,我们可能发现这本书并不怎样,不值得花时间去读,就此放下;我们也可能发现真的遇上了一本好书,值得一读,这时候,我们就将开始慢读之旅。

谈到阅读速度,并非要快就能快起来的,一般来说,需要一定的阅读实践,逐步形成速度的能力。而对于更快速的阅读,还要经过特殊的训练。关于快读能力的特殊训练,是一门科学,已经出版有相关专著,专著对于快速阅读的训练有一些成套路的方法,在这里就不做专门介绍了。我们主要针对普通读者希望提高快读能力,介绍了一些读者自我训练可以逐步掌握的方法。

一是要提高阅读速度,可以掌握看书扫视法。我们首先要纠正逐字逐句阅读的不良习惯,逐步扩大扫视的"视知觉广度"。

只有"视知觉广度"增大，压缩眼球注视时间，减少中途回视次数，避免眼睛不断地来回转动。阅读的平均速度就能提高。切忌快速阅读时反复浏览，一般只需顺着读一遍即可。如果觉得有必要，也要等整篇读完之后，再回过头重复某项内容。据专家介绍，通常有经验的阅读者每一次注视所能阅读的内容至少是初学阅读者的三倍。中等文化水平的读者，经过努力，每分钟能达到500字到600字，就算是具有快速阅读较好的能力。

二是要提高阅读速度，可以掌握看书搜索法。在掌握扫视法的基础上，我们要掌握搜索法。所谓搜索法，顾名思义，就是在扫视图书的过程中，要注意搜索我们感兴趣的语词、段落，搜索书中某些特殊的内容，而且要有目的地加以记忆。尽量不去记那些无关紧要的词句，要记住作者意图及内容实质。掌握了看书搜索法，我们也就有了有效提高阅读速度的基本保证。

三是要提高阅读速度，可以掌握速读概括法。要力求迅速把握书中主要脉络和大意。要带着问题阅读。要把书中的主要脉络、大意和特殊观点简要地概括出来。这是快速阅读是否成功的主要方法。我们并不认为凡是自己认为有用或感兴趣的书都要深入阅读和探究，这既不可能真正做到，也是没有实际意义的。有不少图书，只要通过快速阅读，把一部书的主要内容、主要观点概括出来，就算是我们已经读过。倘若觉得需要探究其内容的来龙去脉，那就是后续慢读的任务。

提高阅读的速度，主要途径就是实践，在实践中不断有意识地自我训练、自我提高。为了提高阅读力，很有必要提高阅读的速度。只有善于快速阅读的人，加以勤奋向学，才可能成为博览群书的饱学之士。

当然，要真正成为博览群书的饱学之士，还一定要在快阅读的同时实行慢阅读。没有慢阅读的读者，很难真正成为饱学之士。《三联生活周刊》上贝小戎曾经介绍加拿大漫画家约翰·阿特金森（John Atkinson）把名著缩编做到了极致的故事。约翰·阿特金森创作了一系列漫画，把一些著名的长篇小说浓缩成了一句话。"《战争与和平》：每个人都很悲伤。老下雪。《愤怒的葡萄》：种地糟透了。去自驾游！自驾游糟透了。《唐·吉诃德》：一个人攻击风车。还有，他疯了。《太阳照常升起》：迷惘的一代酗酒。他们依然迷惘。《白鲸》：人跟白鲸斗。白鲸赢了。《尤利西斯》：都柏林，这事那事，不分段的长句子。《奥德赛》：一位老兵历尽千辛万苦回到家，然后把所有人都杀了。《呼啸山庄》：类似于兄妹恋。山庄被浓雾笼罩。《瓦尔登湖》：一个人在户外坐了两年。什么也没发生。《贝奥武甫》：英雄杀死恶魔。龙杀死了英雄。《罪与罚》：谋杀犯感觉很不好。忏悔。入狱。觉得好点了。《神曲·地狱篇》：大混乱。"敢于去做长篇小说浓缩的人往往是饱学之士。约翰·阿特金森当然是一位阅读修养很深的饱学之士。我们说饱学之士，并非专指把书读饱的人，而应当是读书读得有所得、有独到的见解，而要做到这一点，没有慢读修养几乎是不可能的。

慢读才能出学问，慢读才能见功夫，慢读才有胜出作者和前人的可能。正如台湾作家王文兴所说："真正的好东西读一两页，满意度跟读一大部书没两样。"他每周读书四五天，每天读两千字左右，五十多年的阅读量没超过五十本小说。作为教授和作家，他的与众不同之处，就是一天只写几十个字，只读两千来字。他奉行慢读主义，认为慢读收获多。他的阅读名言是："阅读就是慢读，快读等于未读。"正是因为慢读慢写，甚至到了"把写小说当诗歌写"的程度，他才有缘成为台湾现代文学大师级作家之一。

慢读主要用于精读。这是能不能把书读好的关键步骤。在精读的全部过程中，快速阅读只是其第一步，达到对全书有一个概括了解的目的，第二步则是逐章逐节反复阅读，边读、边想、边记下问题，圈点、画线、评注，第三步是抓住重点，深入钻研，认真理解，也许还会对书中有疑问的地方进行深究，得出自己的见解，最后一步就是对全书阅读进行总结，做读书笔记。要完成这些步骤，需要的阅读速度当然只能是慢读。唯有慢读才可能做评点、做摘要；慢读就有可能激发钻研和写作欲望；慢读对于新知识的学习、新学说的研读、新作品的鉴赏都是不可少的；慢读才可能调动多种感官参与阅读，做到"口动、手动、心动"。唯有慢读才可能精读。唯有慢读才可能深读。唯有慢读一生才有可能熟读几本书。既然慢读就可能反复读。既然慢读就可能重读旧书。对优秀的文学作品慢读，读书人才可能感同身受，切己体察，如身临其境，才有可能进而诵读,诵读才可能记忆久远,从而将阅读"激昂处还他激昂,委婉处还他委婉",享受"行到水穷处,坐看云起时","相看两不厌,唯有敬亭山"的审美状态,细品细嚼,细思深想,在优秀的文学作品里让自己的灵魂活一回!

关于慢阅读的方法,前人已经有过许多介绍,其中讲得最全面的就是前面提及的《朱子读书法》,朱子读书方法的六条要求,没有哪一条不是要求"慢工出细活",这里就不再重申了罢。

然而,平心而论,一个人,太多的快阅读是会导致太多的泛读,可太多的慢阅读难道不会造成阅读量过少吗?阅读量过少难道不也是现代社会所忧虑的问题吗?鲁迅先生认为读书"需如蜜蜂一样,采集过许多花,才能酿出蜜来,倘若叮在一处,所得就非常有限,枯燥了",按此说来,一个读者只盯着一部书,恐怕也会"枯燥了"。鲁迅主张博览群书。在年轻时,除规定的功课之外,天文地理,花鸟虫鱼之书,他无所不读。阅读文艺作品时他曾说过:"先看几种名家的选本,从中觉得谁的作品自己最爱看,然后再看这个作家的专集,最后再从文艺史上看看他的历史位置。倘若要知道得更详细,就看一本这个人的传记,那便可以大略了解了。"这种读书法把快阅读和慢阅读、泛阅读与精阅读结合起来,当快则快,该慢则慢,这样的读书方法更给人们以启迪。

如此看来,读书宜快宜慢,这几乎是一个没有答案的选择题。生活是如此丰富多彩,书的海洋是如此波澜壮阔,偏执于一端,都不利于现代阅读生活的健康进行。我们之所以要在这里对慢读的好处做一番渲染强调,并不只在于阅读的速度问题。本节一开始我们就陈述过,数字时代已经使得人们的阅读急剧提速,鼠标、拇指快速拉动文本,基本上是眼花缭乱而过,远超火车提速,犹如过山车,惊险一瞬间,到头来全无所得,如此这般,人心乃至社会风气势必浮躁,人文精神势必颓丧,人际关系势必粗粝,这就是快阅读给人们生活带来的不良影响。于是,已经有太多的学术文化名人呼吁阅读减速,我们已经在很多城市看到命名为"慢读时光"的新书店开张,看得出主张慢阅读并不限于学术文化名人,已经扩展成为一种社会忧虑——就像国际社会正在提倡开展慢生活一样,希望通过慢生活提高生活质量,提高人文精神,重塑人的尊严——人们希望通过慢阅读提高阅读质量,提高阅读的意义,重建阅读文化。不过,应当看到,关于慢读的呼吁,只是对过于放任快速阅读并不理性的风气的拨乱反正。而事实上,正如我们在本节已用了不少篇幅阐述过的那样,快阅读也是人们阅读生活不可或缺的一部分,万万不要因为当前快阅读泛滥便就此抛弃这种阅读方式。快阅读与慢阅读,该快则快,当慢则慢,有如进餐,快餐可充饥,桌餐宜享受,又有如苏州园林,疏密得当,浓淡相宜,终究还是要看人们的需求。不过,作为一个现代读书人,能否处理好阅读的快与慢,乃是评价其阅读力高下、学养深浅与否的基本标准,这是需要引起我们注意的。

5. 浅阅读与深阅读

　　读书到底是深一些好还是浅一些好，从来就有不同意见。人类学习教育的主流传统一直是深阅读，这当然是可以理解的。古今名人苦读故事可谓汗牛充栋。中国读者对我国历史名人苦读故事已经耳熟能详，对外国历史名人苦读故事也不陌生。马克思写《资本论》，连准备加写作前后达40年，阅读了数量惊人的书籍，其中做过笔记的就有1500种以上。德国大作家歌德花了58年时间，搜集了大量材料，写出了对世界文学界和思想界产生很大影响的诗剧《浮士德》。意大利物理学家、天文学家伽利略，在力学上贡献巨大，建立落体定律，发现物体惯性定律、摆振动的等时性、抛物运动规律，确定了伽利略原理。年轻时他在比萨大学读书期间，就非常好奇，也经常提出一些问题，比如"行星为什么不沿着直线前进"一类的问题，有的老师嫌他问题太多了，他依然如故，方有了后来的成就。

　　那么，对于阅读生活，难道只有深阅读是值得推崇的吗？似乎阅读的历史并不是这样记述的。中国春秋时期的孔子和古希腊时期的苏格拉底都不约而同地主张"述而不作"，显然这当中也包含有拒绝过分穿凿于书本的意思。晋代诗人陶渊明的名言"好读书，不求甚解"，显然就是一种浅阅读的主张，这并不妨碍他成为中国历史上伟大的山水诗人。清代主张"性灵说"的著名诗人袁枚认为："书能使人智，亦能使人愚；书能使人歉然不足，亦能使人傲然自恃。善读者常不足而智，不善读者常自恃而愚。"显然这是一种健全的深浅适度的阅读主张。

倘若谈到全民阅读，联合国教科文组织1995年关于"世界读书日"的宣言更是直接指向散居在世界各个角落的人，希望"都能享受阅读的乐趣"。这一宣言，可以让我们全面理解世界各色人等，深阅读者以深阅读为乐，浅阅读者则以浅阅读为乐，只要能够阅读，便是全民阅读社会。

当然，在数字时代，关于浅阅读和深阅读，又有了新的指向。社会舆论认为，那些基于移动互联网的微博、微信阅读，甚至扩大到网络小说阅读，都是浅阅读，而纸介质书籍的阅读，大体上被认为是深阅读。阅读的深浅问题，需要再做一番辨析。

那么，当我们提倡全民阅读时，是在提倡什么样的阅读呢？是传统阅读，还是数字阅读？是读书还是读手机？是上图书馆还是上网？这是多元化阅读的时代需要我们做出回答的问题。

首先，我们要毫不讳饰地表明自己的观点：提倡全民阅读，就是提倡传统阅读——读书。至于风靡于当下的数字阅读，难道还需要提倡吗？不提倡就已经风靡社会，再去提倡，岂不更加疯狂！

曾经有外国人写文章，说中国人不爱读书，在国际航班上许多中国人捧着平板电脑和电子阅读器玩游戏，而不少欧洲人在读书。这样的文章对稍微有一点自尊心的国人都很有刺激，却也无奈。举目向社会各个角落望去，到处都有人在看手机、平板电脑和电子阅读器。这些人是不是在阅读，自然是无法一概而论。我们只要看看他们的动作就大概猜得出，连续快速动作的是打游戏，连续匀速划拉的是刷屏，而一动不动的则可能是读文章，还有的是在发语音信息，总之是五花八门，乐此不疲。于是，对于如此鱼龙混杂的阅读，许多社会知名人士表示过强烈的忧虑。他们认为，数字技术条件下的游戏化阅读、肤浅化阅读、浏览式阅读、碎片化阅读，势必造成阅读者放弃深入思考、整体理解，久而久之，会对整个民族思维能力的养成产生不利影响。

其次，我们还要说，要善待数字阅读。

数字阅读使得我们社会真正步入信息时代。新时期之初主张的"阅读无禁区"真正得以实践，人们阅读的门槛正在变平，人类信息、知识、思想的广泛交流变得可能，就这一变化而言，数字阅读就称得上是一次阅读的革命。此外，数字阅读还有传统阅读所不具备的许多优势。譬如便捷。查阅资料的便捷、检索信息的便捷、链接知识的便捷、存取文件的便捷，这是数字技术、网络技术的优势。现在大家时间都不够用，时间变成碎片，我们想抽空读点书怎么办？在候车候餐的时候，在等候朋友的空当，在无聊的公交车上，打开平板电脑，打开电子阅读器、手机来读书，显然不失为利用碎片时间的好方法。我们去旅行，不能够搬成箱的书跟着走，可是一个电子阅读器就能装下1000种书，随时点击就能读，用碎片化时间读完整的书或者读些精短的碎片文章，不亦乐乎？

可是，作为健全的阅读生活，在数字阅读犹如狂飙一般兴起的重要关头，还必须有明确的价值判断和选择。

数字阅读也存在着明显缺陷。人类认知世界有四个层次：信息、知识、思想和审美。传统阅读在这四个层次上基本上都能完美地实现。数字阅读在前两个层次上显然更具优势。可是，正因为移动互联网阅读在信息和知识传播上的优势，往往导致许多读者沉溺于这一优势上，整日整夜地在信息的汪洋大海上漫游，阅读的碎片化倾向更加强烈，信息的弥漫性、泛滥性、不确定性、变化多端性，使得他们应接不暇，而思想、审美的空间自然被挤压得所剩无几，势必导致萎缩。为此，我们要强烈呼吁人们多读书，读完整的书，读人类的经典，不断提升阅读的思想价值和审美价值，这恰是传统阅读之所长。至于数字阅读，目前还不能发挥阅读的全部功能。如果任其野草一般地恣肆疯长，势必会使得越来越多的青少年沉溺于信息的玩乐大海之中。但从这一点来看，传统阅读就需要予以大力提倡。

　　现在很多年轻人看手机很有能力，看平板电脑更有能力，可以刷屏，快速刷，很过瘾，效果怎么样权且不去理它。即便在手机和平板电脑上读文章，通常文章都不长，很快就浏览过了，比较轻松。尽管我们认为碎片化式的浅阅读总比什么也不读要好，可是读什么和怎么读还是有层次高低的区别。读一本纸介质书，尤其是优秀的纸介质书籍，需要更强的阅读力。手执一卷经典，看了几十页，往后一翻，还有几百页，意志薄弱者有可能将书一掷了事，提高阅读力也就成了空话；倘若能够坚持读下去，不仅读了好书，还磨炼了意志，怡养了性情，阅读力也就得到明显提升。全民阅读，特别是深阅读，乃是国家民族科学文化发展的必由之路,是国民素质提高的正途,而现实的阅读状态却是随时都有萎缩的危险,在这个重要关头,对于读书,怎么提倡都是不为过的。

六　独读书不如众读书

1. 自古以来就有社群阅读

从现代阅读观来看，一个人的阅读是个人自己的事情。在一个正常的开放的现代社会里，一个人读与不读，读什么，怎么读，完全可以是个人自己的事情，社会的主流阅读力量可以就这些事情引导、劝导、感召、影响社会中个人的好恶，在尊重个人选择的前提下，提高全社会的阅读力。这也就是为什么全民阅读活动既让人们感觉到十分必要，可是真正要开展起来又并不容易的深层次原因。

不过，事情从来就不是绝对的。就拿阅读的私人化来说，并不是说这是个人自己的事情，于是就与社会绝缘。譬如，家庭阅读、校园阅读之类，就不可能强调绝对的私人化。随着社会文明程度提高，人们社会生活的开放度越来越大，个人的社会化程度也在提升。在人们的日常生活里，进食、就寝、休憩等等通常是比较私人化的,许多时候并不情愿被他人任意打扰,可是,有时候又会邀约他人共进晚餐,共度良宵,乐不可支以至于东方之既白。在如此这般的多人同乐的时光里,较之于个人独自生活,往往人的进食量大增,良宵恨短。这就是说,社会化生活也是人类精神生活的一种方式,与私人化生活同等重要。

为此,当我们在强调阅读是个人自己的事情的时候,往往可能是一些社会化的活动使得人们心生厌烦。我们民族从来就不缺少社会化的习惯,甚而至于,社会化的习惯曾经是那样无所顾忌地侵犯私人的领地,消弭个人的尊严,灭绝个人的私欲,包括阅读,也曾经有过绝对社会化,几亿人只能读几本书的极端景象。正因为此,改革开放三十多年来的思想大解放推动了个人权利、尊严的重新确立,全民族精神生活获得了一次革命性的解放。然而,因为痛苦的历史记忆,因为矫枉过正,一个时期,却又出现了个人主义盛行。不过,用不着太过担心,社会性是人类基本属性之一,社群化的生活是人们生活的基本面,一意孤行离群索居的人总是极少数,而自古以来读书人就有雅集于一处,进行社群化阅读的雅兴。随着社会的发展,现在人们越来越乐于三五好友聚会,下午茶不仅是一种时髦还是一种社交需要,阅读的社群化趋势成了阅读人群自然而然的需求。一项比较权威的调查反映了民众的这种诉求,2016年4月,中国新闻出版研究院发布的第十三届全国国民阅读调查报告指出,有七成受访者希望更多开展全民阅读社会性活动。

为了提高个人阅读力，需要一个人独自用心地读；为了提高个人的阅读力，又需要许多人聚集起来快乐地读。后者我们称之为社群阅读。个人独处可以让我们随意随性随时随地随个人需要自由地阅读，而社群阅读，却能使我们不只是阅读，还有情感交流、问学切磋，多人友好携手共进，真称得上是人生快意时光。人生读书不妨这两种方法兼而有之。个人阅读，有时候不免是孤独的，例如南宋陆游诗歌吟咏的："九月十九柿叶红，闭门读书人笑翁。"可有时候独自捧读却是快乐的，例如清初金圣叹的"雪夜闭门读禁书"。社群阅读，有时候多人聚集令人生厌，因为那是被迫而去，或者所读之书让我们生厌，或者是有不愿会聚之人令我们郁闷；可有时候友人共读足以使人忘情，例如"梁山伯与祝英台"同窗共读，王羲之在《兰亭集序》中所描述的"虽无丝竹管弦之盛，一觞一咏，亦足以畅叙幽情"。总之，个人阅读和社群阅读，都是读书生活常有的形式，都有利于提高阅读力，关键是要出自于我们自由的选择。读书必须出自于内心愿意。不愿意就无兴趣，而不自由则没法读。

2. 家庭阅读：阅读传递亲情

前不久，广西师范大学出版社出版了引自美国版权的一本绘本书《和爸爸一起读书》，讲的就是一个家庭阅读故事。作者是一个已经为人母的女性,她从女儿的角度,讲述她的父亲如何在她小时候和她一起读书的往事,现在,她也和女儿一起读书,已经年迈的老父亲满意、慈爱地看着她们读书,一时间整个家庭满是融融的温情。

我建议所有初为人父母的年轻朋友都能读读这类讲述家庭阅读的书籍,凡有条件的朋友都应当和自己的儿女一起读读书,并且形成家庭生活的一个习惯。没有条件陪儿女读书的朋友,则建议大家更多关心儿女的阅读,给他们提供一些好书,而自己只要有闲暇,就要和儿女谈谈阅读。

被人们称为日本的"绘本之父"的画家、作家松居直在这方面有着很重要的见解。他力主开展家庭阅读。在他的《幸福的种子》一书里,有这么一段话:"我从孩子们很小的时候开始,到他们十岁左右,一直念书给他们听,从没有间断过。我念的书范围很广,其中包括图画书和为数众多的儿童文学作品。我可以保证,到目前为止,我没对孩子们说过一句'看书去',但孩子们却各自养成了读书的好习惯。孩子们经常听我念书,他们似乎逐渐亲身体验到,书是多么有趣的东西。在真正开始'读书'之前,他们已经彻底地爱上'书'了。"

家庭如果形成了阅读习惯,对于在这样的家庭中成长起来的孩子可谓终生受益。凤凰台的原主持人曹景行说要养成读书习惯,不能强摁着小孩的脑袋,而是要用浸泡的办法养成他的习惯。我个人在孩提时期是开窍比较晚的。家里因为变故,寡母领着我们几个孩子搬离南京,到广西一个县城投奔外祖母。

外祖母家生活并不宽裕，家里一本书都没有，其实，很多时候感觉连饭都吃不饱，哪里还有闲钱买书！所幸母亲是一位知识女性，她要读书，县图书馆就是最经济的去处，于是从那里借书回来。我浑浑噩噩长到十一二岁，开始留意到母亲的阅读。她总是晚上睡前倚床而读，可是劳作一天，母亲自然是读不了多长时间就要睡去的，于是小学五年级的我也就得以从她的床头取过书接着读。现在记不得读的第一本是什么书了，不过一些书名倒还记得，《寒夜》《腐蚀》《石头记》《醉醒石》《青春之歌》《虾球传》《武松》，还有《沫若文集》的某一卷，还有其他，完全是一通乱读，虽然是乱读一气，却也渐渐引起了我在阅读上的兴趣。

在中国社会里，通常看到的现象是，许多父母在孩子的教育上过于依赖学校，而忽略了自己以及社会的责任和作用。家长们无比亢奋地替孩子寻找好学校，找到好学校还要无比急迫地找到好老师，一旦这两点都如愿以偿了，就以为万事大吉，只等孩子走上起跑线，一路领先。可是，孩子一天在学校也就是待上大半个白天，剩余时间都在家中，家里的生活怎样安排，怎样安排才有利于孩子的全面成长，不少家长很少去考虑。父母看电视剧如痴如醉，却要孩子读书专心致志；父母打麻将如火如荼，却要孩子读书静如处子，凡此种种，大有南其辕而北其辙的笑话。报纸上曾经公布中国青少年健康人格工程调研报告，75%的受访高中生觉得和自己的父母的交流有问题或偶尔有问题；初中生与父母的争吵增多，不愿意跟父母交流，认为父母不理解自己，也害怕父母的批评和唠叨。有专家认为，如果要追根溯源的话，可以追溯到孩子的童年，孩子人格构建的最初6年，是最关键的6年，这6年中家长是如何构建和孩子的沟通模式的，家长是如何养育孩子的，这些往往到了孩子成长的第二阶段——青春期就会显现出来。

研究家庭教育不是本书的主旨，然而，家庭阅读，不仅可以从小培养起孩子的阅读习惯，还可以唤起家庭的温情，培养家人亲情，陶冶孩子情操，可以说这是一件多赢的事情。

几乎无人否认这个事实，那就是：一个好读书的家庭，就会有好的家风，有爱读书的风气。家长随时都读书，子女也会跟着读。而家风不一样，子女行为举止也不一样。这就是我们通常所说的"环境决定论"。父母对子女的影响是无穷的，并且，这往往是身教的胜利，而不是言传的结果。

开展家庭阅读，可以让父母们的言传身教在家庭娱乐一般的阅读形式中得以完成。

如今，儿童早期阅读教育理念在国内越来越受重视，许多家长也在积极学习并寻找合适的方法，现在看来，比较具有倾向性的方式是家庭阅读，是亲子阅读式的家庭阅读。有人问，亲子阅读从什么时候开始为好？目前还没有确定的答案，不过，儿童文学作家梅子涵认为，指导儿童阅读，指导的重点不在儿童，而在父母。父母对读书的态度和行为对儿童有非常重要的影响。如果儿童经常看到父母从阅读中获得乐趣，自然也喜欢阅读。在婴儿时期，父母最好经常高声朗读，为儿童朗读书籍开始得越早越好。

有人告诉我这么一个事例：

有一对年轻父母，从儿子婴儿时期起就读书给他听，直到儿子上小学后，有时要和儿子一起读书，儿子还会央求着爸妈读。孩子不是不会读，而是想享受爸爸妈妈为他读书的温暖感觉。

儿子二年级时迷上了漫画书，《小小历险记》《丁丁历险记》《木偶奇遇记》等，年轻父母显然没有儿子那么爱读和会读漫画书，自然而然儿子就不依赖父母读书了。他可以自己快速翻阅，比和父母一起读还过瘾。但是，父母一直留意他的阅读，有时候看到他一连两天没有翻阅漫画书，他们就会主动要求和他一起翻阅漫画书，他觉得爸妈对他的书那么感兴趣，感到特别兴奋，读起来更加起劲。

到了三年级，儿子慢慢地读起了《昆虫记》《格列佛游记》《米小圈上学记》等，这时，他会应爸爸妈妈的要求为大家读一段，而爸妈也主动各自承担为大家读一段。每天晚上，做完家务后，一家三口就会有半个小时到一个小时的阅读时间，大家轮流诵读某一本书，以至于在儿子念完小学六年级时，他们已经读完了《哈利·波特》全7册，还读了"马小跳系列"等畅销书。有时候孩子的外公到家里小住，也会参与到家庭阅读里面来，外公喜欢《封神演义》，就选择一些章节跟大家一起读，孩子也听得兴趣盎然。

请注意，现在，家庭里谁为谁读不重要了，重要的是这个家庭有了一种家庭阅读的方式，这种互相诵读的方式是家人其乐融融的共处，是每个家庭成员养成了阅读习惯，是家庭高雅生活的一种方式。

北京市昌平区有一位徐先生的家庭，从女儿一岁时开始家庭阅读，他和妻子领着女儿读《小猫钓鱼》《白雪公主》，一直保持到小学三年级，女儿都是在童话故事声中进入梦乡的。女儿四年级时迷上了《豌豆》《阿衰》。这个女儿现在已经22岁，很多人和她一起聊天，感觉是一种享受，他们觉得是在和一个小品演员对话，常会笑得前仰后合。她也读各种文学作品，在小学、中学作文比赛中多次获奖，有多篇作文发表。一家三口常常各自捧着一本书，在书墨香气中穿梭。不同的书带给我们不同的美的享受。读书将各种有益的信念注入家人的脑海，使家庭风和日丽、和风细雨，家人和谐相处、和睦交流，尽管他们对书籍各有所好，但说起自己的主张总能和颜悦色。父亲喜欢《资治通鉴》，认为这部古代经典流畅自然、富有节奏感，让人有一种想要开口朗读起来的冲动。母亲推崇《老人与海》，从中懂得外在的肉体可以接受生活的折磨，但内在的意识不可动摇。女儿喜爱《时尚美人馆——我最喜欢的化妆书》，从底妆、眼妆等细节出发，结合服饰搭配等，演绎美丽变奏曲。这基本是一种阅读兴趣的混搭，却能和而不同。现在，全家每天平均读书时间都在两小时以上，说这样的家庭是书香之家，真正是名副其实的了。

美国国家阅读委员会一直积极提倡亲子阅读。他们认为，家庭里为孩子诵读，是"孩子小学毕业之前都应该保持的一种习惯"，认为这种家庭阅读能够从五个方面对孩子产生良好帮助，即：帮助孩子爱上阅读，帮助孩子更好地积累词汇，帮助孩子积累基本的阅读素养，提高孩子的听觉能力，提高阅读素养。

新世纪以来，我国政府越来越重视开展全民阅读，其中把家庭阅读作为一些重点计划进行推广。近四年来，全国已经评选两届"书香之家"，大约有2000个家庭获得"书香之家"的称号，而且申报者远超这个数字。家庭阅读、亲子共读，正在成为一种社会风尚，受到人们广泛的重视。

北京市海淀区橡树湾社区图书馆创始人李岩先生是一位社区公益阅读达人，他创办的"第二书房"在北京全民阅读活动中是一个知名品牌。可是，当我对他有所了解后，认为他最具有典范意义的事迹主要不在于他的公益阅读活动——当然，我了解"第二书房"他已经付出巨大的热情，他最具有典范意义的事迹则是他成功的家庭阅读。李先生的妻子是一位心理咨询师。夫妇俩有一个可爱的女儿。他们用心带着女儿开展家庭阅读，女儿的学业一路成功，这与从小打下的阅读根底关系重大。李先生的妻子根据记录的家庭阅读的心路历程，撰写了两部带有自述性质的书籍：《陪孩子走过小学六年》《陪孩子走过高中三年》，两部书都成为畅销书，至今还在热销中。李先生的女儿如愿以偿地考上了北京大学中文系。她在大二时写下了一本书《一认真你就赢了》，非常贴近青少年的心智成长，也成了一部畅销书。于是，顺理成章，李岩的家庭也成为全国2000个"书香之家"中的一个。

家庭阅读，许多情况是从年轻父母陪伴稚嫩的孩子读书起步。这样的亲子阅读，需要特别注意科学的阅读方法。年轻父母一定要注意幼儿阅读的特点，特别突出的特点是要读图画书和拟人的童话作品，书要有趣味，读起来好玩，而且，不能急着换新书，6岁以下的儿童往往喜欢重复看一本书，听一个经典故事，而且儿童阅读往往是个性化表达的过程，有的儿童就喜欢快速翻阅，而有的儿童却喜欢慢慢寻找图画书中的某些元素。譬如有一本绘有一百层楼的图画书，每一层楼都有独特的内容，有的小孩一翻而过，直接去看最高层的内容，而有的小孩则专注于一层楼里一些共同的东西，譬如这一层楼里有各式各样的楼梯，吸引小孩去观察发现。在亲子阅读过程中，父母要成为孩子细心的观察者、耐心的倾听者、乐此不疲的共读者——既然是共读者，就要真正共读，而不要成为喋喋不休、絮絮叨叨的教育者。北京北海幼儿园老师李鑫女士说过这样一句名言，即"陪伴是最好的教育"。只要父母陪伴着孩子一起阅读，这就是最好的教育，一定要相信，孩子的理解力会水到渠成地不断提高进步的。

从社会生活更深层次来看，开展家庭阅读、亲子共读，不只是一种阅读方式的推广。家庭阅读、亲子共读，对孩子最大的帮助是构建一种健康的生活方式，养成一种可以持续终身的阅读习惯。阅读使人安静。家庭阅读可以使得家庭的文化氛围高雅而和谐。家庭的文化氛围对于提升家庭成员的文化素养具有特别重要的意义。无论是旧时人家"耕读传家""第一件好事还是读书"的传统信条，还是诸如陈宝箴、陈三立、陈寅恪祖孙三代这样的文化世家，都充分证明读书在中国家庭里的厚重意义。特别是我们正处在信息时代和价值多元时期，阅读碎片化、浅表化，正在让一个人良好阅读习惯的养成愈发困难，价值多元，已经使得许多家庭很难形成伦理规范。为此，我们坚持提倡以传统阅读为主，主张完整阅读优秀书籍，较早开始亲子共读，自然而然地形成家庭阅读模式，借此一定程度上消弭信息时代阅读碎片化、浅表化的负面影响，减轻社会现实的负面纷扰给家庭带来的不利干扰，这对于子女的培养和家庭每一位成员的素养都将是一件不可轻看的大事。

3. 校园阅读：习惯养成当此时

国民阅读状况不好，国民教育难辞其咎。虽然，全社会创新能力不足、就业能力不佳、社会风气不好、国民素质低下，如此等等，国民教育都难辞其咎，可是，国民阅读与国民教育事业联系最为直接、最为紧密，其得失成败直接受制于国民教育状况。

国民阅读状况不好，都说是缺乏良好的阅读习惯。那么，一个人的阅读习惯一般在什么时期养成呢？主要就是在青少年时期，在接受国民教育的时期养成。我们国家在不少问题上都有从娃娃抓起的说法，足球就正在从娃娃抓起，显然，改善国民阅读状况,更应当从娃娃抓起。一个人在学习成长阶段没有养成读书的习惯和能力,以后到了工作阶段,指望能多读书、善读书恐怕就很难了。

中国新闻出版研究院的国民阅读状况调查,从第六次(2008年)开始到第十三次(2016年),对我国17周岁以下未成年人图书阅读状况进行专项调查,其中分别对0—8周岁、9—13周岁、14—17周岁未成年人群做调查,主要情况如下:

未成年人图书阅读率

	0—8周岁	9—13周岁	14—17周岁	0—17周岁
第六次	72.30%	93.50%	79.00%	81.40%
第七次	59.90%	89.40%	80.20%	79.00%
第八次	89.40%	92.10%	83.00%	82.70%
第九次	75.20%	93.50%	81.00%	83.10%
第十次	64.50%	96.50%	80.50%	77.00%
第十一次	66.00%	93.50%	79.10%	76.10%
第十二次	59.20%	95.40%	88.30%	76.60%
第十三次	68.10%	98.20%	86.30%	81.10%

从调查得出的数据来看,未成年人总体阅读状况要优于成年人,但作为处在学习成长阶段的人群,这个状况还是问题比较多。特别是9—13周岁年龄段,年度之间存在较大起伏,曾经在个别年度跌破90%,而教育界、阅读界专家有一致的看法,

认为这个年龄段是一个人阅读习惯养成的最重要的时期，而这个时期正处于九年制义务教育阶段，竟然有10%的学生一年里没有读过一本课外书，是不是很成问题？此外，14—17周岁的阅读率基本上停留在80%上下，这个年龄段应当是阅读能力比较强的时期，可能有些孩子已经辍学，而辍学孩子在社会生活中也没能得到相应的阅读服务。

未成年人阅读率不高，其原因当然是多方面的。有经济社会发展不平衡的问题，有社会不良风气影响的问题，也与中小学教育改革还未能真正到位相关。开展素质教育说了十几年了，可应试教育至今还处于主导地位，学生几乎没有多少课余时间来进行阅读，而学校课程的设置基本上没有阅读课。至于中小学语文课上的那种阅读理解，有阅读学的内涵，但过于僵硬刻板，为了应试必然要设置标准答案，而一个标准答案必然破坏掉阅读本身应有的生动性和鲜活感。据我们了解，许多不善于死记硬背的学生还特别畏惧阅读理解这样的课程和试题，这难道不是对阅读的一种破坏吗？

据了解，我国17周岁以下的未成年人在阅读条件、阅读结构等方面也还存在许多问题。

首先，我国的图书馆建设投入不足是国民图书阅读量较少的主要原因之一。到2010年，全国共有公共图书馆2884个，大约平均每45万人才拥有一座图书馆，这与国际标准平均每1.5公里半径内，平均每2万人设置一所图书馆相距甚远。美国、英国、加拿大大约每1万人拥有一座图书馆，德国是6600人，奥地利是4000人，瑞士是3000人。2010年我国人均公共图书馆藏书量为0.46册，与国际标准的人均2册也有相当的差距。公共图书馆建设情况很不利于国民阅读，肯定对于中小学生的阅读造成很大不利。

与此同时，中小学的图书馆建设情况也很令人忧虑。据2008年统计，全国普通中小学共有444177所，建有图书馆的学校是234825所，只达到52.87%；全国小学共有366200所，建有图书馆的只有177015所，只达到48.34%；中学共有77977所，建有图书馆的57810所，也还只达到74.14%。拿我们的近邻韩国来比较吧，2003年韩国共有10324所中小学校，其中小学5455所，中学2846所，高中2023所，平均86.1%的学校设置了图书馆或图书室，设置总数为8352个；其中小学4087个，占小学总数的74.9%；中学2607个，占中学总数的91.6%；高中1858个，占高中总数的91.8%。两相比较，我们的差距也就看出来了。就是在北京这样的全国首善之区，有些区重点中学都没有图书馆，理由当然是设施不足，根子上还是对学生阅读的重视不够。

此外，中小学生在阅读结构方面也存在着失衡问题。2008年4月，某省会城市一个区教育局针对学生阅读状况在各小学做了一次抽样调查，接受调查的小学生基本上能保证每天有1.5小时—2小时的阅读时间，但是阅读的结构不尽合理。在最喜欢和经常阅读的书籍种类多选题中，68%的人选择动漫类图书，在一、二年级这一比例更是高达85%，只有20%—30%的学生选择文学作品，27%的学生选择科普类作品。漫画书大行其道折射出现今儿童阅读结构不合理的问题。调查显示，孩子阅读首先追求的是有趣、好玩以及新鲜、刺激的阅读感受，而对于知识和文字表达的兴趣则较为次要。但随着年龄增长，如果孩子一直停留在简单、直观的图画阅读阶段，他们的思维能力将很难提高。造成这种阅读结构不合理的原因，主要在于一些家长和老师受限于自己的阅读经历和知识结构，没有在关键时期对孩子进行科学引导，孩子在3—6岁应该读图的年龄没有读图，而到了应该进行文字阅读的小学阶段还对图画书过度痴迷，造成了对孩子认知能力不利的阅读习惯。

美国伊利诺依大学阅读研究中心主任、北美三大著名的教育心理学家之一理查德·安德鲁先生到中国来考察，做出一个关于分享阅读的报告。报告指出，中国的孩子缺乏大量的阅读，缺乏能够提供儿童大量阅读的环境。中国儿童的阅读量主要是从课文、教材中出来的。所以，一年级中国儿童每年的阅读量大概是4900字，比美国儿童阅读量的1/6还要少。一项调查显示：西方发达国家儿童在6—9个月时就开始阅读，而中国儿童则普遍要到2—3岁才开始阅读。美国儿童在4岁后进入独立的、自主性的大量阅读阶段，而中国儿童平均到8岁才能达到这个水平。对孩子的教育，平时听得比较多的一个说法是"不能让孩子输在起跑线上"，可眼下就阅读这一项，我国儿童的学习能力就已经明显落后了。

2016年3月末，在网上读到毕业于美国哥伦比亚大学并获得该校口述历史硕士学位的范海涛的一篇文章,题目是《美国小学生究竟读了多少书?——重视阅读和写作的美国教育》。范海涛作为一名中国留学生,对于中美两国学生阅读状况做了一番真切的调查。

  在美国大学读了两年研究生,最惊讶的是同班同学的阅读量和阅读能力。第一节口述历史的方法论课,教授布置的阅读量就是一二百页。随后,老师指着一本300页左右的书说:"如果有余力,你可以再读完这本书。"当时我震惊于美国教育中的阅读要求。全班同学有三个人在除了几百页的阅读材料之外读完了这本约300页的书,占全班同学的30%。

  后来我和美国同学们交谈发现,美国教育从小就比较重视阅读能力。因此他们的阅读能力来自长期的培养。从小学开始,语文老师就会提供各种不同的阅读材料让大家阅读,然后根据阅读写作各种有意思的论文。在高中时,他们做的研究性论文更是大大开启了同学的批判性思维。而这种思维更是中国同学最欠缺的。

  我逐渐明白,美国的教学方法并不单纯看重阅读速度和数量,而是着重构建阅读和思考之间的关系。

范海涛在文章中指出,阅读和写作贯穿着美国的整个教育。

美国的教学质量和学生所处学区关联度很大,每个学区的教学质量区别很大。但是总体来讲,美国整个教育系统对阅读都非常重视……阅读和写作从小学起就是非常重要的学习方向。比如美国的中小学从来没有暑假作业,但是老师会鼓励大家在暑期阅读,可以读任何你想读的书,然后交出阅读感想。有的学生会在一个暑假阅读几十本书。

很多国人以为中国的考试最注重标准化考试,而美国教育中评分标准更为弹性……其实从奥巴马政府以来越来越重视标准化考试。首先是教学大纲的标准化,然后是以州为基础的标准化考试。如果州不执行标准化考试,则得不到联邦的教育拨款。而在标准化考试中,各州都把英文以及英文写作列为非常重要的部分。

小学的州考,就包括说明文写作、阅读和数学三项,而中学的州考,就变成了议论文。

一个美国中学生告诉范海涛:"阅读就是一种习惯,当读的多了,阅读就变成了一种享受。"除了课堂上的阅读,这个男孩还经常去公立图书馆找自己喜欢的书目去读。因为教育培养了他对阅读的热爱。

毋庸讳言,中美教育体制、理念和实践相对比之下,肯定是各有所长。比较两国的教育不是本书的任务。但是,出于本书所要表达的主题和理念,我们要坦率地指出,美国式的把阅读和写作贯穿于整个教育的做法,肯定是有利于青少年一代阅读力的培养和提高的。当我们国家开始重视全民阅读之后，我们中小学的教育如何通过改革调整从而有利于学生阅读力的培养和提高，应当成为摆在教育系统面前的一个重要问题，需要尽快予以解决。

应当坦诚地承认，在我国的教育体系中，学生的阅读力并没有得到真正的重视。在欧美国家的大学里，阅读学被当成一个独立学科受到重视。大学本科学习期间一定是有阅读课的，至于中小学，更是一定要有阅读课的。可我们的中小学只是在教语文的时候有一些诵读安排，而且我们的诵读主要目的在于促成学生对重点课文的记忆，并不主要是阅读能力的培养。教育部注意到了我国中小学生阅读量的不足，从2000年起，修订九年义务教育中小学语文教学大纲，开始规定课外阅读书目篇章，其后，中小学语文新课程标准更加突出课外阅读量，这些都是很好的。可是，到目前为止，我们的中小学生的阅读还只是在阅读内容上下力气，至于应该怎样认识阅读，怎样进行阅读，怎样提高阅读能力，并没有专门的教育。即便是到了大学也还没有专门的阅读教育。在欧美大学里，阅读学是一门选修课甚至是必修课。我们的大学除了图书馆系外，基本上没有开这门课程。美国的大学生一般被要求一周500页的阅读量，而我们的大学好像一般没有规定。我国大学研究阅读学的教师主要出自图书馆学专业，其授课对象主要是图书馆系的学生，好像除了图书馆系，其他专业的学生都不需要学习阅读学似的。其实，阅读学应当是一门通识课，所有学生都应当学习。一个人的成长、心智的发育，都应当建立在阅读的基础上。有人指出，我们的国民阅读率低下的重要原因之一就是应试教育的危害。这并非妄言。不过，除了应试教育的危害外，整个教育系统在阅读学教学方面的缺失，也是一个重要原因。我们的看法是，要想全体国民特别是青少年一代提高阅读力，就要进一步推进教育改革，开展阅读学的教学，精心组织校园阅读，这是与家庭阅读同等重要的社会化阅读。如果大家还注意到亿万家庭状况参差不齐、贫富不均的现状的话，那么，校园阅读比家庭阅读就显得更为重要了。

4. 读书会：为了阅读的聚会

说到风靡于当下的读书会，似乎可以先回顾一下自古以来人们为了阅读而形成的聚会习惯。

都说阅读是个人的事情，可是，自古至今，我们却看到无数读书人不仅需要拜师求教，还喜欢寻求阅读的交流对象，寻找阅读的伙伴，乐此不疲于为了阅读的聚会。孔子办学课徒，不知是否也算得上一种为了阅读的聚会，可是他为了问学前去拜访老子，应当算得上是去寻求阅读交流的对象吧。当时"天子失官，学在四夷"，私学兴起。其中前后有3000人聚集到孔子门下，拜师求教，寻求交流，寻找伙伴，当然就是一种为了阅读的聚会了。

自古以来，中国就有一个非常好的传统，只要有可能，文人就乐意聚集到一起读书和交流，称之为文人雅集，绵延至今。这样的聚会自然是为了阅读的聚会。

早在春秋战国时期，许多诸侯王公就喜欢招揽门生食客在家中聚集，谈古论今，此类场景在《诗经》中就有出现，比如我们熟知的"呦呦鹿鸣，食野之苹。我有嘉宾，鼓瑟吹笙"，就来自《诗经·小雅》的开篇。"战国四公子"孟尝君、信陵君、平原君、春申君，聚集在他们各自门下的文人学者都超过3000人，是何等壮观的文人麇集。齐国的君王更是重视集中文人学者的智慧，创办了"稷下学宫"。"稷"是齐国国都临淄城（今山东省淄博市）一处城门的名称，齐国在此设立学宫，因稷门而得名为"稷下学宫"，作为当时百家争鸣的固定场所。"稷下学宫"兴盛时曾容纳了当时"诸子百家"中的几乎各个学派，汇集贤士多达千人，当时著名学者如孟子（孟轲）、邹子（邹衍）、田骈、慎子（慎到）、申子（申不害）、荀子（荀况）等先后来此讲学。凡到"稷下学宫"的文人学者，无论国别身份，也无论见解高下，都可以自由发表意见，互相争辩、诘难、吸收，从而使得"稷下学宫"成为当时各学派荟萃的中心。可以说，"稷下学宫"是世界上第一所由官方举办、私家主持的特殊形式的"学术交流中心"。

秦汉以降，风气不改，汉武帝时期，淮南王刘安身边就有文人几十位，不少人还都有作品流传下来，被后人辑为《淮南子》一书流传至今。魏晋时代，更是雅集成风。曹操身边就聚集了孔融、王粲等著名的"建安七子"和女诗人蔡文姬等。曹操攻下邺城后,邀约一大批当地名士,在文昌殿西侧的铜雀园(西园)聚会,这次雅集产生了不少诗歌,成为文学史上"建安文学"的重要发端,这次聚会,也被称为"邺下雅集"而铭记史书。

如果说秦汉之际,文人学者的聚集大都还是帝王所为,那么,魏晋以后,文人学者们就大都凭志趣相投,互相邀约,以文会友。这样的雅集产生了很多著名的关于玄学的辩论,催生了一个文人意识觉醒的时代。大书法家王羲之的名篇《兰亭集序》记载的就是东晋时期他和四十多位文人墨客会于兰亭、曲水流觞、饮酒赋诗、畅叙幽情的生动情景。东晋时期出现了中国古代第一个以"社"命名的社团组织,即"白莲社",共有123人在庐山东林寺白莲池聚会而成。唐代大诗人白居易晚年时组织"九老会",邀约诗友切磋诗艺,诗酒唱和,创作许多富有禅境禅意的诗篇,也成为诗界的美谈。

到明清时期,雅集更成了文人的人以群分、各有主张的集会。先是有东林党和复社,当时文人聚集,不仅谈古论今,还会发表政见,对朝廷颇具影响。后来又有了"前七子""后七子""公安派""竟陵派""唐宋派""桐城派"等,文人们聚在一起品艺论文,宣示古文主张,很是影响当时的读书和作文。

文人雅集的风气一直延续到20世纪上半世纪,当时正值西学东渐、思想激荡之时,一时聚集起了新潮社、文学研究会、太阳社、创造社、新月社等许多著名团体,许多著名文人聚在一起交流学术，酝酿新作品，共创新流派。有的文人雅集则完全是兴之所至，随性而集。例如当时著名的"太太的客厅"，就是著名女诗人林徽因的客厅成为许多著名作家、学者雅聚的地方，徐志摩、胡适、沈从文、杨振声、朱光潜、萧乾、金岳霖等都是客厅的常客，大家在一起喝下午茶，谈艺论文，各抒己见。这样的雅集，意在平等交流，汲取真知灼见，并不为了什么一致的主张，自然也是一种为了阅读的聚会。

许多时候，为了阅读的聚会，收获的不只是阅读，而是远远超出阅读本身的思想启迪和精神提振。抗战时期，杰出的现代出版家邹韬奋领导生活书店辗转于上海、武汉、重庆，当时他全力投身于抗战出版事业，却不曾忘记带领书店员工读书学习。韬奋先生鼓励员工组成读书会，加强思想交流。全店每月至少安排一次读书报告会，有时他直接主持报告会，让员工们交流读书心得。尽管当时生活书店的生存条件非常困难，可由于有了读书会，员工们开阔了视野，舒展了心胸，这个团队实现了空前的团结。

进入新世纪后，我国的国民阅读状况在不断地得到改善。特别是近十年来，全民阅读受到了全社会的高度重视，全民阅读逐步形成热潮。这一热潮的重要标志之一，就是社会上自发成立了各式各样的读书会。这些读书会有政府机关企事业单位组织建立的，也有大中小学学生自行建立的，还有很多是民间书友三五成群而建，网络读书小组更是普遍现象。据不完全统计，深圳一个城市就有100多个读书会，而超出实体读书会之外的移动互联网的读书会还不在统计之内。我所知道的微信公众号"不止读书",就是深圳一位叫作魏小河的年轻人创办的,竟然有30多万个粉丝,也就是说,这位年轻人领衔的"不止读书"每天有30多万人有一次时间或长或短的雅集。不要说这在几十年前是不可思议的,就是在十多年前这也是难以想象的。据说,现在北京的读书会已经超过200多个,而且每天还在不断地生长。而豆瓣网上那随时都在组建而成的阅读小组,其速度、其数量更是令人应接不暇。

读书会——为了阅读的聚会,在移动互联网时代,将成为人们阅读的一种重要路径。

为此,我对三个读书会做了一些了解。

第一个读书会是深圳后院读书会。成立于2009年10月的后院读书会是一个自发的民间阅读兴趣小组。后院名字来源于深圳一家餐厅。最初,后院读书会的活动几乎都安排在那家餐厅的后院里进行。现在,后院则被赋予了另外的含义,后院意味着闲暇、自由、多元、低调、开放、个人和边缘……读书会成员主要是一些记者、编辑、设计师、广告人、律师、医生、公司白领、教师、投资人等。后院读书会目前是非会员制的,这就意味着任何人都可以来参加活动,也可以随时退出。至今,来过后院的人已达数百,有三十个左右的会员经常参加活动,被大家认为是资深会员。

为了读书会合法合规,2012年9月,后院读书会在深圳市民管局正式注册为民办非企业组织——深圳市后院阅读文化发展中心。这样一来,也就意味着这家读书会可以长久稳定地活动下去。

后院读书会,初建时每周有一场阅读活动,后来则调整为每两周一次。活动的方式,先确定一个主讲人——这个人可以是受邀请而来的,也可以自己提出来主讲某个主题。主讲人先用一段完整的时间介绍主题,然后大家提出问题,参与讨论。主讲的题目五花八门,有时候是一本书或者是数本书,有时候则是一个热门话题。

后院读书会为什么能够持续活动 8 个年头、开展过两百多场的读书活动?资深会员们说,主要是大家有了一致的对读书意趣的理解,那就是:阅读无边界,阅读可以跨界,阅读需要交流,阅读是多元的,阅读是实现自由的一种方式,阅读以及伴随而来的思考交流,为我们提供了一种不同于工作和休闲的"第三种时光"——那就是闲暇。闲暇是身体放松,精神活跃,闲暇甚至是文明产生的摇篮。因此,后院读书会的口号是:岁月如书,后院读过。

第二个读书会的名字很别致:爱读书会。

深圳后院读书会无论其规模还是其活动力都颇具影响,而广州有一家读书会,叫作爱读书会,虽然没有后院读书会那样的规模,却也获得了很好的效果。

爱读书会成立于 2009 年 11 月,只有四位志趣相投的年轻人,一男三女。爱读书会的主题口号是:"爱读书的都是好孩子。" 2009 年 11 月 17 日第一次聚会,主题就是"孤岛一本书——

如果将你无限期流放荒岛，只能带一本书，你会带哪本？"一个多么具有挑战性的主题！事实上他们是向各自对书籍的判断和追求发出追问。从第一个主题的设立看得出来，爱读书会更为重视的不是"读不读"，而是"读什么"。

自开始活动以来，这么多年了，可想而知，四个人的个人生活已经发生了一些变化，但是，爱读书会一直按照最初定下的每周二晚上7点到9点进行活动，风雨无阻。

爱读书会一开始就特别重视"读什么"，这已经成为他们的招牌。于是《羊城晚报》找到他们，请他们以爱读书会的名义每一周或每两周推荐一次好书，这个栏目也成了《羊城晚报》受到爱读书的读者欢迎的栏目之一。

第三个要介绍的是人民出版社读书会。

人民出版社是我国排位第一的国家级出版社。这样一个具有官方背景的出版社，在近三年里在首都北京把读书会办得风生水起，这当中颇具其自家的特色。

这个读书会的特色就是为读书提供公益性服务。读书会设计了诸多阅读服务项目，组织全国好书和专家进校园、进机关，走进年轻人中间，同时，读书会还借助首都北京的优势资源，为全国各地的读书会提供培训服务。

人民出版社读书会的阅读服务项目有："把书读出来"，即与中国国际广播电台环球资讯频道合作，通过线上广播和线下活动，诵读名篇佳作；"亲子阅读"，旨在激发儿童阅读兴趣，用图书营造和谐家庭；"公益一刻钟"，即利用每期读书会开始前的15分钟,对一个公益组织或志愿服务项目进行宣讲;"换书易书",即在每场读书会活动结束后,读者可以用带来的旧书交换一本新书;"公益书架",针对医院、大型商场、车站、地铁等人流密集的公共场所投放由人民出版社读书会捐赠的书籍,营造书香环境,推动全民阅读;"相亲读书会"则是人民出版社读书会与共青团中央网络影视中心合作为广大男女青年相亲交友量身打造的线下活动。以书会友,因书结缘,通过图书相识、相知、相恋。

这些活动,很显然都是公益性的,而且颇具新意,让我们体会到一种主动服务的公益精神。

人民出版社读书会举办的读书会,更是主动走进年轻人中间。截至2016年7月15日,已举办75期读书会。他们先后走进北京大学、中国政法大学、北京外国语大学、北京师范大学、首都师范大学、中国人民公安大学、中国青年政治学院、中国劳动关系学院、北京中医药大学和中国科学院、工业和信息化部、中国国际广播电台等政府机关、科研院所和机构。可以想见,要送去什么样的好书和怎样的专家,才能在这些"知识的高地"把读书会办得好评如潮。

到2016年9月,人民出版社读书会已经举办了三期读书会培训班,来自全国近200家读书会的代表参加了培训。这些培训当然也都是免费提供的。

身处移动互联网时代的人民出版社读书会,自然要实施线上线下互动运作。他们的社交平台(www.dushuhui423.com)以及微信公众号（rmcbsdsh）也已经取得了足以与线下活动影响力相匹配的效果。自2015年8月以来，目前入驻的名家、团体、出版社、兴趣读书会1000余家，注册人数近30万人，访问量738万人次，发布新书1620余种，实现了新书发布、话题讨论、限时阅读、直播间、活动报名、书摘书评、阅读快讯、社交圈、今日推荐、公开课、直播等基本功能。微信公众号自2015年8月创建以来，每周一、三、五早上定时发布内容，共发布文章600余篇，总阅读数超过115万次，关注人数超过3万人，在中国新媒体第一站22万公众号排名中，最优排名为567名。

他们的线上平台还举办了Logo大赛和微书评大赛，开设了《好好学习》《为你读书》《最强书友》《直播间》等栏目。习惯于在线上活动的青年网友，已经对人民出版社读书会不陌生了。

上面介绍了三个读书会，这是新世纪以来，特别是全社会都在倡导全民阅读的背景下，比较典型的社会性读书会，第一种"后院读书会"，是一种读书与现场交流结合的模式；第二种"爱读书会"，是一种读书与社会荐书结合的模式；第三种"人民出版社读书会"，是一种为读书提供公益性第三方服务的模式。

可以说，这三种模式都具有比较突出的社会性内涵，我们的社会因为有了这些社会化读书会，而愈发显得书香四溢。尤其是第三种纯公益性读书第三方服务模式，在很多城市涌现出来。江苏省徐州市有一个"花时间读书会"，注册为社会服务机构。以营造社会阅读氛围，推广阅读文化为宗旨，以让阅读成为每个人的生活常态为愿景。结合阅读推广与公益创业，致力于通过组织公益阅读活动。这个读书会创新发展PDA模型，依据针对性、延展力、行动力三大基本原则，针对不同人群的阅读需求，在过去两年时间里，坚持每周一次小型阅读沙龙，每月一次大型活动，举办了100余场小型沙龙，30余场大型讲座，开设了8种特色活动，微信公众号推送了200余篇优秀文章，会员年人均阅读量达到50本，活动参与人次达1万余人。

与人民出版社读书会同样都是出自媒体的山东广播电视台青少频道"泰山读书会"，以学生及其家庭为主，现有会员1400多个家庭。这个读书会成立一年多来，线下活动20余场，线上月月有不同主题的活动。其中"图书漂流活动"营造学校及其社区家庭的读书氛围，"21日阅读习惯"带动许多家庭开展亲子共读，世界读书日的"读书快闪活动"在许多公共场所激发市民读书的兴趣。

作为一个有志于读书的现代读者，应当在当下社会化读书的热潮中对读书会做出选择，我们可以在读书会里接触到新书好书的信息，可以与读书高人交流，享受"听君一席话，胜读十年书"的人生快感，可以在许多读书活动中提振自己持续读书的信心，养成读书的好习惯，形成自己的阅读力。

当然，作为个人阅读力的提升，我们最为提倡的读书会就是那种纯粹的读书会，是那种三五好友——多几位也没关系，不过，太多了就可能脱离读书本身——有规律地共同读书交流。参加这样的读书会不大可能因为人际交往内涵的增加而使得读书因素被消解。尤其是那种二人读书会，只要双方是有志者，读书就最能持久。曾经写作过《阅读的力量》《经典的力量》等书的日本明治大学斋藤孝教授，他中学毕业后跟一个中学同学成立了读书会，定期阅读交流持续进行了十多年，直到三十多岁，因为双方工作变化而不再住同一个城市才结束。

　　不难想象，像斋藤孝教授这样的二人读书会，对他们二人这十几年的阅读带来多么大的受益。至少，定期读完一本书，而且原则上得有感而发，有话可说，那么，这就注定要大家都读有所得，这是提高阅读力最有效的功课之一。

5. 社区阅读：闲暇的伟力

　　社区阅读是阅读最具有社会性的一种众读方式。家庭阅读是稳定的，但并不具有社会性；校园阅读也是稳定的，但具有阶段性，并不稳定；读书会具有社会性，但也还是不够稳定的，因为这种组合有赖于发起者、组织者的凝聚力和感召力。而社区阅读，最具有社会性，同时又相对前面几种方式，其稳定性要比较高。许多人在结束日常工作后，通常要回到社区度过闲暇的时间，这些闲暇的时间，除了用于食宿、家务、交流，阅读当然也是题中应有之义。

　　有专家指出，我国国民生活休闲时间的比例已经极大增加，大约占到50%，而且还有上升的趋势。那么，休闲时间的使用也就成了人们应当重视的问题。现代出版家邹韬奋曾经写过一篇随笔《闲暇的伟力》，建议人们重视日常生活中的闲暇时间，用好闲暇时间，很有见地。他说，一个人虽忙，每天只要能抽出一小时，如果用得其法，虽属常人也能精熟一种专门科学。每日一小时，积到十年，本属毫无知识的人，也会成为富有学识的人。尤其是年轻的人，在本有工作之外，遇有闲暇时候，总需有一种"心之所好"的有益的事做。他在文章中举19世纪英国著名政治家格兰斯顿为例，格兰斯顿一生无论什么时候，身边总带一本小书，一有闲暇的时候，就翻来看。大家只晓得他的学识深湛，而不晓得他却是从利用闲暇伟力得来的。邹韬奋建议大家重视闲暇时间的读书学习，乐在其中，乐此不疲，终有"心之所好"的收益。由韬奋讨论闲暇的意义想到现代人的社区生活。社区是一般居民最主要的休闲所在，倘若在这最主要的休闲所在随时可以接触阅读，特别是能接触自己所喜欢的阅读，有益的阅读，真是有益于世道人心的大好事。

北京市海淀区诚品建筑社区位于海淀区曙光街道，社区建设之初提出了"学者的生活、生活的学者"的新文化概念，专门建设了诚品建筑图书馆。图书馆建筑面积386平方米，共有阅览席88位，分布于图书展示区、借阅区、阅览区以及读者交流区。图书馆内书香伴着咖啡的香味，环境清新优雅。图书馆3万余册的藏书中，名家及社区居民推荐并赠送图书近3000册，海淀图书馆赠书3000册，馆内所有的图书居民均可以随意翻阅。诚品社区以图书馆为固定的活动场所，坚持定期举办文化活动,作为整个社区的长期文化消费品。自2004年起,这个社区图书馆共举办了100余次"名家讲堂""读书会""文化沙龙"和"书友会"等各种形式的文化示范和阅读活动。诚品建筑社区把社区阅读的目标定为"书香社区",每月至少举办2次公益性文化活动。坐落在社区中心地带的社区阅读中心,无疑已经成为社区最具人气的场所,可以称得上是"处处飘书香,人人有书香"。

如果说前面介绍的诚品建筑社区的阅读活动具有比较接近于"高大上"的条件,通常让人感觉到不可复制,那么,位于东五环外的北京市朝阳区东坝乡为外来务工人员的主要聚居地之一,有1300多户家庭,82%为外来务工人员,东坝社区中心为打工子弟创办了绿孩子亲子阅读会,就具有较高的示范推广价值。2009年10月在这里成立了一个绿孩子儿童阅读研究中心,专注于儿童阅读理念、规律、文本和方法的收集与研究,这是完全由一批80后年轻人主动创办起来的公益阅读推广机构,这个机构发动成立了绿孩子亲子阅读会。

绿孩子阅读会自2012年3月第一周起,启动招募首都图书馆培训的种子故事人作为项目义工,这些义工在农民工社区的2—4岁宝宝的家庭中开展亲子阅读。通过义工的示范、解答和交流,陪伴农民工社区家庭学习、实践亲子阅读的理念和方法;邀请专业人士来社区中心开设家庭教育的工作坊、读书会,促进城市社区家庭和农民工社区家庭的相互了解、学习,用家庭去影响家庭。每周二定期开展以绘本阅读为核心的活动。

活动内容有五项：好书推荐、大声朗读示范、自由亲子阅读、答疑解惑、妈妈读书会。每次活动由义工讲师推荐5本图画书，分析推荐理由，并且大声朗读其中的两本答疑解惑和妈妈读书会；义工围绕亲子阅读和家庭教育，每周一个主题，介绍相关的方法和案例。活动中更多的时间开放给所有家庭提问，由讲师结合自身的经验，进行回答和分享。可以说，在全民阅读活动中，像绿孩子阅读会这样关注弱势群体，关注科学的阅读推广方法，注重效果评估的社区阅读组织正在逐渐增多，对国民阅读力的提高发挥明显的推动作用。

在社区阅读活动中，应当努力形成一种常态性的快乐阅读的模式，如此方可能使得阅读成为社区居民日常生活的一部分。北京朝阳区百子湾金都杭城社区是知名的全职妈妈读书会——妙妈悦读的活动基地。这个读书会拥有70后和80后的全职妈妈近250位，大多拥有良好的教育和工作背景。这个读书会通过嘉宾主持、好书分享、亲子互动、大群讨论等方式，以每周一次的频率推广阅读，读书会把社区的全职妈妈团结起来，丰富了她们的业余生活，提升了子女的教育品质。

像全职妈妈读书会——妙妈悦读这样的社区阅读组织越来越受到关注和欢迎。现在越来越多的家庭意识到，阅读是儿童成长过程当中不可或缺的重要一环，而亲子阅读是家庭教育极其重要的方式。亲子阅读不仅是孩子的心理需求，也是对孩子进行启蒙教育的绝佳方式。社区阅读活动中亲子阅读也必将成为今后的主要内容。也正因为社区阅读中亲子阅读内容日趋丰富，特点日趋突出，对成年人的阅读也会相应地提出注意发挥表率示范作用的要求，从而对社区阅读活动中价值观、思想道德、语言艺术、文化底蕴、审美情趣等都会产生很好的引导作用。

现在，农村社区一样也在努力形成快乐阅读的模式。在风景优美的北京远郊平谷区黄松峪乡，有一个仅有50余户人家的雕窝村，村里不仅开有书店，还建有益民书屋（即北京市组织建设的农家书屋），此外，还有社区图书馆网络阅览室、绘本馆读书会、读书沙龙等，长期开展好书推荐、书评笔会、诗歌朗诵会、知识讲座等活动。尤其具有可持续发展条件的是，村里还将阅读与农家院旅游相结合，在每个农家院设立书架，供村民和游客翻阅，这里的农家院旅游不仅有鸟语花香，还有琅琅书声和幽幽书香，为旅游者的身心健康营造了一片绿色而友好的环境。

事实上，雕窝村社区阅读模式，可以给社区农家带来快乐，不仅在于阅读本身使人快乐，还在于其模式的可持续性。雕窝村社区阅读模式具有目前政府所倡导的 PPP（Public–Private–Partnership）性质，即政府与私人组织合作开展公共服务新模式。以政府组织建设的益民书屋为主干的社区阅读活动，与这里的农家院旅游结合，形成既有公共服务内涵，又有经营性收益的模式，更好地释放个体、企业参与公益事业的热情与能量，从而以更高效率、更低成本推动全民阅读持续发展。据悉，现在不少城市的社区阅读活动就正在吸引各种文化经营公司参与其间，由此形成更有生机和活力的阅读活动模式。

七　如何找到好书

1. 找好书很重要吗？

找好书很重要吗？这好像不成其为问题，因为智力正常的人都会说重要。可是，又有多少人以郑重态度去选择阅读对象呢？仔细想想，连同我在内的许多人，随手抄一本书，随便翻翻的事情经常发生。宋太宗皇帝的名言"开卷有益"流传一千多年，渐渐演变成了后人的一种信念，即：只要打开书本，就一定受益。其实，这不过是劝人读书的一句口号，是经不起推敲的，古往今来，坏书烂书可以说是一地鸡毛，现今我国出版业年出书早已超过40万种，谁敢保证本本开卷有益？至于宋太宗所说的"开卷有益"，那是有具体所指的，这位皇帝读的是《太平御览》，是内含1600卷经典古籍重要内容的一套大型类书，大体来说，那些经典还是称得上"开卷有益"的。

我们讨论阅读力，最终还是要讨论到读什么书这个根本问题上来。

有人说，要想看清一个人怎么样，可以通过看他交什么样的朋友，也可以通过看他正在读什么书，有所察觉。可见，一个人读什么书一定程度关系到他的心性。世界名剧《哈姆雷特》第二幕第二场中，御前大臣波洛涅斯奉命前来探查哈姆雷特，哈姆雷特正在读一本书，大臣赶紧问道："殿下，您在读什么书？"王子殿下语带讥诮，自言自语道："空话，空话！"大臣无法从读书这件事情探查到哈姆雷特复杂的内心世界。这是莎士比亚在这部不朽名剧中留下的一个谜。我敢说，许多观众对此总有点儿心有不甘，他们希望知道内心极度复杂的哈姆雷特到底读的是一本什么书。可见，一个人读什么书，常常成为人们彼此关注的一件不可小觑的事情。

18世纪德国著名哲学家费尔巴哈说过这样一句名言："人是他吃的食物。"许多人是信服这句名言的。那么，我们也可以模仿这个意思来谈读书，那就是：人是他所读的书籍。当然，费尔巴哈的名言只不过是非常唯物主义的一个论断，因为人离不开他生长生活的物质条件，可外在的精神条件还会发挥某些作用，这也是不能完全忽略的。很不幸的是，费尔巴哈的这一论断正好被人用来评价他的学说。恩格斯在《费尔巴哈论》一书中讨论费尔巴哈为什么在后来没有什么学术贡献，他说：费尔巴哈后来居住在穷乡僻壤，没有机会和与自己才智相当的人进行交流，没有了正面的交流，哪怕是敌对的辩论，所以他的思想就慢慢减退了，没有活力了。当时费尔巴哈是受到德国政府的迫害而被禁锢在穷乡僻壤，这当然是很不幸的，可幸运的是，他的不幸遭遇恰好证明了自己的论断是一个真理。

美国教育家莫蒂默·阿德勒在《论阅读》中说："我们只有从比我们优异的人那里才能学到东西。所以，我们必须知道谁比我们优异，如何去向他们学，能搞清楚这两个问题的人，也就是我们所说的有读书艺术的人。或许我们每个人都有这种阅读能力，只要我们把阅读的技巧应用于比较有价值的著作上，并且努力去阅读，我们绝对都可以读得更好，获得更多。"莫蒂默·阿德勒讲得相当全面，一方面指出了阅读的目的性，又强调了阅读能力的重要性，再就是强调了要"应用于比较有价值的著作上"。因为，有时候一本适时的好书能够决定一个人的命运，或者成为他的指路明灯，确定他终生的理想。

当代经济学家王巍写过一篇随笔《窃书决定人生》，讲述自己的亲身经历，对读书特别是对读不同的书产生不同的人生效应和价值，发表了相当精彩的见解。他在文章中讲道，70年代初期，他还是初中生，当时的教育粗陋而且畸形，"文化大革命"以清除旧社会的污泥浊水为名，彻底扫荡了几乎所有的知识文本和教学体系，大部分图书都被划成了反动书籍或者"黄书"一列，无论官方和民间，都形成了大面积的书荒，这对正在嗷嗷待哺的中学生真正是精神的窒息。"如同今天的超级女声一样，当年，搜寻出一本好书就是我们巨大的成就"。当时，一个赤脚医生用生姜热敷在脸上治疗近视眼，流行一时。王巍和几位好书的朋友就参与了这种治疗。几个疗程下来，效果并不明显,医生也失去了兴趣,将他们安排在一个工厂的办公室里进行自助式治疗。在无聊的等待中,他猛然察觉到这是个占领过许多学校的工人宣传队的办公室,保存着各种收缴物品。他们发现,墙角有个大铁柜好像是书柜,于是十分兴奋,紧张地琢磨找机会打开书柜。在疗程的最后一天,他和两位朋友带上了工具,在黄昏中撬开了柜子,拿了一大包发了霉的旧书溜回到王巍家。他们熟知鲁迅文章中孔乙己的名言:"窃书不能算偷,读书人的事,能算偷么!"所以也不怎么害怕。紧接着他们三个人分书,年长几岁的盛姓朋友崇尚"学好数理化,走遍全天下"的信念,先选了一半基本都是物理化学和哲学之类的书。王巍没有选择,只好拿了东北翻译局印的竖版的郭大力译本《剩余价值学说史》两册,斯大林的《苏联社会主义经济问题》,还有巴甫洛夫的《心理学》和李时珍的《本草纲目》等杂书。另一位张姓兄弟则挑了些别林斯基的美学理论、冯至诗选等。这个故事有趣的是窃书之后。姓盛的年轻人有那几本窃书垫底,寒窗苦读,终于在美国拿了康奈尔大学的科学哲学博士,后来回到厦门大学当教授,享有盛誉。爱好美学和诗歌的张某已经成为小有名气的诗人。王巍则稀里糊涂地从剩余价值入手,从会计学到金融,最后也在美国拿了经济博士学位,回国折腾了几遭,未能跳出命运之手,现在仍以公司价值分析为本行。"看来,窃书决定人生,这就是我们几个人的写照。"

与其说王巍先生"窃书决定人生",还不如说,读什么书,就可能有什么样的人生。

与王巍相似的读书故事可谓不胜枚举。我们想起了法国哲学家笛卡儿和英国作家哈代的读书故事。

在哲学上说出"我思故我在"名言的法国哲学家笛卡儿，8岁进入耶稣会公学，接受传统教育，但他对学校传授的中世纪学说越来越不满意，就课外阅读了大量杂志，接触到新的思想。从公学毕业后，笛卡儿决心用自己的理性解决科学问题。他对法学、医学、力学、数学、光学、气象学、天文学，以至音乐都有研究的兴趣，并且接触到了各方面的学者。以至于对经院哲学提出批判，建立了自己的认识方法和哲学体系，从而成为17世纪法国著名物理学家和西方近代哲学的创始人之一以及二元论者与唯理论者。

英国作家托马斯·哈代，也是凭借书籍改变了人生轨迹的人。哈代8岁开始在农村上学，一年后，转到郡城一所拉丁文学校学习。16岁离开学校，在伦敦给一名建筑师当学徒。后来他自学希腊文，阅读《圣经》，学习神学，还去伦敦大学皇家学院听课。在斯温伯恩的诗歌和达尔文《物种起源》、约翰·斯图亚特·穆勒《论自由》等书籍的影响下，他对宇宙、对人生形成了自己的看法，不久即完全致力于文学创作，写出深刻反映社会矛盾的《返乡》和震撼人心的《德伯家的苔丝》等长篇小说，成为19世纪英国颇具影响力的大作家。

凡此种种，让我们不得不对选择书籍的重要性愈发重视起来。前面所举的例证均是正面而美好的故事，事实上，古往今来，读书求知路上有多少"入歧途泣之而返"的故事，令人不堪回首。由此想到我们的阅读生活中，有多少好书推荐榜见诸各种媒体，有多少好书推荐公众号在移动互联网上发布，还有一些大咖、网红们在微博、微信上每天都在向粉丝大力推荐书籍，可想而知，这些书籍会引动多少读者的求知欲。我们愿意相信推荐的这些书籍都是精心挑选出来的，可是，我们更希望大家挑选书籍要永远如此这般精心做下去，因为，偶尔不经意推荐出来的一本坏书烂书，只要混迹于精品书目中，完全有可能让若干缺乏辨别力的读者误入歧途。即便不是坏书烂书，而是一些有失水准的书，这样的次品看多了也会倒了胃口，蒙蔽了眼睛，迷乱了脑筋，即便我们有抵抗力，不受伤害，可是它耽误我们宝贵的时光，也是一件让人沮丧的事情。鲁迅先生有一句名言："阅读是一次冒险。"诚哉斯言！读者们，我们要警惕。

2. 90 年前的一次荐书活动

在对图书推荐活动发表了一番感慨后，忽然想起 90 年前曾经有过一次著名的荐书活动，那一次活动之所以著名，一是因为参加荐书活动的人士有相当多数的文化学术大家，以人而名；二是因为鲁迅先生参加了活动而交了"白卷"，且发表了一番惊世骇俗之论。转瞬之间，90 年过去了，鲁迅的箴言言犹在耳，各种荐书活动照样如火如荼，可见，阅读社会依然有荐书的需求。为此，我们有必要把90年前那次著名荐书活动的概况做一下回顾，对今后的荐书活动和阅读书目的选择，庶几有些帮助。

1925年新年伊始，著名编辑孙伏园主持的《京报副刊》邀请名人为青年推荐必读书。那次活动让人们最难忘的是鲁迅交"白卷"。鲁迅在报纸的荐书单上这样写道：

> 从来没有留心过，所以现在说不出。
>
> 但我要趁这机会，略说自己的经验，以供若干读者的参考——我看中国书时，总觉得就沉静下去，与实人生离开；读外国——但除了印度——书时，往往就与人生接触，想做点事。中国书中虽有劝人入世的话，多也是僵尸的乐观；外国书即使是颓唐和厌世的，但却是活人的颓唐和厌世。我以要少——或者竟不——看中国书，多看外国书。
>
> 少看中国书，其结果不过不能作文而已。但现在的青年最要紧的是"行"，不是"言"。只要是活人，不能作文算什么大不了的事呢。

鲁迅交"白卷"并发表一番愤世嫉俗的言论，是有其背景的。20世纪20年代之初，北京、上海等地掀起了一股名人荐书的热潮。1920年，胡适开列出了《中学国故丛书》共31种古籍供中学生阅读。1923年，他又应清华学校学生之请，开出了《一个最低限度的国学书目》，收录图书共190种。在这个书目上列有《九命奇冤》《三侠五义》等通俗小说，梁启超马上就此做出反应，他说："我便没有读过这两部书，我虽自知学问浅陋，但说国学最低限度也没有，我不服。"1923年梁启超应《清华周刊》记者的邀请，开出了含有160种图书的《国学入门书要目及其读法》。后来他又为"校课既繁，所治专门"的青年学生精简成了《最低限度之必读书目》，共包括国学图书20余种。对此，著名散文家梁遇春哑然失笑："梁启超先生开个书单，就说没有念过他所开的书的人不是中国人，那种办法完全是青天白日当街杀人刽子手的行为了。"

1924年，国学大师章太炎在《华国月刊》上刊出《中学国文书目》，列出书名39种。国学大师学问太深，开出的书单上一些图书明显生僻。在此前后，著名的书目还有林语堂的《国学书十种》、吴虞的《中国文学选读书目》、汪辟疆的《读书举要》、李笠《国学用书撰要》、支伟成《国学用书类述》、曹功济《国举用书举要》、陈钟凡《治国学书目》、杨济伧《治国学门径书》、上海国学书局《国学书目提要》等。在这股轰轰烈烈的荐书热潮中，1925年开年的《京报副刊》开展征求荐书活动达到高潮。

《京报副刊》一是向名家征求"青年必读书十部"，一是向青年征求"青年爱读书十部"。因为第一项活动有许多名人参加，又有鲁迅一石激起千层浪，故而直到今天，也还为读书界许多人士记得。其实，另一项"青年爱读书十部"活动也是很受当时青年读者欢迎，报纸征求"全国青年各将平时最爱读的书，无论是哪一种性质或哪一个方面只要是书便得，写出十部来填入本报第七版所附卷内……"活动收到投票将近300张，每一张列出的书目及附注都在《京报副刊》上发表出来，亦足以蔚为大观。

我们着重回顾"青年必读书十部"征求活动概况，因为不少当时的文化名人在活动中有许多独特的表现。

1925年1月4日《京报副刊》说明，发表的书目以收到先后为序。1925年2月11日报纸发出的第一份书目就是胡适之先生所选书目，原文为：

《老子》（王弼注）

《墨子》（孙诒让《墨子间诂》）

《论语》

王充的《论衡》

崔述的《崔东壁遗书》

Plato, *Apology*, *Phaedo*, *Crito*（柏拉图：《申辩篇》《斐多篇》《克里多篇》）

The New Testament（《新约全书》）

John Stuart Mill, *On Liberty*（J.S.穆勒：《论自由》，严复汉译名《群己权界论》）

John Morley, *On Compromise*（J.莫利：《契约论》）

John Dewey, *How we think*（J.杜威：《我们怎样思想》）

胡适之所选，中外名著各半，很鲜明地表现出他中外平衡的文化态度。可是当时风头很健的胡适之竟然第一个寄来荐书单，也不免让局外人对报纸主事者的公允态度有些疑问。紧接着，次日发表的又是梁任公（梁启超）先生的选目。先寄到书单的竟然都是显赫的大咖，也不免有点儿巧合。梁启超书单竟然清一色的中国书：

《孟子》
《荀子》
《左传》
《汉书》
《后汉书》
《资治通鉴》（或《通鉴纪事本末》）
《通志二十略》
王阳明《传习录》
《唐宋诗醇》
《词综》

在附注栏上梁启超写道：

三项标准：
一、修养资助；
二、历史及掌故常识；

三、文学兴味。

近人著作、外国著作不在此数。

此前，梁启超赴欧考察，了解到西方社会的许多问题和弊端，回国后即宣扬西方文明已经破产，主张光大传统文化，用东方的"固有文明"来"拯救世界"。不久前又在清华学校兼课，1925年应聘任清华国学研究院四大导师之一，由此书目可以窥见梁启超当时的思想文化主张。

第三个发表的是周作人先生的选目。作为作家的他，推荐的书目十之有三是文学书，是可想而知的，然而，苦雨斋主人要走中外包容路线，也是他的文化态度使然：

（1）《诗经》

（2）《史记》

（3）《西游记》

（4）《汉译旧约》（文学部分）

（5）《严译社会通诠》

（6）威斯德玛克《道德观念之起源与发达》

（7）凯本德《爱的成年》

（8）色耳凡德思《吉诃德先生》

（9）斯威夫德《格里佛旅行记》

（10）法兰西《伊璧鸠鲁的园》

第六至第十的英文名如下：

（6）Westermarck, *The Origin and Development of Moral Ideas.* 2Vols.

（7）Carpenter, *Loves Coming-of-age.*

（8）Cervantes, *Don Quixote.*

（9）Swift, *Gulliver's Travels.*

（10）France, *Garden of Epicurus.*

在附注栏上周作人写道：

六至十皆英文本，但别种外国文本自然也可以用。

第四位是北京北新书局的老板李小峰，出版人的选目足以显示出当时新派出版人的阅读思路。不知道为什么，他没有推荐鲁迅的小说集《呐喊》，《呐喊》已经由北京新潮社于1923年8月出版，1926年10月又由李小峰拿到北京北新书局第三次印刷。李小峰推荐书目：

杜威的《我们如何思想》（或王星拱的《科学方法论》）
摩尔的《伦理学》
吴稚晖的《上下古今谈》
马尔文的《欧洲哲学史》
胡适的《中国哲学史大纲》（连未出版的中下卷在内）

爱尔乌特的《社会学及现代社会问题》
达尔文的《种源论》
周作人的《自己的园地》
吕诺士的《人与自然》
司托泼司的《结婚的爱》

附注栏上出版家写道：

以上十种书，是中学程度以上的青年，或升入大学，或为社会服务，要做一个思想和人格健全的国民所必读之书，我以为。

第五位出场的是诗人徐志摩。按说，诗人应当最惯于语言凝练艺术，可是徐诗人却洋洋洒洒写了一大篇感想，颇有点卖弄文采之嫌。全文照录如下：

再来跑一趟野马

伏园：

方才我看了《东方》杂志上译的惠尔思那篇世界十大名著，忽然想起了年前你寄给我那封青年应读书十部的征信，现在趁机会答复你吧。我却不愿意充前辈板着教书匠的脸沉着口音吩咐青年们说这部书应得读的，那部书不应得念的；认真的说，我们一辈子真读进去的书能有几部，且不说整部的书，这一辈子真读懂的书能有几行——真能读懂了几行书，我们在这地面上短短的几十年时光也就尽够受用不是？贵国人是爱博学的，所以恭维读书人不是说他是两脚书柜子，就说他读完了万卷书——只要多就可以吓人，实在你来不及读，书架上多摆几本也好，有许多人走进屋子看见书多就起敬，我从前脑筋也曾简单过来，现在学坏了，上当的机会也递减了。

我并不是完全看不起数量面积普及教育平民主义等等；"看不起什么"是一种奢侈品，您得有相当的身份，我那配？但同时我有我的癖气，单是多单是"横阔"单是"竖大"是不容易吓到我的。譬如有人对我说某人学问真不错，他念了至少有二千本书——我只当没有听见。第二个朋友对我说某人的经历真不少，他还环地球好几回，什么地方都到过——我只当没有听见。第三个朋友报告我某人的交游真广，当代那一个不是他的好友——我只当没有听见。反过来说，假如我听说某人真爱柏拉图的共和国，他老是念不厌；或是某人真爱某城子某山某水，那里的一草一木一花一鸟一间屋子一条街道都像是他自己的家里人似的；或者某人真懂得某人，全世界骂他是贼，他一个人说他是圣人；——这一说我就听见我就懂得了。到过英国的谁没有逛过大英博物院——可是先生您发现了些个什么；您也去过国王油画馆不是，您看中了那几幅画？近几年我们派出去的考察团很多，在伦敦纽约的街道上常见有一群背后拖着燕子尾巴的黄脸绅士们施施的走着路,像一群初放笼的扁嘴鸭子,他们照例到什么地方是一定得游玩名胜的——很好,很好,不错,不错,真不错,纽约的高楼有五十七,唔,五十八层,自由神像的脑袋里都爬得进去,我们全到过,全看过,真好。你如此不知趣再要往下问时他们就到他们的抽屉里去找他们的报告书给你看,有图有表顶整齐的报告书,这里面多的是材料,真细心的调查,不错,维也纳的强迫教育比柏林的强迫教育差百分之四另二,孟骞斯德比利物浦多五十三个纱厂十五个铁厂;不错不错,我们是调查教育的我们是调查实业的,不错不错,下面你到外国去,我有朋友介绍给你。

念书也有这种情形。现代的看书更是问题了。从前的书是手印手装手钉的;出书不容易,得书不容易,看书人也就不肯随便看过,现在不同了,书也是机器造的,一分钟可以印几千,一年新出的书可以拿万来计数,还只嫌出版界迟钝,著作界沉闷哪!这来您看我们念书的人可不着了大忙?眼睛只还是一双,脑筋只还是一副,同时这世界加快了几十倍,事情加多了几十倍,我们除了"混",还有什么办法!

再说念书也是一种冒险。什么冒险除了凭你自己的力量与胆量到不曾去过的地方去找出一个新境界来?真爱探险真敢冒险的朋友们永远不去请教向导;他们用不着;好奇的精神便是他们的指南,念书要先生就比如游历找向导;

稳当是稳当了,意味可也就平淡了。结果先生愈有良心,向导愈尽责任,你得好处的机会愈少。小孩子瞒着大人出去爬树,即使闪破了皮直流血他不但不嚷痛哭而反得意的;要是在大人跟前吃了一点子小亏他就不肯随便过去,不嚷出一只大苹果来就得三块牛奶糖去补他的亏。这自走路自跌跤就不怨,是一个教育学的大原则。我妈时常调教我说你看某人的家庭不是顶好的他们又何尝是新式,某家的夫妇当初还不是自相情愿的现在糟得不成话,谁说新式一定好老式一定坏,我就不信!我就说妈呀,你懂事,我给你打譬如:年轻人恨的不是栽筋斗,他恨的是人家做好了筋斗叫他栽,让他自己做筋斗栽去,栽断了颈根他也没话说!

婚姻是大事情,读书也是大事情。要我充老前辈定下一大幅体面的书目单吩咐后辈去念,我就怕年轻人回头骂我不该做成了筋斗叫他去栽。介绍——谈何容易?介绍一个朋友,介绍一部书,介绍一件喜事——一样的负责任,一样的不容易讨好;比较的做媒老爷的责任还算是顶轻的。老太爷替你定了亲要你结婚你不愿意;不错,难道前辈替你定下的书你就愿意看了吗?

我说惠尔思先生吧。他的学问,他的见解,不是比我们的高明了万倍。他也应了京报记者的征信,替我们选了十部名著,当然你信仰我远不如你信仰他;可是你来照他的话试试去。他的书单上第一第二就是新旧约书,第三种就是我们自己家有的《大学》,第四是回族的可兰经……

得了，得了，那我早知道，那是经书教书，与我们青年人有什么相干！你看，惠尔思的书单还不曾开全就叫你一句话踢跑了。即使你真有耐心赶快去买保罗书可兰经中庸大学来念时，要不了十五二十分钟你不打哈欠不皱眉头才怪哪！

不，这事情真的没有那么容易。青年人所要的是一种"开窍"的工夫；我们做先生的是好比拿着钻子锤子替他们"混沌"的天真开窍来了。有了窍灵性才能外现，有了窍才能看才能听才能呼吸才能闻香臭辨味道。"爱窍"不通，比如说，那能懂得生命；"美窍"不通那能懂得艺术；"知识窍"不通那能认识真理；"灵窍"不通那会想往上帝……不成，这话愈说愈远不可收拾了！得想法说回来才好。记得我应得说的是那十部书是青年人应当读的。我想起了胡适博士定下的那一书目，我也曾大胆看过一遍，惭愧！十本书里至少有九本是我不认识他的，碰巧那天我在他那里，他问我定的好不好，我吞了一口唾液，点点头说不错。唔，不错！那是顶佩服胡适先生的，关于别的事我也很听他话的，但如果他要我照他定的书目用功，那就好比叫我生吞铁弹了！

所以我懂得，诱人读书是一件功德——但就这诱字难，孔夫子不可及就为他会循循的诱人进径；他决不叫人直着嗓子吞铁弹，你信不信？我喜欢柏拉图，因为他从没有替我定过书目；我恨美国的大学教授，因为他们开口是参考闭口是书。

> Up! Up, my friend and clear your books;
> Why all this toil and trouble?
> …………
> Books! it's a dull and endless strife.

这是我的先生的话! 你瞧, 你的那儿比得上我的! 顶好是不必读书:——

> Come, hear the woodland Linnet
> How sweet his music! On my life
> There's more of wisdom in it.

可是留神, 这不读书的受教育比读书难多了; 明知画不老虎奥你就不用画老虎; 能画成狗也就不坏, 最怕是你想画老虎偏像狗成心画画狗又不像狗了。上策总是做不到的; 下策你就逃不了书; 其实读书也不坏, 就要你不靠傍先生; 你要做探险家就不要向导; 这是中策。但中策也往往是难的, 听你的下策吧。我又得打比喻。学生比如一条牛 (不要生气, 这是比喻), 先生是牧童哥。牧童哥知道草地在那里山边变青青草, 还是河边的草肥——牛, 不知道。最知趣的牧童就会牵了他的朋友青青草草肥的田里去, 这一 "领到" 他的事情就完了, 他尽可以舒舒服服的选一个阴凉的树荫下做好梦去, 或是坐在一块石头上掏出笛来吹他的梅花三弄, 我们只能羡慕他的清福。至于他的朋友的口味, 他爱咬什么, 凤尾草还是团边草, 夹金钱花的青草,还是夹狗尾巴的莠草,等等,他就管不着,也不用管,即使牛先生大嚼时有牛虫来麻烦他的后部,也自有他的小尾巴照拂,不劳牧童哥费心。

这比喻尽够条畅了不是?再往下说就是废话了。其实伏园,你这次征求的意思当作探问各家书呆子读书的口味倒是很有趣的,至于于青年人实际的念书我怕这忙帮不了多少;为的是各家的口味一定不同,宁波人喜欢打翻酱缸不怕口高,贵州人是很少知道盐味的,苏州人爱吃醋,杭州人爱吃臭,湖南人吃生辣椒,山东人咬大蒜,这一来看多难,叫一大群张着大口想尝异味青年的朋友们跟谁去"试他一试"去?

话又得说回来,肯看书终究是应得奖励的。就说口味吧,你跟湖南人学会吃辣椒,跟山东人学会吃大蒜,都没有什么,只要你吞得下,消得了;真不合适时你一口吐了去漱漱口也就完事不是?就是一句话得记在心里:舌头是你自己的,肚子也是你自己的,点菜有时不妨让人,尝味辨味是不能替代的,你的口味还得你自己发现先(比如胡先生说《九命奇冤》是一部名著你就跟着说《九命奇冤》是一部名著,其实你自己并不曾看出他名在那里,那我就得怪你)不要借人家的口味来充你自己的口味,自骗自决不是一条通道。

我不是一书虫,我也不十分信得过我自己的口味;或者我并不曾发现我自己的真口味;但我却自喜我从来不曾

上过先生的当,我宁可在黑弄里仰着头瞎摸,不过我也把我生平受益(应作受感)最深的书开出来给你们看看,不知道有没有十部:

《庄子》(十四五篇)

《史记》(小半部)

道施妥奄夫斯基的《罪与罚》

汤麦司哈代的 Jude the Obscure ①

尼采的 The Birth of Tragedy ②

柏拉图的《共和国》

卢骚的《忏悔录》

华尔德斐德(Walter Pater):Renaissance ③

葛德《浮士德》的前部

George Henry Lewes ④的《葛德评传》

够了。

徐志摩

①《无名的裘德》

②《悲剧的诞生》

③《文艺复兴》

④乔治·亨利·刘易斯

第六位登场的是翻译家潘家洵。潘家洵1919年从北京大学西语系毕业,当时已经翻译出版挪威易卜生、英国王尔德和萧伯纳等人的剧本。上海商务印书馆出版的潘译《易卜生集》

2卷,收有易卜生剧作5种,俨然已经成为易卜生作品翻译专家。可是有意思的是,他推荐的书目里竟然没有易卜生的作品。

潘家洵推荐的十部书是:

The New Testament(《新约》)

Sesame and Lilies,by J.Ruskin(J.罗斯金:《芝麻与百合》)

Culture and Anarchy,by M.Arnold(M.阿诺德:《文化无政府主义》)

How We Think,by J. Dewey(J.杜威:《我们怎样思想》)

Principles of Social Reconstruction,by B.Russell(B.罗素:《社会改造原理》)

The Prospects of Industrial Civilization,by B.Russell(B.罗素:《工业文明的前景》)

Married Love,by Marie Stopes(玛丽·斯托泼司:《结婚的爱》)

Crime and Punishment,by F.M.Dostoevsky(F.M.陀思妥耶夫斯基:《罪与罚》)

Abraham Lincoln,by J.Drinkwater(J.德林克沃特:《林肯传》)

The Story of Mankind,by H.Van Loon(H.房龙:《人类的故事》)

第七位亮相的是著名音韵学家、文字学家马幼渔。马先生时任北京大学教授,从1913年起任北大国文系主任直至1937年。

他先注明:

> 所选之书以近三百年来为限

然后列出书目十部:

> 顾炎武《日知录》
> 黄宗羲《明夷待访录》
> 戴震《孟子字义疏证》
> 章学诚《文史通义》
> 龚自珍《定盦文集》
> 戴望《颜氏学记》
> 夏曾佑《中国历史》(上古至隋中学教科书,商务出版)
> 康有为《新学伪经考》
> 崔适《史记探源》
> 章太炎《检论》

其后还有附注:

此外如现代吴稚晖、胡适之、陈仲甫,暨周豫才、周启明诸先生之文,俱为青年必读之品,因伏园先生只许以十部为限,故从省略。

紧接着亮相的是北京大学文学院教授江绍原。他是现代著名民俗学家和比较宗教学家,民俗学界公认为在民俗学研究方面成绩最突出的一位。他推荐的风格与后面的鲁迅接近。1927年江绍原应鲁迅之邀到广州中山大学任教,看得出二人交谊不错。

江绍原的来信在推荐栏打了一个大叉,写了四个 Wanted(缺),然后在附注栏写道:

我不相信现在有哪十部左右的书能给中国青年"最低限度的必需智识"。

你们所能征求到的,不过是一些"海内外名流硕彦及中学大学教员"爱读书的书目而已。

江绍原

时任北京交通大学校长的教育家朱我农排在第九位,他的推荐:

《段氏说文》
《中等国典文》(章士钊著)

《古文辞类纂》

《胡适文存》

《现行公文呈式》（中华书局）

《社会学大纲》（无论何种）

《经济学大纲》（无论何种）

《世界大事年表》（傅运森）

《袁了凡纲鉴》

《世界地理》（无论何种）

书目之后在附注栏写道：

伏园兄：你出了一个难题目，使我几夜睡不着。昨天寄去的书名单，实在不妥，今日再更正一个。以后如何，我就不管了。你为何这样的难人，一笑！

我农

在总共78位应邀推荐的名人中，后面还有林语堂、章锡琛、俞平伯、顾颉刚等，都各有精彩表现。限于篇幅，不在这里一一介绍了。说来给人们留下最为深刻印象的还是第十位出场的鲁迅先生。鲁迅的"白卷"一经交出，马上引起轩然大波。柯柏森就在《偏见的经验》中说："哈哈，我知道了！"他用含糊的"……"指责先生"卖国"。熊以谦则以长文《奇哉！所谓鲁迅先生的话》指责鲁迅："奇怪素负学者声名，引起青年瞻仰的鲁迅先生说出这样浅薄无知识的话来了！"他以为"这不是中国书贻误了你，是你糟踏了中国书"。"不懂就不懂，不解就不解，何以要说这种冤枉话、浅薄话呢？……我以为鲁迅先生只管自己不读中国书，不应教青年都不读；只能说自己不懂中国书，不能说中国书都不好。"还有的人责怪鲁迅先生自己古书读了这么多，却偏偏不让别人读。对这些指责，鲁迅先生毫不服软，在《聊答"……"》《报〈奇哉所谓……〉》《这是这么一个意思》等文章里，做了冷峻幽默的回应与反驳。周作人在晚年谈起此事时，这样写道：

> "必读书"的鲁迅的答案实乃是他的"高调"——不必读书——之一，说得不好听一点，他好立异唱高，故意的与别人拗一调。他另外有给朋友的儿子开的书目，却是十分简要的。（《知堂书信·致鲍耀明》）
>
> 鲁迅反对读古书的主张是对于复古运动的反抗，并不足证明他的不读古书，而且他的反对青年读古书的缘故正由于他自己读透了古书，了解它的害处，所以能那么坚决的主张。现在对于这个问题，我们客观的看来，鲁迅多读古书，得到好处，乃是事实……（《关于鲁迅·鲁迅读古书》）

周作人所说的"给朋友的儿子开的书目"，指的是鲁迅1932年为挚友许寿裳的儿子、清华大学中国文学系的学生许世瑛开列过一纸书目,其中诸多书籍非常精深冷僻,是一份起点极高的书目。这也成了后来"特定对象"论者们一条常常引用的证据。

事实上,这是一场不在一个层面上的笔仗。鲁迅先生的见解乃是高屋建瓴俯瞰中外文化之严肃比较,而反驳者是站在平常人的立场发表见解,是无所谓胜负的一场笔仗。包括周作人晚年的见解,也只不过一个就事论事的态度,并没有对鲁迅的文化态度予以应有的理解,更谈不上认同。我们要说,鲁迅的"白卷"给现代中国人的阅读表达了一个坚定创新前行的态度,以至于多少年后,许多人一旦谈到推荐阅读,就会想起先生这一番态度鲜明的箴言。时隔90年,在荐书热潮此起彼伏的今天,每一位荐书的名人乃至机构,但凡想起先生的这一番箴言,是不是应当更加严肃负责起来呢?我想答案是肯定的。

3. 变"必读书"为"应知书"

90年前《京报副刊》"青年必读书"推荐活动中,与鲁迅的推荐态度相类似的还有当时的青年学者江绍原、俞平伯,他们也没有给出书目而只是给出了一段主张,几乎是不约而同地认为这种推荐不可为。江绍原说得很明确:"我不相信现在有哪十部左右的书能给中国青年'最低限度的必需智识'。"俞平伯说了不推荐的一个道理:"青年既非只一个人,亦非合用一个脾胃的；故可读的、应读的书虽多，却绝未发现任何书是大家必读的。我只得交白卷。若意在探听我的脾胃，我又不敢冒充名流学者，轻易填这张表，以己之爱读为人之必读，我觉得有点'难为情'。"

其实，他俩并没有像鲁迅那样因为主张"多看外国书"而不随波逐流地推荐书目。他们只是就推荐活动的不可操作性表示无从着手。事实上，我们暂且不以鲁迅那般高蹈的思想、深刻的见地来看为一般青年推荐书目这件事情，而只要仔细想一想江绍原、俞平伯二位的意见，就感觉得到，讨论特别是推荐"必读书"是一件难以操作的一件事情。正如在本章第二节中我们给大家介绍的《京报副刊》组织名家推荐出来的书目，仅仅是前十位，就有那么多不一致的地方，何况一共78位回信名人，除了几位拒绝列出书目外，有70多份列有十本许多不同的"必读书"，最后要青年究竟读哪些书目才是！

可是，为了推动青年读书，读有用之书，读必读之书，这么多年来，荐书活动一直都间或进行。北京大学曾经组织过60多位教授讨论推荐大学生必读经典，精心列出了一个《北京大学必读书目》。事后，北京大学阅读学专家王余光教授在学生中做过调查，问学生们是否知道这个书目，不是问多少学生知道此事，结果就是不少学生对此事完全懵然无知。清华大学、复旦大学、苏州大学等也开列过学生必读书目，似乎都有虎头蛇尾的感觉。武汉大学将必读书安排成必修课，强制学生看了书才能得到学分，却招致不少负面评价。西南交通大学2014

年1月1日公布了一份由96种经典作品组成的推荐书单,该校宣布,以此书单公布为标志,"经典悦读"活动正式开启。该校校长亲自主导此事,明确要求,每一个走进西南交大的学子,四年学习期间应当完成96种人文思想著作的阅读,其计算方法是,一年12个月,四年48个月,平均每个月读2本,一共正好96本。也许是因为校长力主并督战,此项活动已经在西南交大校园里蓬勃开展,一年过去,据说热度未减。我们相信校长能够做到言信行果。可是,万一校长调离岗位,新校长能不能在这件事上萧规曹随就难说了。

我们举出这些正反两方面的事例,目的是说明荐书之复杂,荐书之不易。

那么,是不是就不必去做这样一件吃力不讨好的事情了呢?是不是就不要再去折腾"必读书"与不"必读书",青年人的阅读索性就任其自由选择?

自由选择书目阅读,固然这是阅读者的基本权利。可是,作为一个负责任的社会,一个负责任的文化教育系统,在尊重每一位读者自由选择书目阅读的前提下,对社会大众,特别是对特定的阅读群体,推荐、引导阅读一些书目,也是责任之所在。伟大如鲁迅,他也并不是拒绝推荐书目,而是发表了一个具有很强原则性的建议:"我以要少——或者竟不——看中国书,多看外国书。"

中小学生权且不论,就说大学生群体,倘若认为大家已经步入成年人阶段,阅读应当自主,那就有些想当然了。2011年,一些高校图书馆公布的借阅排行榜引起了教育研究者的警觉。有专家在武汉、上海两地高校做过调查。在武汉，网络小说《步步惊心》《美女图》在短短几个月里就跃进了武汉很多高校图书借阅排行榜前列；湖北第二师范学院图书馆引进的网络小说《极品戒指》，一个月内就被借了61次，成为借阅冠军；中南财经政法大学武汉学院图书馆里借阅高峰品种是电视剧《裸婚时代》的原著小说《裸婚》。在上海，2010—2011年度复旦大学图书馆单册借阅排行榜上，文学类图书中借阅最多的是东野圭吾的《宿命》等推理悬疑小说；上海交通大学的某单月单册排行前三名则分别是《明朝那些事儿》《大唐双龙传》和《苍龙转生》。可是那些人文思想类的经典和文学经典作品，问津者却寥若晨星。这样的图书借阅现状，无疑暴露出大学生目前阅读中存在的问题。在网上，一项通过对大学生"床头书"种类的调查发现：现在大学生看的书除了专业课本外，就只是外语、电脑、经济类书籍和如何面试、如何社交等方面的书，人文思想类著作可谓凤毛麟角。学校领导、社会各界以及一切关心青年成长的人士，是不是对大学生的阅读现状要予以关注和帮助呢。推荐"必读书"，就是这种关注和帮助的通常做法。

2016年初，网上有一个"张家口吧"的长帖，把中美一些著名大学大学生图书馆借阅情况做了一次比较，带给我们一些信息和思考。原帖节录如下：

> 近日，中国的各大高校陆续公布了本校2015年的图

书借阅情况。

巧合的是,美国数据库项目"开放课程"(The Open Syllabus Project)收集了各大学过去15年以来超过100万项课程和图书阅读信息,也在最近公布了美国大学学生的阅读书目数据。这些阅读榜,不仅能看出各高校学生的阅读习惯和偏好;对比中美高校的阅读榜,还能发现中美大学生的阅读差异。

中国高校

浙江大学10种:

《平凡的世界》《我执》《万历十五年》《狼图腾》《常识》《牛奶可乐经济学》《心理学与生活》《高效能人士的七个习惯》《天龙八部》《国富论》

清华大学:

文学类10种:《三体2》《解忧杂货店》《白夜行》《从你的世界路过》《三体3》《偷影子的人》《三体》《嫌疑人X的献身》《当我谈跑步时我谈些什么》《平凡的世界》

社科类10种:《极简欧洲史》《暗时间》《异类》《稀缺》《激荡三十年》《机器学习在量化》《蔡康永的说话之道》《人类简史》《祖先》《耶路撒冷三千年》

北京大学:

政治法律类5种:《论美国的民主》《俄罗斯解密档案选编》《中共中央文件选集》《文明的冲突与世界秩序

的重建》《中共党史参考资料》

经济类 5 种：《激荡三十年》《大数据时代》《货币战争》《21 世纪资本论》《大转型：我们时代的政治与经济起源》

哲学宗教类 5 种：《心理学与生活》《公共领域的结构转型》《叫魂:1768 年中国妖术大恐慌》《开放社会及其敌人》《亚里士多德全集》

文学类 5 种：《盗墓笔记》《藏地密码》《老舍文集》《天龙八部》《王小波全集》

复旦大学：

文科图书 5 种：《西方哲学原著选读》《王小波全集》《正义论》《计量经济分析方法与建模》《第二性》

理科图书 5 种：《微积分学教程》《基础有机化学》《费恩曼物理学讲义》《数学分析》《力学》

年度最想阅读图书 5 种：《心理学与生活》《解忧杂货店》《追风筝的人》《平凡的世界》《如何阅读一本书》

武汉大学 10 种：

《明朝那些事儿》《平凡的世界》《神雕侠侣》《读库》《盗墓笔记》《藏地密码》《知日》《新周刊年度佳作》《绝代双骄》《张爱玲典藏全集》

山东大学 10 种：

《明朝那些事儿》《平凡的世界》《藏地密码》《盗墓笔记》《冰与火之歌：权力的游戏》《你好，旧时光》

《冰与火之歌：列王的纷争》《冰与火之歌：魔龙的狂舞》《蛙》《深夜食堂》

华南理工大学 10 种：

《平凡的世界》第一部、《平凡的世界》第二部、《十一字杀人》、《平凡的世界》第三部、《C++ 程序设计》、《生死疲劳》、《围城》、《嫌疑人 X 的献身》、《明朝那些事儿》、《野火集》

美国几所著名高校的榜单：

普林斯顿大学 10 种：

《文明的冲突》（塞缪尔·亨廷顿）、《全球化及其不满》（斯蒂格利茨）、《美国国会行动的逻辑》（道格拉斯·阿诺德）、《财政学》（哈维·S.罗森）、《资本主义、社会主义和民主》（约瑟夫·熊彼特）、《伯罗奔尼撒战争史》（修昔底德）、《大外交》（亨利·基辛格）、《新教伦理与资本主义精神》（马克斯·韦伯）、《停战》（理查德·霍布洛克）、《冲突中的种族集团》（唐纳德·霍罗威茨）

哈佛大学 10 种：

《在伯明翰监狱里写的一封信》（马丁·路德·金）、《风格的要素》（威廉·斯特伦克）、《领导大不易》（罗纳德·海菲兹）、《文明的冲突》（塞缪尔·亨廷顿）、《思考，快与慢》（丹尼尔·卡内曼）、《君主论》（尼科罗·马基雅维利）、《政策分析入门》（伊迪斯·斯托基)、《正义论》(约翰·罗尔斯)、《公司财务原理》(理查德·布雷利)、《感谢您的忠告》(杰·海因里希斯)。

耶鲁大学 10 种:

《理想国》(柏拉图)、《季度回顾》(明尼阿波利斯联邦储备银行)、《隐身人》(拉尔夫·埃里森)、《奥德赛》(荷马)、《让我们来歌颂那些著名的人》(詹姆斯·艾吉)、《论美国的民主》(托克维尔)、《人类学》(弗朗茨·博厄斯)、《萨帕塔和墨西哥革命》(约翰·沃玛克)、《反政治机器》(詹姆斯·福格森)、《伊利亚特》(荷马)。

哥伦比亚大学 10 种:

《文明的冲突》(塞缪尔·亨廷顿)、《理想国》(柏拉图)、《论自由》(约翰·密尔)、《社会契约论》(让-雅克·卢梭)、《利维坦》(托马斯·霍布斯)、《政治学》(亚里士多德)、《道德形而上学》(伊曼努尔·康德)、《国富论》(亚当·斯密)、《微积分:早期超越》(詹姆斯·史都华)、《文明及其不满》(西格蒙德·弗洛伊德)。

斯坦福大学 10 种:

《利维坦》(托马斯·霍布斯)、《科学革命的结构》(托马斯·库恩)、《统计自然语言处理基础》(克里斯多夫·曼宁)、《代码:塑造网络空间的法律》(劳伦斯·莱斯格)、《创意写作》(华莱士·斯特格纳)、

《理想国》(柏拉图)、《鲁宾逊漂流记》(丹尼尔·笛福)、《弗兰肯斯坦》(玛丽·雪莱)、《理解媒介》(马歇尔·麦克卢汉)、《公共领域反思》(南希·弗雷泽)

芝加哥大学 10 种:

《伦理学》(亚里士多德)、《尼各马科伦理学》(亚里士多德)、《应用 STATA 做统计分析》(劳伦斯·汉密尔顿)、《办公时间》(诺姆·福斯特)、《君主论》(尼科罗·马基亚维利)、《罗马史论》(尼可罗·马基亚维利)、《道德形而上学》(伊曼努尔·康德)、《忏悔录》(奥古斯丁)、《人工智能》(斯图尔特·拉塞尔)、《政府论》(约翰·洛克)

麻省理工学院 10 种:

《利维坦》(托马斯·霍布斯)、《共产党宣言》(马克思)、《宏观经济学》(奥利维尔·布兰查德)、《君主论》(尼科罗·马基亚维利)、《宏观经济学讲义》(奥利维尔·布兰查德)、《资本论》(马克思)、《风格的要素》(威廉·斯特伦克)、《经济学》(保罗·克鲁格曼)、《日语口语一讲》(哈尔茨)、《季度回顾》(明尼阿波利斯联邦储备银行)

杜克大学 10 种:

《计量经济学》(詹姆斯·斯托克)、《社会成本问题》(科斯)、《国富论》(亚当·斯密)、《公地悲剧》(加勒特·哈丁)、《计量经济学》(林文夫)、

《领导大不易》(罗纳德·海菲兹)、《解析政治学》(梅尔文·希尼克)、《公司财务原理》(理查德·布雷利)、《宏观经济学》(罗伯特·巴罗)、《宏观经济理论》(托马斯·萨金特)

宾夕法尼亚大学 10 种：

《俄狄浦斯王》(索福克勒斯)、《艺术写作指南》(巴尔内特)、《黑暗的心》(康拉德)、《合作的进化》(罗伯特·艾瑟罗德)、《理想国》(柏拉图)、《富兰克林自传》(本杰明·富兰克林)、《印第安次大陆的艺术与建筑》(哈尔莱)、《坎特伯雷故事集》(杰弗里·乔叟)、《忏悔录》(奥古斯丁)、《劝导》(简·奥斯丁)

布朗大学 10 种：

《学习和教学》(哈罗德·詹姆斯·谢里丹)、《赛博公民》(克里斯·格雷)、《技术社会》(雅克·埃卢尔)、《学习中心》(罗伯特·布朗)、《共产党宣言》(马克思)、《透明社会》(大卫·布林)、《美国技术社会史》(露丝·施瓦茨·柯旺)、《启迪》(瓦尔特·本雅明)、《拟像》(让·鲍德里亚)、《控制革命》(詹姆斯·贝尼格)

中美两国几所排位靠前的高校学生阅读综合排名如下：

中国，5 种：《平凡的世界》《三体》《盗墓笔记》《天龙八部》《明朝那些事儿》

美国，10 种：《理想国》(柏拉图)、《利维坦》(托马斯·霍布斯)、《君主论》(尼科罗·马基亚维利)、《文明的冲突》(塞缪尔·亨廷顿)、《风格的要素》(威廉·斯特伦克)、《伦理学》(亚里士多德)、《科学革命的结构》(托马斯·库恩)、《论美国的民主》(亚历克西斯·托克维尔)、《共产党宣言》(马克思)、《政治学》(亚里士多德)

这个榜单包含的信息量当然是丰富的。首先，阅读榜单折射出中美大学在教学模式上的不同。欧美大学老师的授课以讲授经典专著为主，我国大学古典课程较少，大学授课以专业教材为主，而且课堂兴趣比较集中在现实问题上。再有，欧美大学比较不受互联网图书的影响，而我国大学所受影响较重，学生则愈发严重。

从榜单还可以看出，美国学生阅读最多的是经典的政治学、哲学、经济学著作，而这些经典书目，很少出现在中国大学生的榜单中。而中国学生阅读偏于反映现实生存问题的文学，玄幻文学作品也是大家所爱，偏于感性的文史阅读。这与两国学生阅读的文化背景、思维特点、审美特性分不开。榜单还可以让我们感觉到，提高我国学生阅读的精英素养是一个亟待解决的问题。过去两百多年里，剑桥大学有个叫作使徒社的大学生读书会，每周定期探讨一本书或一个话题，最后从当中出现了许多杰出的人才。如果我们的大学生只是读这些打拼社会、白话盗墓和明朝那些事的书籍，杰出人才应当怎样培养呢？

通过上述一些讨论，关于阅读书目推荐和"必读书"的圈定，可以得出如下结论：

1. 向社会各个层面分别推荐书目是必要的。大学生阅读应当属于社会较高层次的阅读，可就是层次比较高的大学生们，阅读书目的推荐、引导都很有必要，否则都好奇于盗墓，可不是一个让人喝彩的现象。那么，社会各界，特别是中小学生的阅读就更需要书目推荐了。自1999年起，我国教育部门开始实施由应试教育向素质教育转变的教育体制改革，在中小学语文教育课程中增加了推荐阅读的书目，一些出版单位及时出版了关于小学生在校期间应当阅读的课外文学作品汇编书籍，人民文学出版社出版了"中学生课外文学名著必读丛书"，受到了广泛的欢迎。此后，教育部制定的语文课程新的标准（简称新课标）对原有《语文教学大纲》中关于语文课外读物的具体篇目做了较大的改动，并规定了不同阶段学生的阅读总量。为此，人民文学出版社于2003年5月将原有丛书重新编选扩充到50种，丛书名修订为"语文新课标必读丛书"。 2006年，"语文新课标必读丛书(修订版)"扩展到60种，书目上增加了若干中国当代文学的佳作和中外文学优质选本，内容上增加了介绍文学常识、提示学习思考的"知识链接"。经过两年的阅读实践，"语文新课标必读丛书(增订版)"成为70种。增订版除继续增加部分中外文学名著外，还组织编入中外民间故事、中外童话故事、中外历史故事等选本。这套丛书根据课程标准的修改更新，不断有所丰富，成为一套受到教育界、出版

界比较认可的丛书。（见书后附录1）

2. 推荐书目要有针对性。我们常常看到，一些宣传文化出版机构推荐书目主要以图书受欢迎程度的高低来选择书目——这是不少图书推荐榜单产生的一项评选指标，明显缺乏针对性。阅读的分众化是基本规律。由于许多榜单的大众化特点而不是分众化，很容易使得高端精英化读者被低端书目所引导，这既不符合国民阅读的普及性大众化要求，也不利于国家科技文化水平的提升。中美两国大学生的不同喜好说明，无论是大众阅读还是大学生阅读，都需要有专业人士的分析和引导。

当下我国大学生对古今中外学术思想文化经典的疏离，不能不引起人们的忧虑。对于社会较高层次的阅读，是否阅读经典，将影响到国家的治理和社会的走向。司马迁谈《春秋》，说《春秋》明辨人事经纪，判别嫌疑、是非、善恶，以宣扬王道，是一部政治、百官之大法，人伦、礼义之大宗，有国者、为人臣者，都不可不知《春秋》。司马光撰《资治通鉴》，在给皇帝的《进资治通鉴表》中称：该书"专取关国家盛衰，系民生休戚，善可为法，恶可为戒者，为编年一书"。又说，通过此书可"鉴前世之兴衰，考当今之得失，嘉善矜恶，取是舍非，足以懋稽古之盛德，跻无前之至治"。《资治通鉴》成为治理国家的一面镜子，对当朝皇帝及后世皇帝以及大小官员都有很大影响。那么，倘若作为国家社会未来栋梁的大学生们都不能对阅读古今中外学术思想文化经典感兴趣，我们的社会将出现怎样的走向呢？而国家的治理又如何代代相传和革新？

3. 阅读生活中并没有所有人都要读的"必读书",但应当有不少"应知书"。

谈到"必读书",就是针对被认为阅读的文化层次比较高的大学生,各大学所读书目也是各具特色,各有侧重,从这当中,如何提炼出"必读书"来?在书目推荐中使用"必读书"的概念,其价值只是引导,而不是必不可少的意思。作家王蒙认为,要是连《红楼梦》都死活读不下去,那这个民族就要完了。而作家李国文却写过一篇随笔叫作《不读红楼又何妨》。这不是抬杠,二位大家说的是两件事。王蒙说的是一个民族应当怎样对待自己民族的经典,李国文说的是阅读生活的多样性。

其实,即便是经典,本身也还有许多差别。当代学者龚鹏程在《经学概说》一文中讨论经典之所以成为经典,有一番比较中肯的见解:一方面是经典本身的原因,因为它具有真理,足以启发后人,故为人所尊崇,视为恒经,乃不刊之理论;另一方面,它也形成于圣典崇拜之中。在经典化及其竞争关系里,某些书虽然也很重要,但未被经典化;某些书,原亦平常,却在某一历史条件下经典化了。为此,在大众性阅读生活中,简单地强调读经典乃至规定出"必读书",实在是比较危险乃至于鲁莽的事情。

鉴于"必读书"一直受到各种质疑,我们建议不妨将"必读书"改名为"应知书"。正如我们前面说过的,有些书需要慢读、精读、深读,有些书可以快读、泛读、浅读,尽管都是经典,也并不一定都要正经八百坐下来慢慢啃。但是,要研究设计出不同社会层面应当知道的书目并加以推荐。一个现代中国的读者，应当知道《论语》《诗经》《史记》《红楼梦》等。一个当代文学专业人士或爱好者，应当知道莎士比亚、巴尔扎克、鲁迅、巴金、唐诗宋词元曲明清小说以及四部古典文学名著等。一个当代哲学专业人士或爱好者，应当知道《形而上学》《大逻辑》《小逻辑》《纯粹理性批判》《老子》"四书五经"《六祖坛经》《近思录》《传习录》等。一个当代史学研究者，倘若不知道吕思勉、钱穆、陈寅恪、陈垣和他们的书岂不成笑话？而一个当代史学阅读者，不知道《万历十五年》是不是也不应当？有了"应知书"的设计，然后依据各自阅读的习惯、理解力、需要和兴趣所在再去选读一些书籍，也许是一个比较符合实际的做法。

4. 推荐"应知书"的书目

经过我们一番讨论，我们大体已经理解"究竟读什么书好"这个问题的答案，那就是：在应当知道的书里寻找有需求或感兴趣读的书。什么是应当知道的书，无非三类，一是历史上有过比较一致定评的书，二是当代重要作者的书，三是当前新出现的精品。后面两类是动态的，但很重要，这是人们的阅读能保持鲜活感必不可少的阅读，有待现实中各种专业机构和媒体的随时推荐，也需要爱读书的人们留意身边读者的口口相传——这是最为鲜活的推荐,这是青少年时期的我阅读的主要指南和动力。

阅读历史上有过比较一致定评的书,简言之,也就是阅读经典书籍,是在全球化狂飙突进的时代保持我们优秀传统和文化特色的有效手段。全球化唯一的追求目标就是市场的泛漫化而其价值却是浅薄而狭隘的。人类的幸福并不主要在于财富和物质的进展,而更多在于生命体验的丰富与多样。可是,我们的生活正在被全球化进程所污染。这时候,阅读经典将不仅仅是对文化的一种传承和弘扬,也并不仅仅是一种审美,而是对于我们自己的生活方式和价值观的一种坚守。为此,我们集中介绍第一类,即历史上有过比较一致定评的书——中外经典书籍。

1. 推荐中国古代典籍

1923年,清华学校为了给留美学生提供国学阅读书目,请胡适、梁启超等开列国学书目。胡适列出《一个最低限度的国学书目》,收录古籍约190种。此书目发表后,舆论大哗,据说有留美学生说如果几年里要读这么多典籍,还有必要到美国去吗?胡适解释道:"正因为当代教育家不非难留学生的国学程度,所以留学生也太妄自菲薄,不肯多读点国学书,所以他们在国外既不能代表中国,回国后也没有多大影响。"胡适还说明:"这个书目不单是为私人用的,还可以供一切中小学校图书馆及地方公共图书馆之用。"不过,从实际情况来看,胡适也可能觉得原先的谈资铺得太大,只好表示:"如果先生们执意要我再拟一个'实在的最低限度的书目',我只好在原书目上加上一些圈;那些有圈的,真是不可少的了。此外还应加上一部《九种纪事本末》(铅印本)。"以下是加圈的书目(39种):

《书目答问》《法华经》《左传》《中国人名大辞典》《阿弥陀经》《文选》《九种纪事本末》《坛经》《乐府诗集》《中国哲学史大纲》《宋元学案》《全唐诗》《老子》《明儒学案》《宋诗钞》《四书》《王临川集》《宋六十家词》《墨子间诂》《朱子年谱》《元曲选一百种》《荀子集注》《王文成公全书》《宋元戏曲史》《韩非子》《清代学术概论》《缀白裘》《淮南鸿烈集解》《章实斋年谱》《水浒传》《周礼》《崔东壁遗书》《西游记》《论衡》《新学伪经考》《儒林外史》《佛遗教经》《诗集传》《红楼梦》

梁启超先是拟就《国学入门书要目及其读法》约160种,后来又为"校课既繁、所治专门"的青年精简此书目,开列《最低限度之必读书目》(25种):

《四书》《易经》《书经》《诗经》《礼记》《左传》《老子》《墨子》《庄子》《荀子》《韩非子》《战国策》《史记》《汉书》《后汉书》《三国志》《资治通鉴》(或

《通鉴纪事本末》)《宋元明史纪事本末》《楚辞》《文选》《李太白集》《杜工部集》《韩昌黎集》《柳河东集》《白香山集》。其他词曲集，随所好选读数种。以上各书，无论学矿、学工程报……皆须一读，若并此未读，真不能认为中国学人矣。

胡、梁二位的书目当然具有相当的权威性。不过，凡具有相当国学经典专业研究水准的，开列出来的国学书目，都会有自己的某些特点。1932年秋，许寿裳的长子许世瑛考取了清华大学国文系，鲁迅应许寿裳邀请为许世瑛开列了学习中国文学的书目（12种）：

〔宋〕计有功《唐诗纪事》、〔元〕辛文房《唐才子传》、〔清〕严可均《全上古三代秦汉三国六朝文》、丁福保《全汉三国晋南北朝诗》、〔清〕汪镇《历代名人年谱》、〔明〕胡应麟《少室山房笔丛》、阮元《四库全书简明目录》、〔南朝〕刘义庆《世说新语》、〔五代〕王定保《唐摭言》、〔东晋〕葛洪《抱朴子外篇》、〔东汉〕王充《论衡》、〔清〕王晫《今世说》

1978年10月，香港中文大学新亚书院设立"钱宾四先生学术文化讲座"第一届讲座，并以"从中国历史来看中国民族性及中国文化"为题，作第一讲。钱宾四（钱穆）在讲演中指

出有 7 部书是"中国人所人人必读的书",因为只有 7 部,显得相当精当,值得认真理解:

《论语》《孟子》《老子》《庄子》《六祖坛经》《近思录》《传习录》

关于我国古代典籍的推荐阅读书目,显然有较多的共识,特别是先秦诸子及两汉,意见比较一致。这里所介绍的书目,基本上属于元典,对于古典研究专业者,所需恐怕要远远超出其外,而对于其他专业的读者,可能又觉得阅读任务太重。或许我们还是可以回到上一节提出的意见上来,这些书目终归还是"应知书"吧。

2. 推荐 20 世纪以来的中国名著

中国 20 世纪以来,写作、出版空前繁荣,用汗牛充栋来形容当不为过。因而,新旧世纪之交时,选家蜂起,我在人民文学出版社和中国出版集团公司曾经先后主持过两次"世纪之选",一是自 2004 年起中国出版集团公司组织评选出版"中国文库",二是 1999 年人民文学出版社发起组织"百年百种优秀中国文学图书"评选。

"中国文库"是由中国出版集团公司组织编选,书目推荐以所属出版社为主,同时邀约国内知名出版单位推荐本版书目,共同出版。文库收选 20 世纪以来我国出版的哲学社会科学研究、文学艺术创作、科学文化普及等方面的优秀著作。

这些书籍，对我国百余年来的政治、经济、文化和社会的发展产生过积极影响，至今仍具有重读价值，是中国读者应知应读的经典性、工具性名著。文库所选书籍分列于6个类别，即：（1）哲学社会科学类（哲学社会科学各门类学术著作）；（2）史学类（通史及专史）；（3）文学类（文学作品及文学理论著作）；（4）艺术类（艺术作品及艺术理论著作）；（5）科技文化类；（6）综合·普及类（教育、大众文化、少儿读物和工具书等）。自2004年起出版，一共出了五辑，每辑计划100种（亦有超出），共511种。（见书后附录2）

1999年，世纪之交，人民文学出版社发起评选20世纪100种优秀中国文学图书。评选工作分三级进行，初选由人民文学出版社全体编辑参加，复选委员会由著名中青年文学评论家组成，终选委员会由著名文学研究专家教授组成，评选过程严谨认真，邀约报刊媒体记者参与监督，杜绝暗箱操作。此次评选成为文学界、出版界回顾百年创作、出版的一次盛况，受到海内外报刊的关注与报道。此项评选后来形成由人民文学出版社牵头出版的"百年百种优秀中国文学图书"丛书，共有人民文学出版社、作家出版社、中国青年出版社、解放军文艺出版社等联手出版。（见书后附录3）

也是在1999年，香港《亚洲周刊》也组织过一次20世纪文学评选，该刊邀约全球各地的学者作家联合评选"二十世纪中文小说一百强"。入选作品以得票多少排序，鲁迅名著《呐喊》高居榜首，为世纪之冠。百部世纪小说分别出自中国大陆、台湾地区和香港特别行政区，其中台湾小说占1/4强，香港作家的作品占10部，此榜单也具有应知应读的价值，故亦附录于下：

鲁迅《呐喊》、沈从文《边城》、老舍《骆驼祥子》、张爱玲《传奇》、钱锺书《围城》、茅盾《子夜》、白先勇《台北人》、巴金《家》、萧红《呼兰河传》、刘鹗《老残游记》、巴金《寒夜》、鲁迅《彷徨》、李伯元《官场现形记》、路翎《财主底儿女们》、陈映真《将军族》、郁达夫《沉沦》、李劼人《死水微澜》、莫言《红高粱》、赵树理《小二黑结婚》、阿城《棋王》、王文兴《家变》、韩少功《马桥词典》、吴浊流《亚细亚的孤儿》、张爱玲《半生缘》、老舍《四世同堂》、高阳《红顶商人胡雪岩》、张恨水《啼笑因缘》、黄春明《儿子的大玩偶》、金庸《射雕英雄传》、丁玲《莎菲女士的日记》、金庸《鹿鼎记》、曾朴《孽海花》、赖和《惹事》、王祯和《嫁妆一牛车》、邓克保《异域》、唐浩明《曾国藩》、钟理和《原乡人》、陈忠实《白鹿原》、王安忆《长恨歌》、李永平《吉陵春秋》、王力雄《黄祸》、司马中原《狂风沙》、浩然《艳阳天》、穆时英《公墓》、李锐《旧址》、徐速《星星·月亮·太阳》、钟肇政《台湾人三部曲》、杨绛《洗澡》、姜贵《旋风》、孙犁《荷花淀》、西西《我城》、汪曾祺《受戒》、朱西宁《铁浆》、朱天文《世纪末的华丽》、还珠楼主《蜀山剑侠传》、於梨华《又见棕榈，又见棕榈》、贾平凹《浮躁》、王蒙《组织部来了个年轻人》、徐枕亚《玉梨魂》、施叔青《香港三部曲》、林语堂《京华烟云》、叶圣陶《倪焕之》、许地山《春桃》、聂华苓《桑青与桃红》、王蓝《蓝与黑》、柔石《二月》、徐訏《风萧萧》、古华《芙蓉镇》、台静农《地之子》、林海音《城南旧事》、张炜《古船》、刘以鬯《酒徒》、鹿桥《未央歌》、张洁《沉重的翅膀》、师陀《果园城记》、戴厚英《人啊，人！》、王小波《黄金时代》、刘恒《狗日的粮食》、张系国《棋王》、黄凡《赖索》、苏童《妻妾成群》、李碧华《霸王别姬》、李昂《杀夫》、古龙《楚留香》、琼瑶《窗外》、苏伟贞《沉默之岛》、梁羽生《白发魔女传》、朱天心《古都》、陈若曦《尹县长》、张大春《四喜忧国》、亦舒《喜宝》、张贤亮《男人的一半是女人》、施蛰存《将军底头》、倪匡《蓝血人》、吴趼人《二十年目睹之怪现状》、余华《活着》、马原《冈底斯的诱惑》、林斤澜《十年十癔》、无名氏《北极风情画》、二月河《雍正皇帝》

3. 推荐世界文学名著

文学作品一直是全民阅读的主要书目。中国是一个文学的国度，认为文学的重要性是多方面的，是一切知识表达的基础，各种学科阅读均不可脱离，以至于有"文史不分家"一说，孔子说过"不学诗，无以言"，还说过"言之无文，行而不远"，以至于古人强调阅读，习惯于用"诗书"来替代所有读物，更以至于长期以来存在"重文轻理"的弊端。为此,许多史学专家认为,中国的现代化进程,是从1905年"文学革命"启动的。而我们曾经经历过的是,我国改革开放新时期的前奏之一,竟然为文学出版和文学阅读,那就是1978年末启动的人民文学出版社等出版单位日夜抢印中外文学名著,许多读者通宵排队争购这些图书。

近现代一百多年来,中国人的文学阅读增加了新的内容,即外国文学翻译作品。外国文学作品的阅读在我们的阅读生活中具有重要地位,以至于许多外国文学作品中一些典型人物成为我们社会生活中的用以形容和比照的形象,譬如莎士比亚笔下的哈姆雷特、罗密欧与朱丽叶,塞万提斯笔下的唐吉诃德,巴尔扎克笔下的欧也妮·葛朗台,司汤达笔下的于连以及新世纪以来的哈利·波特等。进入新世纪以来,每一年的诺贝尔文学奖的获奖作家,其作品的中文版权总要成为我国出版业追逐的新宠。从图书市场的统计来看,文学图书通常占到销售图书总量的三分之一,而外国文学图书则要占到文学图书总量的二分之一强,文学畅销书排行榜上前十位,外国文学作品通常要占到多半。这也是中国读者阅读口味的真实反映,这也是令中国作家感到不快的现象,不过,这也是中国当代文学不断受到刺激或者激励从而不断自强起来的外部因素。

既然外国文学阅读在我们的阅读生活中占有如此重要的地位,我们有责任郑重其事地向文学读者推介在国际文学界和中国外国文学研究界获得定评的一批世界文学名著,比较而言,人民文学出版社在世纪之交编选出版的"世界文学名著文库"（见书后附录4）是一个比较可靠的书目，我们予以特别推荐。需要提醒的是，这个200种的世界文学名著书目中，有39种中国古代、现代文学名著，将中国文学名著列入世界名著文学文库，体现了中国文学界、出版界的文化自信，也是中国文学作品在世界文学之林里应该获得的文学地位。有志于深入理解中外文学作品的读者，倘若能将文库所收的中外文学作品进行比较性阅读，相信会从人类文学创作的共同规律和民族地域文学的差异性得出自己的认识。

4. 推荐汉译世界学术名著

自19世纪末严复翻译英国人赫胥黎《天演论》（后全书译作《进化论及伦理学》）起，以他为代表的一批启蒙主义学者，在20世纪上半叶译介了一大批西方学术思想文化名著。其中商务印书馆出版的"世界文库"最具规模。改革开放新时期以来，我国学者、翻译家、出版家译介西方学术思想文化著作则更是一时蔚为大观。其中仍然是商务印书馆出力最多，成就最大，其最具代表性、影响力的就是"汉译世界学术名著丛书"。这套丛书最初确定所收书目上自古希腊，下至马克思主义诞生的19世纪，后随着世界学术思想文化的演进，书目扩张到20世纪上半叶，现已经达到650种的规模。2009年，商务印书馆曾经挑选出400种，整体包装出版，争购者甚众。现将"汉译世界学术名著"丛书书目附录于后。（见书后附录5）

严格来说，作为应知书的书目，650种书目是需要列出并认真了解的，不过，从阅读的实际出发，我们也还可以从中选择若干精粹书目，以便于一般读者做一些深度阅读。一个有一定阅读深度和广度的现代人文读者，终归是要完整阅读一些世界人文学术著作的。为此，我从网上搜寻到一位比较详细介绍商务印书馆这套丛书而自称"小编"者（估计他或她就是商务馆的编辑）提供的精选书目31种，并确认所选书目称得上是这套丛书中的精华。为便于读者阅读，我将31种书直接列于下：

帕斯卡尔《思想录》、尼采《偶像的黄昏》、黑格尔《小逻辑》、柏拉图《理想国》、亚当·斯密《道德情操论》、福泽谕吉《文明论概略》、昂利·彭加勒《科学与方法》、毗耶娑《薄伽梵歌》、卡尔《历史是什么》、米涅《法国革命史》、修昔底德《伯罗奔尼撒战争史》、阿庇安《罗马史》、塔西佗《编年史》、卢梭《忏悔录》、白芝浩《英国宪法》、本尼迪克特《菊与刀》、韦斯特马克《人类婚姻史》、汉密尔顿、杰伊、麦迪逊《联邦党人文集》、马基雅维利《君主论》、托克维尔《论美国的民主》、林肯《林肯选集》、韦格蒂乌斯《兵法简述》、马基雅维利《兵法》、托马斯·潘恩《潘恩选集》（共4部）、门罗《早期经济思想》、约翰·洛克《论降低利息和提高货币价值的后果》、戈登·塔洛克《官僚体制的政治》、萨伊《政治经济学概论》、彼得·伯克《制造路易十四》、霍布斯《利维坦》、玛阿里《卡布斯教诲录》。

5. 推荐新书

我们在向读者推荐了大量的中外经典书籍之后,有一件重要的事情绝对不应忘记,那就是建议读者们随时保持对新书的关注和兴趣。作为一位心胸开阔、视野广阔的当代读者,对于当代新书的出版应当保持及时的了解和阅读。我首先建议诸位随时留意各大书城的售书排行榜,那是一个比较客观的当前阅读趋势的晴雨表。与此同时,豆瓣网的读书小组打分值得玩味,那些书评均是事出有因的。在移动互联网时代,用微信公众号推荐新书,已经成为绝大多数传统出版社的营销手段,当技术不成问题之后,微信公众号对于读者的吸引力更多在于内容的撰写。相比之下,非出版机构的读书微信公众号文章的撰写似乎要胜出一筹。我经常关注的读书微信公众号有"书单来了""不止读书""十点读书""新世相""悦悦读书""罗辑思维""樊登读书会""有书""慈怀读书会"等。"书单来了"对于新书的推荐下力气最大,由于这个公众号启动较早,积累比较丰厚。"不止读书"我在前面已经介绍过,公众号启动不到四年,却已经粉丝多多,汇编成书《独立日》众筹出版,比较成功。"十点读书"的成功更为显赫,已经进入资本运作,它的开篇语十分煽情:"有人说,这是一个浮躁的时代,也是一个阅读匮乏的时代。从今天起,我们一起相约读书,成为更好的自己吧!/爱你/想要了解我更多,可以查看……""新世相"是最近很火的一个公众号，邀请明星在地铁丢书。泛阅读，推荐图书也很多。"悦悦读书"总是充满激情推介少儿书籍。在推介《海洋奇缘》时，拿《疯狂动物城》来垫背，推荐语："没有俗套的罗曼史，土著公主与逗趣半神的故事更老少咸宜，《海洋奇缘》PK《疯狂动物城》谁会赢？"接着展开《海洋奇缘》的趣味内容，做得十分用心。"罗辑思维"则是我多次讲案例课要举到的典型案例。"罗辑思维"前两年主要是荐书，现在集中在辅助阅读，帮人将书读薄，节省阅读时间，并且在内容付费上有很多创新。"樊登读书会"与"罗辑思维"营销模式差不多，主要是通过高质量的图文、音频、视频，结合线下读书会，做图书精读，在模式上还是有很多创新的。"有书"主要带领读者开展内容的泛阅读，推荐纸本书，做了许多在线和线下阅读社交（譬如共读一本书）的创新。还有"慈怀读书会"，通过内容的泛阅读来积累粉丝，同时组织纸本图书的线上和线下的精读（共读、领读等社交阅读）。其实，目前大部分公众号都是这种运作方式。

最初微信公众号的阅读服务只是公益性质，或者作为引流工具，一直没有找到商业模式，2016年以来很大的变化是，一些大V和达人，开始将阅读产品化，变成一种高附加价值的服务，并且尝试直接收费，取得了创新突破。未来将出现政府公共阅读服务、民间公益阅读推广、传统出版机构服务和商业阅读服务多种形式并存的结构。这样的结构无疑是有益于阅读者的。我建议诸位读者，即使经典书籍已经把家里书柜充得再满，我们也要留出一点空间来迎接新书的到来。能读到一本新书，实在是令人激动万分的事情。

关于推荐书目，往往陷于两难窘境，通常是某一方面专业人士嘲笑某一专业书目不够全面，而非某一方面专业人士又抱怨书目太多，认为完全不切阅读实际，这就使得开列书目成为两头不落好的事情。其实，凡事只要给出规定就好讨论是非优劣，如果是为了培养某一方面专门人才，那么，与该专业相关的书籍都应当列出并要求阅读；如果是为了各方面专业人才拓展专业以外的视野，那么，这种拓展视野、增强修养的阅读只要推荐各方面具有代表性的书目就很相宜。对于以提高阅读力为主旨的本书，在推荐书目方面，我们主要秉持的还是分众原则，读者层次不同，应知乃至应读、必读的书目亦应有所不同。何况，在阅读中，读者还可以根据自己的阅读兴趣、阅读能力选择不同的阅读方法，诸如快读、慢读、泛读、深读、重读、精读、共读等，总之，只要是好书，"读"字当头，收益自在其中。

结　语

　　无论是一个人一个群体还是一个社会，阅读力的养成和提高，无疑都是一个相当具体而又复杂的过程——说具体，是指某些具体方法一学就会；说复杂，那就一言难尽了。正因如此，阅读力还是需要长期养成，要分出层次来具体对待，由浅入深而循序渐进。为此，自知之明告诉我，我的这本小书所开展的阅读力讨论，大约只是达到提出问题，引起讨论的目的，至多也只是提供了研究阅读力、提高阅读力的一些思路。因为阅读力这一论题所隐含内容的复杂程度，要远胜于答案多元多义的"为什么要读书""怎样读书"一类问题。譬如，当一位哲学教授对社区民众读书会有些杂乱无章的阅读深表垂怜甚至有些鄙夷的时候，当一位饱读之士认为完全不必追求全国人均读书量的提高，而一个人一年里能读好一两本康德、黑格尔、福柯才是做学问正路的时候，我们要问，那一群又一群的妈妈们组成的亲子绘本读书会，领着自己的孩子其乐融融地沉浸在花花书世界，那一个又一个农村进城务工人员一面啃着馒头烧饼，一面捧着《平凡的世界》或者《明朝那些事儿》想入非非，又算得上是一种什么样的阅读力呢？不用说，阅读力这件事情足够复杂，寄希望一本小书把复杂的阅读力解释清楚都很难，何况想借助阅读一本书来养成和提高阅读力，显然是非分之想。

然而，我们终归要对阅读力有一个基本的认识。要认识到阅读力较之于读不读书这样的事情更为重要，更为触及阅读这件事情的本质。对于一个有志于阅读的阅读者，尤其是那种潜在的还在努力中的阅读者，早些知道养成阅读力乃授之以渔的务本之事，一定有利于他们以应有的深沉态度来迎接未来的阅读生活。

阅读是人的基本权利，阅读力的养成和提高也是一个人的基本权利。一如现实生活中的衣食住行，可以各有所好，不必相互歧视，更无须相互攻击。我知道这样的比喻再肤浅简单不过，但至少可以说明，在事关人的基本权利的一些事情上，我们需要对个体更多的尊重、更多的平等、更多的就事论事、更多的理解。譬如在阅读力这件事情上，就有幼儿阅读力、小学生阅读力、中学生阅读力、大学生阅读力乃至专家学者阅读力之分，即便是专家学者，"术业有专攻"，往往隔行如隔山，再了不起的所谓通才，也不可能无所不通。大凡一个正常发展的社会，社会的阅读就应当包括社会各个阶层的经历，社会的阅读力就应当是一种多层结构状态。既然如此，那种居高临下的精英主义和背对精英的民粹主义的阅读价值观都是一种阶层的偏见和任性。

为此，我们要说，阅读是平等的，关于阅读力的讨论也是平等的。

从我参加的2016年北京阅读季的五场论坛来看，有谈分众阅读与阅读推广的未来，有谈从好书和好作者开始的阅读，有对全民阅读传播的探讨，有对公共空间在全民阅读语境下的多种可能性的讨论，还有政府文化部门负责人讨论如何服务全民阅读，无疑涉及的层次是多方面的，但所有这些主题安排都是以一种平等态度来对待的，并没有此高彼低的问题。而从我参加评选的2016深圳读书月华文领读者大奖来看，更是混搭得厉害。就拿项目奖来说，获得提名的既有佑贝亲子图书馆，又有后院读书会哲学"席明纳"，前者已经服务于数十个城市的社区阅读，聚集着妈妈宝宝阅读新一代；后者聚集着一众中青年读书人，他们读哲学，而且提倡哲学"席明纳"，即要求每一位成员都应当成为哲学阅读的主体，要求大家爱读、能读、能懂、能讲，据说其中一些有条件的会员还曾经沿着大哲学家康德的足迹一路踏勘。你能从这两种类型（还有更多类型）的读书项目中评出最佳来吗？显然，这是一个两难甚至多难的问题。最后，评委会基于深圳读书月已经开展17年，应当注意引导更多的阅读者向更高阅读水准提高的愿望，把大奖授予后院读书会哲学"席明纳"，只能说这是评委会良好愿望的表达，这中间并不存在此高彼低的关系。

鉴于上述种种实践和思考，我们愈发明白，阅读价值是两难甚至是多难的,一个人的阅读力是一个阶段累积的过程,一个社会的阅读力是一个多元累加的结构。

  最后,我还想发表一点感想,那就是:阅读就是阅读,离开阅读来培养阅读力、评判阅读力就会落于缘木求鱼的尴尬境地。阅读者最终还是要通过阅读实践来提高自己的阅读力。正如一个人学习游泳一样,不可能只在岸上按照要领比画就能学会。何况阅读还是一件个体差异性比较大的事情,单就是对一本书喜欢与不喜欢就千差万别,更何况还有不同文化层次阅读者之间无法比较的不同阅读力。阅读方法在这里只能提供一些知识一些帮助。所以,在做了那么多提高阅读力的讨论之后,我们还是要回到具体的事物上来。无论是阅读文学经典还是阅读哲学名著,只有按照各自门类的阅读方法循序渐进去读,我们才会读得好一些;只有在各自门类的阅读上坚持读下去,我们才会读得越来越多;只有越来越多的阅读,我们才会读得越来越深,阅读力也就在这个过程中得到真正的提升。

2016 年 11 月 30 日于北京民旺园

附 录

1."中学生语文新课标课外文学名著必读丛书"书目

书名	作者
红楼梦(上下)	曹雪芹、高鹗著
中国古代寓言故事	柳耀华编写
孟子选注	李炳英选注
小学生必背古诗70篇	张双平注释
论语通译	徐志刚
谈美书简	朱光潜
欧·亨利短篇小说精选	[美]欧·亨利著 王永年译
西厢记	王实甫
鲁滨逊漂流记	[英]笛福著 徐霞村译
泰戈尔诗选	[印度]泰戈尔著 冰心、石真、郑振铎译
普希金诗选	[俄]普希金著 卢永选编
朝花夕拾	鲁迅
匹克威克外传(上下)	[英]狄更斯著 莫雅平译
鲁迅杂文精选	鲁迅
雷雨	曹禺

边城	沈从文
莫泊桑短篇小说精选	[法]莫泊桑著　赵少侯译
茶馆	老舍
格林童话精选	[德]格林兄弟著　司马仝译
芙蓉镇	古华
朱自清散文精选	朱自清
伊索寓言精选	[古希腊]伊索著　罗念生等译
庄子选译	陆永品译注
高中生必背古诗文40篇	吴建民注释
歌德谈话录	[德]爱克曼辑录　朱光潜译
呐喊	鲁迅
成语故事	李新武编写
初中生必背古诗文50篇	王峰、马奔腾注释
安徒生童话精选	[丹麦]安徒生著　叶君健译
尘埃落定	阿来
欧也妮·葛朗台	[法]巴尔扎克著　张冠尧译
繁星春水	冰心
中外神话传说	田新利编选
名人传	[法]罗曼·罗兰著　张冠尧、艾珉译
巴黎圣母院	[法]雨果著　陈敬容译
契诃夫短篇小说精选	[俄]契诃夫著　汝龙译
历史的天空	徐贵祥
骆驼祥子	老舍
女神	郭沫若
克雷洛夫寓言精选	[俄]克雷洛夫著　屈洪、岳岩译
二十世纪中国短篇小说精选	白烨、秦弓编选
二十世纪中国散文精选	周茜编选
二十世纪外国散文精选	邹海仑选编

文学名著导读(小学初中版)	叶君健等编著
二十世纪外国短篇小说精选	王向远编选
二十世纪中国诗歌精选	沈庆利编选
文学名著导读(高中版)	钱理群等著
二十世纪中国戏剧精选	邹红编选
复活	[俄]列夫·托尔斯泰著 汝龙译
哈姆莱特	[英]莎士比亚著 朱生豪译
外国历史故事精选	张冬梅选编
中国历史故事精选	吴艳选编
外国短篇童话精选	廉芹选编
海底两万里	[法]儒勒·凡尔纳著 赵克非译
外国民间故事精选	岳凯选编
中国民间故事精选	李智慧选编
贾平凹散文精选	贾平凹
老人与海	海明威著 李育超译
平凡的世界(1—3)	路遥
中国短篇童话精选	吴勇选编
小兵张嘎	徐光耀
城南旧事	林海音
稻草人	叶圣陶
小学、初中新课标文学名著助读	李建洛
中国童谣精选	叶显林
儿童诗歌精选	谭旭东
中国现代寓言故事	安武林
革命烈士诗歌选读	王毅
简·爱	[英]夏洛蒂·勃朗特著 吴钧燮译
宝葫芦的秘密	张天翼
小学优秀古诗背诵指定	

篇目(75篇)	杨春俏 徐德琳编著
初中优秀古诗文背诵指定篇目(61篇)	杨春俏
艾青诗选	王晓编选
格列佛游记	[英]斯威夫特著 刘春芳译

2. "中国文库"书目

第一辑

哲学社会科学类

书名	作者	出版单位
马克思主义哲学纲要	韩树英	人民出版社
中国哲学史新编	冯友兰	人民出版社
中国哲学史大纲(上)	胡适	东方出版社
科学与哲学	张东荪	商务印书馆
知识论	金岳霖	商务印书馆
法相唯识学	太虚	商务印书馆
大众哲学	艾思奇	人民出版社
中国伦理学史	蔡元培	商务印书馆
中国近三百年学术史	梁启超	东方出版社
西方美学史	朱光潜	人民文学出版社
通货新论	马寅初	商务印书馆
资本主义的起源	厉以宁	商务印书馆
改革:我们正在过大关	吴敬琏	生活·读书·新知三联书店
发展的道理	樊纲	生活·读书·新知三联书店
价值体系的历史选择	李从军	人民出版社
汉语史稿	王力	中华书局
音韵丛稿	何九盈	商务印书馆
中国修辞学史	周振甫	商务印书馆
中国翻译简史	马祖毅	中国对外翻译出版公司

史学类

书名	作者	出版单位
世界通史	崔连仲 刘明翰等	人民出版社
中国通史	范文澜 蔡美彪等	人民出版社
简明清史	戴逸	人民出版社
中国近代史	李侃等	中华书局
隋唐制度渊源略论稿·唐代政治史述论稿	陈寅恪	生活·读书·新知三联书店
万历十五年	黄仁宇	生活·读书·新知三联书店
中国疆域沿革史	顾颉刚 史念海	商务印书馆
朱元璋传	吴晗	人民出版社
雍正传	冯尔康	人民出版社

文学类

书名	作者	出版单位
鲁迅选集	鲁迅	人民文学出版社
郭沫若选集	郭沫若	人民文学出版社
茅盾选集	茅盾	人民文学出版社
巴金选集	巴金	人民文学出版社
老舍选集	老舍	人民文学出版社
曹禺选集	曹禺	人民文学出版社
朱自清选集	朱自清	人民文学出版社
徐志摩选集	徐志摩	人民文学出版社
萧红选集	萧红	人民文学出版社
冰心选集	冰心	人民文学出版社
赵树理选集	赵树理	人民文学出版社
郁达夫选集	郁达夫	人民文学出版社
沈从文小说选	沈从文	人民文学出版社

子夜	茅盾	人民文学出版社
家	巴金	人民文学出版社
倪焕之	叶圣陶	人民文学出版社
围城	钱锺书	人民文学出版社
财主底儿女们	路翎	人民文学出版社
太阳照在桑干河上	丁玲	人民文学出版社
暴风骤雨	周立波	人民文学出版社
青春之歌	杨沫	中国青年出版社
林海雪原	曲波	人民文学出版社
红旗谱	梁斌	中国青年出版社
红日	吴强	中国青年出版社
冬天里的春天	李国文	人民文学出版社
沉重的翅膀	张洁	人民文学出版社
活动变人形	王蒙	人民文学出版社
白鹿原	陈忠实	人民文学出版社
毛泽东诗词选	毛泽东	人民文学出版社
艾青诗选	艾青	人民文学出版社
贺敬之诗选	贺敬之	人民文学出版社
郭小川诗选	郭小川	人民文学出版社
余光中诗选	余光中	中国青年出版社
沈从文散文选	沈从文	人民文学出版社
白洋淀纪事	孙犁	人民文学出版社
可爱的中国	方志敏	人民文学出版社
随想录	巴金	生活·读书·新知三联书店
文化苦旅	余秋雨	东方出版中心
欧洲文论简史	伍蠡甫 翁义钦	人民文学出版社
欧洲文学史	杨周翰 吴达元 赵萝蕤	人民文学出版社
中国文学史	游国恩等	人民文学出版社

艺术类

书名	作者	出版单位
中国绘画断代史	李松 顾森 陈绶祥等	人民美术出版社
中国古建筑二十讲	楼庆西	生活·读书·新知三联书店
外国古建筑二十讲	陈志华	生活·读书·新知三联书店
希腊罗马美术史话	章利国	人民美术出版社
意大利美术史话	刘人岛	人民美术出版社
法国美术史话	高天民	人民美术出版社
英国美术史话	李建群	人民美术出版社
德国美术史话	徐沛君	人民美术出版社
俄罗斯美术史话	奚静之	人民美术出版社
美国美术史话	王瑞芸	人民美术出版社
印度美术史话	王镛	人民美术出版社
日本美术史话	刘晓路	人民美术出版社
现代派美术史话	崔庆忠	人民美术出版社
中国古代音乐史稿	杨荫浏	人民音乐出版社
中国音乐美学史	蔡仲德	人民音乐出版社
百年漫画(上下卷)	黄远林	现代出版社

科技文化类

书名	作者	出版单位
20世纪科学技术简史	李佩珊 许良英	科学出版社
中国考古学——走进历史真实之道	张忠培	科学出版社
科学的魅力	余翔林	科学出版社
科学的未来	余翔林	科学出版社
科学的挑战	余翔林	科学出版社
科学的前沿	余翔林	科学出版社

综合·普及类

书名	作者	出版单位
经典常谈	朱自清	生活·读书·新知三联书店
美学四讲	李泽厚	生活·读书·新知三联书店
经书浅谈	杨伯峻等	中华书局
语文闲谈	周有光	生活·读书·新知三联书店
中国历史名城	陈桥驿	中国青年出版社
文化古城旧事	邓云乡	中华书局
中国字典史略	刘叶秋	中华书局
中国钱币史话	汪圣铎	中华书局
孔子说——仁者的叮咛	蔡志忠	生活·读书·新知三联书店

第二辑

哲学社会科学类

书名	作者	出版单位
马克思主义哲学史	黄楠森	北京出版社
中国哲学发展史(先秦、秦汉、魏晋南北朝、隋唐)	任继愈主编	人民出版社
中国佛教哲学要义（上下）	方立天	中国人民大学出版社
中国哲学史方法论发凡	张岱年	中华书局
基督教哲学1500年	赵敦华	人民出版社
海德格尔哲学概论	陈嘉映	生活·读书·新知三联书店
现象学及其效应	倪梁康	生活·读书·新知三联书店
东西文化及其哲学	梁漱溟	商务印书馆
中国文化概论（修订版）	张岱年 方克立	北京师范大学出版社
形式逻辑	金岳霖主编	人民出版社
论逻辑经验主义	洪谦	商务印书馆

德国古典美学	蒋孔阳	商务印书馆
美学概论	王朝闻主编	人民出版社
两汉经学今古文评议	钱穆	商务印书馆
汉代学术史略	顾颉刚	东方出版社
中国近代经济史	汪敬虞	人民出版社
中国资本主义发展史（上中下）	许涤新、吴承明主编	人民出版社
中国政治制度通史（10卷）	白钢	人民出版社
中国官僚政治研究	王亚南	中国社会科学出版社
江村经济	费孝通	商务印书馆
微观经济学纵横谈	梁小民	生活·读书·新知三联书店
用辨证的眼光看市场经济	董辅礽	生活·读书·新知三联书店
刑法学原理（上中下）	高铭暄等	中国人民大学出版社
物权法研究	王利明	中国人民大学出版社
汉语现象论丛	启功	中华书局
语法修辞讲话	吕叔湘	辽宁教育出版社
启功讲学录	启功	北京师范大学出版社
中国学术思想史随笔	曹聚仁	生活·读书·新知三联书店
外国教育史（上下）	王天一	北京师范大学出版社
当代翻译理论	刘宓庆	中国对外翻译出版公司

史学类

书名	作者	出版单位
美国通史（1-6）	刘绪贻、杨生茂主编	人民出版社
阿拉伯通史（上下）	纳忠	商务印书馆
中国史纲要（上下）	翦伯赞主编	人民出版社
先秦诸子系年	钱穆	商务印书馆

书名	作者	出版单位
毛泽东年谱（上中下）	逄先知主编	中央文献出版社
从鸦片战争到五四运动（简本）	胡绳	人民出版社
中国民族关系史纲	翁独健	中国社会科学出版社
中国人口史（1-6）	葛剑雄主编	复旦大学出版社
中国婚姻史稿	陈鹏	中华书局
秦始皇传	张分田	人民出版社
唐太宗传	田昌五等主编	人民出版社

文学类

书名	作者	出版单位
丁玲选集	丁玲	人民文学出版社
戴望舒选集	戴望舒	人民文学出版社
沙汀选集	沙汀	人民文学出版社
艾芜选集	艾芜	人民文学出版社
林徽因选集	林徽因	人民文学出版社
骆驼祥子	老舍	人民文学出版社
懒寻旧梦录（增补本）	夏衍	生活·读书·新知三联书店
胡风回忆录	胡风	人民文学出版社
保卫延安	杜鹏程	人民文学出版社
野火春风斗古城	李英儒	人民文学出版社
上海的早晨（1-4）	周而复	人民文学出版社
烈火金刚	刘流	中国青年出版社
一代风流	欧阳山	人民文学出版社
创业史	柳青	中国青年出版社
李自成（第一卷·上下）	姚雪垠	中国青年出版社
青春万岁	王蒙	人民文学出版社
将军吟	莫应丰	人民文学出版社

书名	作者	出版单位
野葫芦引·南渡记	宗璞	人民文学出版社
野葫芦引·东藏记		
钟鼓楼	刘心武	人民文学出版社
尘埃落定	阿来	人民文学出版社
白门柳（上中下）	刘斯奋	中国青年出版社
梁遇春散文选	梁遇春	人民文学出版社
孙犁散文选	孙犁	人民文学出版社
季羡林散文选	季羡林	人民文学出版社
周涛散文选	周涛	人民文学出版社
史铁生散文选	史铁生	人民文学出版社
北京乎（上下）	姜德明编	生活·读书·新知三联书店
臧克家诗选	臧克家	人民文学出版社
舒婷的诗	舒婷	人民文学出版社
海子的诗	海子	人民文学出版社
张天翼童话选	张天翼	人民文学出版社
高士其童话选	高士其	人民文学出版社
中国俗文学史	郑振铎	商务印书馆
中国鲁迅学通史	张梦阳	广东教育出版社
论《红楼梦》的思想	冯其庸	黑龙江教育出版社
中国现代小说史（1-3）	杨义	人民出版社

艺术类

书名	作者	出版单位
欧洲音乐史	张洪岛主编	人民音乐出版社
中国近现代音乐史（第二次修订版）	汪毓和	人民音乐出版社
西方美术史话	迟轲	中国青年出版社
东方美术史话	范梦	中国青年出版社

西欧戏剧史（上下）	廖可兑	中国戏剧出版社
中国京剧史（1-4）	北京/上海艺术研究所编	中国戏剧出版社
百年中国电影理论文选（上下）	丁亚平主编	文化艺术出版社
齐白石的一生	张次溪	人民美术出版社
我负丹青	吴冠中	人民文学出版社
侯宝林相声精品集	王文章主编	文化艺术出版社

科技文化类

书名	作者	出版单位
世界数学通史（上下）	梁宗巨	辽宁教育出版社
科学之旅	路甬祥	辽宁教育出版社
中国地理学史	王成组	商务印书馆
历史地理学四论	侯仁之	科普出版社
万古奇观——彗木大碰撞及其留给人类的思考	卞德培编著	科普出版社
华罗庚的数学生涯	王元　杨德庄	科学出版社

综合·普及类

书名	作者	出版单位
文心	夏丏尊　叶圣陶	生活·读书·新知三联书店
西谛书话	郑振铎	生活·读书·新知三联书店
谈美书简	朱光潜	人民文学出版社
毛泽东的读书生活（增订本）	龚育之等著	生活·读书·新知三联书店
在语词的密林里	陈原	生活·读书·新知三联书店
阅读城市	张钦楠	生活·读书·新知三联书店
中国七大古都	陈桥驿　谭其骧等	中国青年出版社
庄子说	蔡志忠编绘	生活·读书·新知三联书店

第三辑

哲学社会科学类

书名	作者	出版单位
毛泽东的五篇哲学著作	人民出版社编辑部	人民出版社
论道	金岳霖	中国人民大学出版社
中国政治史	周谷城	中华书局
中国思想通史（1—5）	侯外庐 赵纪彬 杜国庠	人民出版社
中国近百年政治史（1840—1926年）	李剑农	复旦大学出版社
中国文化史	柳诒徵	东方出版中心
中国文化与中国的兵	雷海宗	商务印书馆
中国法律与中国社会	瞿同祖	中华书局
20世纪西方哲学东渐史（1—4）	汤一介	首都师范大学出版社
老庄新论	陈鼓应	商务印书馆
通俗哲学	韩树英	中国青年出版社
晚清政治思想史论	王尔敏	广西师范大学出版社
中国传统政治哲学	周桂钿	河北人民出版社
哲学通论（修订版）	孙正聿	复旦大学出版社
简帛古书与学术源流	李零	生活·读书·新知三联书店
中国反贪史（1—2）	王春瑜	四川人民出版社
中国现代化历程（1—3）	虞和平	江苏人民出版社
竞争法论	徐士英	世界图书出版公司
金翼	林耀华	生活·读书·新知三联书店

书名	作者	出版单位
马氏文通	马建忠	商务印书馆
乾嘉学派研究	陈祖武 朱彤窗	河北人民出版社
科学翻译学	黄忠廉 李亚舒	中国对外翻译出版公司
禅宗思想渊源	吴言生	中华书局

史学类

书名	作者	出版单位
毛泽东自述	马连儒 柏裕江编	人民出版社
周恩来年谱（1898-1949）	中共中央文献研究室	中央文献出版社
周恩来年谱（1949-1976）	中共中央文献研究室	中央文献出版社
邓小平年谱（1975-1997）（1-2）	中共中央文献研究室	中央文献出版社
中国史稿	郭沫若	人民出版社
中国上古史研究讲义	顾颉刚	中华书局
清史讲义	孟森	中华书局
中国史学史	金毓黻	商务印书馆
唐代长安与西域文明	向达	河北教育出版社
中国古代社会	何兹全	北京师范大学出版社
中国民族史	林惠祥	商务印书馆
中国回回民族史（1-2）	白寿彝	中华书局
蒙古秘史	余大均 译注	河北人民出版社
中华人民共和国简史	金春明	中共党史出版社
北宋政治改革家——王安石	邓广铭	生活·读书·新知三联书店

| 武则天传 | 雷家骥 | 人民出版社 |

文学类

书名	作者	出版单位
胡适选集	胡适	吉林人民出版社
废名选集	废名	人民文学出版社
陈映真选集	陈映真	生活·读书·新知三联书店
京华烟云（1-2）	林语堂	现代教育出版社
大波（1-3）	李劼人	人民文学出版社
六十年的变迁（1-3）	李六如	人民文学出版社
小城春秋	高云览	人民文学出版社
苦菜花	冯德英	人民文学出版社
黄河东流去	李準	人民文学出版社
平凡的世界（1-3）	路遥	人民文学出版社
芙蓉镇	古华	人民文学出版社
浮躁	贾平凹	人民文学出版社
绿化树	张贤亮	人民文学出版社
曾国藩（1-3）	唐浩明	人民文学出版社
古船	张炜	人民文学出版社
第二十幕（1-3）	周大新	人民文学出版社
刘以鬯小说集	刘以鬯	百花文艺出版社
金牧场	张承志	人民文学出版社
红高粱家族	莫言	人民文学出版社
梦家诗集	陈梦家	中华书局
穆旦诗文集（1-2）	穆旦	人民文学出版社
周作人散文选集	周作人	人民文学出版社
何其芳散文选集	何其芳	百花文艺出版社
上海屋檐下		
法西斯细菌	夏衍	人民文学出版社

风雪夜归人 闯江湖	吴祖光	人民文学出版社
王国维文学论三种	王国维	商务印书馆
中国小说史略	鲁迅	人民文学出版社
现代中国文学史	钱基博	中国人民大学出版社
中国文学批评/中国散文概论	方孝岳	生活·读书·新知三联书店
咀华集 咀华二集	李健吾	人民文学出版社
鲁迅与中国文化	林非	南开大学出版社
唐代科举与文学	傅璇琮	陕西人民出版社
中国诗学	叶维廉	人民文学出版社
迦陵论诗丛稿	叶嘉莹	中华书局
台湾文学史（1-3）	刘登翰 庄明萱	现代教育出版社

艺术类

书名	作者	出版单位
中国建筑史	梁思成	百花文艺出版社
中国雕塑史	梁思成	百花文艺出版社
中国戏曲概论	吴梅	中国人民大学出版社
中国戏曲通史（1-3）	张庚 郭汉城	中国戏剧出版社
黄宾虹谈艺录	南羽	河南美术出版社
张大千谈艺录	陈滞冬	河南美术出版社
存天阁谈艺录	刘海粟	中国青年出版社
徐悲鸿一生	廖静文	中国青年出版社
我读石涛画语录	吴冠中	荣宝斋出版社
中国绘画史	陈师曾	中国人民大学出版社
漫画漫话（1-2）	华君武	河北教育出版社
中国音乐美学史资料注译（增订版）（1-2）	蔡仲德注译	人民音乐出版社
中国书法史（1-7）	丛文俊	江苏教育出版社

科技文化类

书名	作者	出版单位
中国古代星占学	卢央	中国科学技术出版社
中国古代历法	张培瑜等	中国科学技术出版社
中国古代天文学思想	陈美东	中国科学技术出版社
天学真原	江晓原	辽宁教育出版社
中国传统数学思想史	郭金彬 孔国平	科学出版社

综合·普及类

书名	作者	出版单位
弘一法师书信	林子清	生活·读书·新知三联书店
三松堂自序	冯友兰	人民出版社
所思	张申府	生活·读书·新知三联书店
读书随笔（1–3）	叶灵凤	生活·读书·新知三联书店
顺生论	张中行	中华书局
北斗京华	周汝昌	中华书局
江浙访书记	谢国桢	生活·读书·新知三联书店
编辑忆旧	赵家璧	生活·读书·新知三联书店
诗词例话	周振甫	中国青年出版社

第四辑

哲学社会科学类

书名	作者	出版单位
中国伦理思想研究	张岱年	江苏教育出版社
中国古代哲学的逻辑发展	冯契	东方出版中心
魏晋玄学论稿（增订版）	汤用彤	生活·读书·新知三联书店
易学哲学史	朱伯崑	昆仑出版社

儒家辩证法研究	庞朴	中华书局
唯物辩证法大纲	李达	人民出版社
郭象与魏晋哲学（增订本）	汤一介	北京大学出版社
逻辑经验主义的认识论	江天骥	武汉大学出版社
当代西方科学哲学		
中国古代思想史论		
中国近代思想史论	李泽厚	生活·读书·新知三联书店
中国现代思想史论		
思·史·诗——现象学和存在哲学研究	叶秀山	人民出版社
中国思想史	葛兆光	复旦大学出版社
有无之境	陈来	生活·读书·新知三联书店
中国社会主义经济问题研究	薛暮桥	人民出版社
社会主义经济论稿	孙冶方	中国大百科全书出版社
中国经济体制改革的模式研究	刘国光	中国社会科学出版社
农业与工业化	张培刚	华中科技大学版社
财政信贷综合平衡导论	黄达	中国人民大学出版社
非均衡的中国经济	厉以宁	中国大百科全书出版社
论竞争性市场体制	吴敬琏 刘吉瑞	中国大百科全书出版社
中国奇迹：回顾与展望	林毅夫	北京大学出版社
版权法（修订本）	郑成思	中国人民大学出版社
国际法	周鲠生	武汉大学出版社
国际私法新论	韩德培	武汉大学出版社
刑法哲学	陈兴良	中国政法大学出版社
法理学（第二版）	沈宗灵 张文显	高等教育出版社
民法解释学	梁慧星	法律出版社

民俗学概论	钟敬文	上海文艺出版社
中国心理学史	高觉敷	人民教育出版社
心理学简札	潘菽	人民教育出版社
冷眼向洋	资中筠等	生活·读书·新知三联书店

史学类

书名	作者	出版单位
中国文明的起源	夏鼐	中华书局
中国古代文明研究	李学勤	华东师范大学出版社
甲骨文字释林	于省吾	中华书局
西欧封建经济形态研究	马克垚	中国大百科全书出版社
魏晋南北朝论丛	唐长孺	中华书局
东晋门阀政治	田余庆	北京大学出版社
宋代经济史	漆侠	中华书局
西夏史稿	吴天墀	广西师范大学出版社
明代的军屯	王毓铨	中华书局
太平天国史	罗尔纲	中华书局
第二次鸦片战争	蒋孟引	生活·读书·新知三联书店
辛亥革命史	章开沅	中国大百科全书出版社
转折年代——中国的1947年	金冲及	生活·读书·新知三联书店
现代化新论——世界与中国的现代化进程(增订本)	罗荣渠	商务印书馆
糖史	季羡林	江西教育出版社
长水集	谭其骧	人民出版社
走出中世纪(增订本)	朱维铮	复旦大学出版社

文学类

书名	作者	出版单位
马烽小说选	马烽	作家出版社

周立波小说选	周立波	湖南文艺出版社
玛拉沁夫小说选	玛拉沁夫	作家出版社
王愿坚小说选	王愿坚	中国青年出版社
李準小说选	李準	人民文学出版社
王蒙小说选	王蒙	人民文学出版社
汪曾祺小说选	汪曾祺	人民文学出版社
林斤澜小说选	林斤澜	人民文学出版社
李国文小说选	李国文	人民文学出版社
邓友梅小说选	邓友梅	人民文学出版社
陆文夫小说选	陆文夫	江苏文艺出版社
高晓声小说选	高晓声	江苏文艺出版社
茹志鹃小说选	茹志鹃	江苏文艺出版社
王安忆小说选	王安忆	人民文学出版社
铁凝小说选	铁凝	人民文学出版社
史铁生小说选	史铁生	人民文学出版社
闻捷诗选	闻捷	人民文学出版社
昌耀诗选	昌耀	人民文学出版社
食指诗选	食指	人民文学出版社
天安门诗抄	童怀周	人民文学出版社
朦胧诗选	杨克　陈亮编选	中国青年出版社
杨朔散文选	杨朔	人民文学出版社
秦牧散文选	秦牧	人民文学出版社
刘白羽散文选	刘白羽	人民文学出版社
萧乾散文选	萧乾	人民文学出版社
柯灵散文选	柯灵	人民文学出版社
杨绛散文选	杨绛	人民文学出版社
贾平凹散文选	贾平凹	人民文学出版社
邵燕祥散文选	邵燕祥	人民文学出版社

书名	作者	出版单位
1949—2009 剧作选	老舍等著	人民文学出版社
1949—2009 报告文学选	刘白羽等著	人民文学出版社
1949—2009 儿童文学选	冰心等著	中国青年出版社
周扬文论选	周扬	人民文学出版社
陈涌文论选	陈涌	人民文学出版社
张光年文论选	张光年	人民文学出版社
唐弢文论选	唐弢	人民文学出版社
王瑶文论选	王瑶	人民文学出版社
钱谷融文论选	钱谷融	上海文艺出版社
王元化文论选	王元化	上海文艺出版社
蔡仪美学文选	蔡仪	河南文艺出版社
1949—2009 文论选	钱锺书等著	人民文学出版社

艺术类

书名	作者	出版单位
欧洲绘画史	邵大箴	上海人民美术出版社
中国绘画美学史	陈传席	人民美术出版社
中国工艺美术史	田自秉	东方出版中心
中国书画鉴定	谢稚柳	东方出版中心
琴史初编	许健	人民音乐出版社
宗白华美学与艺术文选	宗白华	河南文艺出版社
王光祈音乐论著选集	王光祈著 冯文慈等选注	人民音乐出版社

科技文化类

书名	作者	出版单位
北京城的生命印记	侯仁之	生活·读书·新知三联书店
说园	陈从周	同济大学出版社
古海荒漠	许靖华	生活·读书·新知三联书店

书名	作者	出版单位
科学发现纵横谈	王梓坤	北京师范大学出版社
中国科学思想史	席泽宗	科学出版社
系统论——系统科学哲学	魏宏森 曾国屏	世界图书出版公司
科学的历程(第二版)	吴国盛	北京大学出版社

综合·普及类

书名	作者	出版单位
傅雷书信集	傅雷	生活·读书·新知三联书店
诗词格律概要 诗歌格律十讲	王力	世界图书出版公司
一氓书缘	李一氓	生活·读书·新知三联书店
上学记(修订版)	何兆武	生活·读书·新知三联书店

第五辑

哲学社科类

书名	作者	出版单位
孙中山著作选编(全三册)	陈铮选编	中华书局
黄兴集	湖南省社会科学院编	中华书局
宋教仁集(全二册)	陈旭麓主编	中华书局
廖仲恺集	广东省社会科学院历史研究所编	中华书局
朱执信集	广东省哲学社会科学院研究所历史研究室编	中华书局
中国政治思想史	陶希圣	中国大百科全书出版社
民国政制史	钱端升等	上海人民出版社
民国政党史	谢彬撰 章伯锋整理	中华书局

经学历史	皮锡瑞著 周予同注释	中华书局
清代学术概论	梁启超著 朱维铮校订	中华书局
新唯识论	熊十力	上海书店出版社
逻辑	金岳霖	中国人民大学出版社
科学与玄学	罗家伦	商务印书馆
中国古代经济史稿	李剑农	武汉大学出版社
中国近代经济史	汪敬虞主编	人民出版社
中国交通史	白寿彝	团结出版社
中国经济原论	王亚南	中国大百科全书出版社
财政学	何廉、李锐	商务印书馆
中国经济思想史	唐庆增	商务印书馆
货币与银行	杨端六	武汉大学出版社
刑法学	蔡枢衡	中国民主法制出版社
乡土中国	费孝通	人民出版社
文化人类学	林惠祥	商务印书馆
优生概论	潘光旦	北京大学出版社
西洋文化史纲要	雷海宗撰 王敦书整理导读	上海古籍出版社
西学东渐记	容闳著 徐凤石等译 钟叔河导读	生活·读书·新知三联书店
中国现代语法	王力	商务印书馆
语言学史概要	岑麒祥编著 岑运强评注	世界图书出版公司
蔡元培教育论著选	高平叔编	人民教育出版社
陶行知教育论著选	董宝良主编 喻本伐 周洪宇选编	人民教育出版社

书名	作者	出版单位
中国报学史	戈公振	生活·读书·新知三联书店
陆费逵文选	陆费逵	中华书局
张元济论出版	张元济著 张人凤 宋丽荣选编	商务印书馆
韬奋文录新编	邹韬奋	生活·读书·新知三联书店

史学类

书名	作者	出版单位
国故论衡疏证（全二册）	章太炎撰 庞俊 郭诚永疏证	中华书局
国史大纲（全二册）	钱穆	商务印书馆
通史新义	何炳松	商务印书馆
台湾通史（全二册）	连横	生活·读书·新知三联书店
武昌革命史（全三册）	曹亚伯	中国大百科全书出版社
辛亥革命与袁世凯	黎澍	中国大百科全书出版社
北洋军阀史	来新夏等	东方出版中心
中国国民党史稿	邹鲁编著	东方出版中心
中华民国外交史	张忠绂编著	华文出版社
西洋史（全二册）	陈衡哲	中国大百科全书出版社
欧化东渐史	张星烺	商务印书馆
清末立宪史	高放	华文出版社

文学类

书名	作者	出版单位
秋瑾诗文选注	郭延礼 郭蓁选注	人民文学出版社
邹容集	张梅编注	人民文学出版社
陈天华集	刘晴波 彭国兴编 饶怀民补订	湖南人民出版社

于右任诗词选	杨中州选注	河南人民出版社
鸳鸯蝴蝶派作品选（修订版）	范伯群编选	人民文学出版社
南社诗选	林东海　宋红选注	人民文学出版社
文学研究会小说选	李葆琰编选	人民文学出版社
创造社作品选	刘纳编选	人民文学出版社
太阳社小说选	李松睿　吴晓东编选	人民文学出版社
湖畔派诗选	刘纳编选	人民文学出版社
浅草—沉钟社作品选	张铁荣编选	人民文学出版社
《语丝》作品选	张梁编选	人民文学出版社
未名社作品选	黄开发编选	人民文学出版社
新月派诗选（修订版）	蓝棣之编选	人民文学出版社
象征派诗选（修订版）	孙玉石编选	人民文学出版社
新感觉派小说选（修订版）	严家炎编选	人民文学出版社
现代派诗选（修订版）	蓝棣之编选	人民文学出版社
论语派作品选	庄钟庆编选	人民文学出版社
京派小说选	吴福辉编选	人民文学出版社
东北作家群小说选	王培元编选	人民文学出版社
七月派作品选（全二册）	吴子敏编选	人民文学出版社
西南联大文学作品选	李光荣编选	人民文学出版社
九叶派诗选（修订版）	蓝棣之编选	人民文学出版社
荷花淀派小说选	冯健男编选	人民文学出版社
山药蛋派作品选	高捷编选	人民文学出版社
红楼梦辨	俞平伯著	商务印书馆
中国诗史	陆侃如　冯沅君著	百花文艺出版社
中国文学发展史	刘大杰著	复旦大学出版社

艺术类

书名	作者	出版单位
万木草堂论艺	康有为	荣宝斋出版社
中国绘画史	潘天寿	团结出版社
中国绘画理论	傅抱石	江苏教育出版社
中国雕塑艺术史	王子云	人民美术出版社
中国陶瓷史	吴仁敬 辛安潮著	团结出版社
中国戏剧史	徐慕云撰	东方出版中心
洪深戏剧论文集	洪深	东方出版中心
焦菊隐戏剧论文集	焦菊隐	华文出版社
中国古代乐论选辑	吴钊 伊鸿书 赵宽仁 古宗智 吉联杭编	人民音乐出版社
素月楼联语	张伯驹编著	华文出版社
中国书法理论体系	熊秉明	天津教育出版社
夏衍电影论文集	夏衍	东方出版中心
银幕形象塑造	赵丹著 赵青整理	东方出版中心

科技文化类

书名	作者	出版单位
自然辩证法在中国	龚育之	北京大学出版社
科学家谈21世纪	李四光等	中国大百科全书出版社
继承与叛逆——现代科学为何出现于西方	陈方正	生活·读书·新知三联书店
中国医学史	陈邦贤	团结出版社
化学史通考	丁绪贤	中国大百科全书出版社
科学概论	王星拱	武汉大学出版社
竺可桢科普创作选集	竺可桢	中国大百科全书出版社

综合普及类

书名	作者	出版单位
书林清话	叶德辉	华文出版社
文坛五十年（正编续编）	曹聚仁	生活·读书·新知三联书店
张菊生先生七十生日纪念论文集	胡适　蔡元培　王云五等编	商务印书馆
佛教常识问答	赵朴初	华文出版社
词心笺评	邵祖平	复旦大学出版社
西潮与新潮	蒋梦麟	东方出版社

3. "百年百种优秀中国文学图书"书目

书名	作者	版本
官场现形记	李宝嘉	1903—1905年上海《世界繁华报》连载并陆续出版
孽海花	曾朴	1905年上海小说林社版（20回本） 1928年上海真善美书店版（30回本）
老残游记	刘鹗	1906年天津日日新闻社版
二十年目睹之怪现状	吴趼人	1906—1910年上海广智书局陆续出版
人境庐诗草	黄遵宪	1911年刊行于日本
尝试集	胡适	1920年上海亚东图书馆版
女神	郭沫若	1921年上海泰东图书局版
沉沦	郁达夫	1921年上海泰东图书局版
呐喊	鲁迅	1923年北京新潮社版
繁星	冰心	1923年上海商务印书馆版
南社丛选	胡朴安选录	1924年上海国学社版
雨天的书	周作人	1925年北京新潮社版
志摩的诗	徐志摩	1925年上海中华书局代印
寄小读者	冰心	1926年上海北新书局版
彷徨	鲁迅	1926年北京北新书局版
野草	鲁迅	1927年上海北新书局版
死水	闻一多	1928年上海新月书店版
背影	朱自清	1928年上海开明书店版
在黑暗中	丁玲	1928年上海开明书店版
倪焕之	叶圣陶	1929年上海开明书店版

书名	作者	出版信息
啼笑因缘	张恨水	1930年上海三友书社版
缘缘堂随笔	丰子恺	1931年上海开明书店版
新月诗选	陈梦家编选	1931年上海新月书店版
鲁迅杂感选集	何凝（瞿秋白）选编	1933年上海青光书局版
望舒草	戴望舒	1933年上海现代书局版
烙印	臧克家	1933年自印
子夜	茅盾	1933年上海开明书店版
家（《激流三部曲》之一）	巴金	1933年上海开明书店版
边城	沈从文	1934年上海生活书店版
南行记	艾芜	1935年上海文化生活出版社版
死水微澜	李劼人	1936年上海中华书局版
大堰河	艾青	1936年自印
湘行散记	沈从文	1936年上海商务印书馆版
画梦录	何其芳	1936年上海文化生活出版社版
上海屋檐下	夏衍	1937年上海杂志公司版
萍踪忆语	韬奋	1937年上海生活书店版
包身工	夏衍	1938年广州离骚出版社版
骆驼祥子	老舍	1939年上海人间书屋版
黄河大合唱	光未然作词 冼星海作曲	1939年重庆生活书店版
呼兰河传	萧红	1941年重庆上海杂志公司版
屈原	郭沫若	1942年重庆文林出版社版
十四行集	冯至	1942年桂林明日社版
给战斗者	田间	1943年桂林南天出版社版
速写三篇	张天翼	1943年重庆文化生活出版社版
小二黑结婚	赵树理	1943年华北新华书店版

传奇	张爱玲	1944年上海杂志社版
小城风波	沙汀	1944年重庆东方书社版
风雪夜归人	吴祖光	1944年上海开明书店版
白毛女	延安鲁艺工作团集体创作 贺敬之 丁毅执笔	1945年延安新华书店版
穆旦诗集（1939–1945）	穆旦（查良铮）	1945年自印
财主底儿女们（上下）	路翎	1945年重庆希望社版（上部） 1948年上海希望出版社（下部）
解放区短篇创作选	周扬选编	1946年苏南新华书店、东北书店版
果园城记	师陀	1946年上海出版公司版
王贵与李香香	李季	1946年太岳新华书店版
围城	钱锺书	1947年上海晨光图书公司版
人生采访	萧乾	1947年上海文化生活出版社版
雅舍小品	梁实秋	1949年台北正中书局版
曹禺剧本选	曹禺	1949年上海文化生活出版社版
保卫延安	杜鹏程	1954年人民文学出版社版
红旗谱	梁斌	1957年中国青年出版社版
茶馆	老舍	1958年中国戏剧出版社版
关汉卿	田汉	1958年中国戏剧出版社版
青春之歌	杨沫	1958年作家出版社版
白洋淀纪事	孙犁	1958年中国青年出版社版
城南旧事	林海音	1960年台中光启出版社版
阿诗玛（重新整理本）	云南人民文工团圭山工作组搜集整理 中国作家协会昆明分会重新整理	1960年人民文学出版社版
创业史（第一部）	柳青	1960年中国青年出版社版

书名	作者	出版信息
红岩	罗广斌 杨益言	1961年中国青年出版社版
燕山夜话	马南邨	1961-1962年北京出版社版
毛主席诗词	毛泽东	1963年人民文学出版社版
李自成（第一卷）	姚雪垠	1963年中国青年出版社版
台北人	白先勇	1971年台北晨钟出版社版
家变	王文兴	1973年台北环宇出版社
将军族	陈映真	1975年台北远景出版社版
郭小川诗选	郭小川	1977年人民文学出版社版
哥德巴赫猜想	徐迟	1978年人民文学出版社版
百合花	茹志鹃	1978年人民文学出版社版
四世同堂	老舍	1979年百花文艺出版社版
重放的鲜花	多人创作	1979年上海文艺出版社版
随想录（1-5）	巴金	1979-1986年香港三联书店版
射雕英雄传	金庸	1981年香港三联书店版
傅雷家书	傅雷	1981年北京三联书店版
干校六记	杨绛	1981年北京三联书店版
芙蓉镇	古华	1981年人民文学出版社版
白色花	绿原 牛汉编选	1981年人民文学出版社版
九叶集	辛笛等	1981年江苏人民出版社版
汪曾祺短篇小说选	汪曾祺	1982年北京出版社版
棋王	阿城	1985年作家出版社版
北方的河	张承志	1985年百花文艺出版社版
男人的一半是女人	张贤亮	1985年中国文联出版公司版
北岛诗选	北岛	1986年广东新世纪出版社版
活动变人形	王蒙	1986年人民文学出版社版
平凡的世界	路遥	1986年中国文联出版公司版
红高粱家族	莫言	1987年解放军文艺出版社版
古船	张炜	1987年人民文学出版社版

余光中诗选	余光中	1987年海峡文艺出版社版
南渡记	宗璞	1988年人民文学出版社版
蒲桥集	汪曾祺	1989年作家出版社版
白鹿原	陈忠实	1993年人民文学出版社版
舒婷的诗	舒婷	1994年人民文学出版社版

4. "世界文学名著文库"书目

书名	著者	译者
贝姨	[法]巴尔扎克	傅雷
儿子与情人	[英]劳伦斯	陈良廷 刘文澜
复活	[俄]列夫·托尔斯泰	汝龙
戈拉	[印]泰戈尔	刘寿康
好兵帅克历险记	[捷]雅·哈谢克	星灿
还乡	[英]哈代	张谷若
幻灭	[法]巴尔扎克	傅雷
静静的顿河(1—4)	[苏]肖洛霍夫	金人
卢贡达人	[法]左拉	刘益庚
绿衣亨利(上下)	[瑞士]凯勒	田德望
马亚一家	[葡萄牙]埃萨·德·凯依洛斯	张保生
米德尔马契(上下)	[英]乔治·爱略特	项星耀
斯·茨威格小说选	[奥]斯·茨威格	张玉书选编
泰戈尔诗选	[印]泰戈尔	石真 谢冰心
堂吉诃德(上下)	[西]塞万提斯	杨绛
庭长夫人(上下)	[西班牙]克拉林	唐民权等
维廉·麦斯特的漫游时代	[德]歌德	关惠文
维廉·麦斯特的学习时代	[德]歌德	冯至 姚可昆
一生 漂亮朋友	[法]莫泊桑	盛澄华 张冠尧
一位女士的画像	[美]亨利·詹姆斯	项星耀
源氏物语(上下)	[日]紫式部	丰子恺

《一千零一夜》故事选		纳训
安徒生童话故事集	[丹麦]安徒生	叶君健
巴黎圣母院	[法]雨果	陈敬容
白痴	[俄]陀思妥耶夫斯基	南江
草叶集(上下)	[美]惠特曼	楚图南 李野光
轭下	[保]伐佐夫	施蛰存
海涅诗选	[德]海涅	张玉书编选
吉尔·布拉斯	[法]勒萨日	杨绛
简·爱	[英]夏洛蒂·勃朗特	吴钧燮
金人	[匈]约卡伊·莫尔	柯青
卡拉马佐夫兄弟(上下)	[俄]陀思妥耶夫斯基	耿济之
癞皮鹦鹉	[墨]利萨尔迪	周末怡友
母亲 短篇小说选	[苏联]高尔基	夏衍等
南方与北方	[英]盖斯凯尔夫人	主万
欧·亨利短篇小说选	[美]欧·亨利	王永年
前夜 父与子	[俄]屠格涅夫	丽尼 巴金
青年近卫军	[苏联]法捷耶夫	水夫
唐璜	[英]拜伦	查良铮 王佐良
战争与和平(上下)	[俄]列夫·托尔斯泰	刘辽逸
罗摩衍那选	[印]蚁垤	季羡林
忏悔录	[法]卢梭	黎星
浮士德	[德]歌德	绿原
格林童话全集	[德]格林兄弟	魏以新
家	巴金	
卡夫卡小说选	[奥]卡夫卡	孙坤荣
列王纪选	[波斯]菲尔多西	张鸿年
鲁迅小说选	鲁迅	
骆驼祥子 离婚	老舍	

书名	作者	译者
玛丽亚 蓝眼睛	[哥伦比亚]伊萨克斯 [墨]阿尔塔米拉诺	朱景冬 沈根发 卞双成
萌芽	[法]左拉	黎柯
尼贝龙根之歌	[德]尼贝龙根	钱春绮
欧也妮·葛朗台 高老头	[法]巴尔扎克	傅雷
普希金小说戏剧选	[俄]普希金	卢永选编
弃儿汤姆·琼斯的历史(上下)	[英]亨利·菲尔丁	萧乾 李从弼
童年 在人间 我的大学	[苏联]高尔基	刘辽逸 楼适夷 陆风
伊利亚特	[古希腊]荷马	罗念生 王焕生
子夜	茅盾	
罪与罚	[俄]陀思妥耶夫斯基	朱海观 王汶
悲惨世界(上中下)	[法]雨果	李丹 方于
艾凡赫	[英]华特·司各特	刘尊棋 章益
安娜·卡列尼娜(上下)	[俄]列夫·托尔斯泰	周扬
德伯家的苔丝	[英]哈代	张谷若
名利场(上下)	[英]萨克雷	杨必
涅曼河畔	[波兰]奥若什科娃	施友松
少年维特的烦恼	[德]歌德	杨武能等
双城记	[英]查尔斯·狄更斯	石永礼 赵文娟
死魂灵	[俄]果戈理	满涛 许庆道
傲慢与偏见	[英]简·奥斯丁	张玲 张扬
无名的裘德	[英]哈代	张谷若
李白选集	裴斐选注	
悲翡达夫人	[西]加尔多斯	王永达 杨明江 郭有鸿
打鹿将	[美]詹姆斯·库柏	白滨

都柏林人青年艺术家的画像	[爱尔兰]詹姆斯·乔伊斯	黄雨石等
果戈理小说选	[俄]果戈理	满涛
近松门左卫门井原西鹤作品选	[日]近松西鹤	钱稻孙
九三年	[法]雨果	郑永慧
驴皮记 绝对之探求	[法]巴尔扎克	梁均 王文融
罗亭贵族之家	[俄]屠格涅夫	磊然
马丁·伊登	[美]杰克·伦敦	殷惟本
美国的悲剧	[美]德莱塞	许汝祉
摩诃婆罗多插话选（上下）	[印]摩诃婆罗多	金克木等
莫泊桑中短篇小说选	[法]莫泊桑	郝运 赵少侯
裴多菲诗选	[匈]裴多菲	兴万生
普希金诗选	[俄]普希金	卢永等
契诃夫小说选	[俄]契诃夫	汝龙
席勒戏剧诗歌选	[德]席勒	钱春绮等
雪莱诗选	[英]雪莱	江枫
约婚夫妇	[意]曼佐尼	王永年
怎么办	[俄]车尔尼雪夫斯基	蒋路
里尔克诗选	[奥地利]里尔克	绿原
奥勃洛莫夫	[俄]冈察洛夫	陈馥 郑揆
奥德赛	[古希腊]荷马	王焕生
曹植选集 陶渊明选集	俞绍初 王晓东选注	
达洛维太太 到灯塔去 海浪	[英]弗吉尼亚·伍尔芙	谷启楠等
二刻拍案惊奇	凌濛初	
郭沫若诗歌戏剧选	郭沫若	
警世通言	冯梦龙编	
鲁滨逊漂流记 摩尔·弗兰德斯	[英]笛福	徐霞村 梁遇春

书名	作者	译者/校注
拍案惊奇	凌濛初	陈迩冬 郭隽杰校注
破戒家	[日]岛崎藤村	
全本新注聊斋志异（上下）	蒲松龄著 朱其凯编	
神曲	[意]但丁	王维克
史记选	王伯祥选注	
唐宋传奇选	张友鹤选注	
陀思妥耶夫斯基中短篇小说选	[俄]陀思妥耶夫斯基	文颖等
我是猫	[日]夏目漱石	尤炳圻 胡雪
辛弃疾选集	朱德才选注	
醒世恒言	冯梦龙编	
喻世明言	冯梦龙编	
莱蒙托夫诗选 当代英雄	[俄]莱蒙托夫	余振等
艾青诗选	艾青	
曹禺戏剧选	曹禺	
冯维辛 格里鲍耶陀夫 果戈理 苏霍沃-柯贝林戏剧选	[俄]冯维辛 格里鲍耶陀夫 多人 果戈理 苏霍沃-柯贝林	
济慈诗选	[英]济慈	屠岸
苦难历程（上下）	[苏]阿·托尔斯泰	王士燮
陆游选集	王永照 高克勤选注	
秘鲁传说	[秘]帕尔马	白凤森
牡丹亭	汤显祖	
儒林外史	吴敬梓	
桃花扇	孔尚任	

托尔斯泰中短篇小说选	[俄]托尔斯泰	臧仲伦等
西班牙流浪汉小说选	[西班牙]克维多等	杨绛等
易卜生戏剧选	[挪]易卜生	潘家洵等
约翰·克利斯朵夫(上下)	[法]罗曼·罗兰	傅雷
猎人笔记	[俄]屠格涅夫	丰子恺
西厢记	王实甫	
长生殿	洪昇	
恶之花 巴黎的忧郁	[法]雨果	钱春绮
金钱	[法]左拉	金满成
巨人传	[法]拉伯雷	鲍文蔚
柳宗元选集	吴文治选注	
梅里美中短篇小说集	[法]梅里美	张冠尧
弥尔顿诗选	[英]弥尔顿	朱维之选译
谁在俄罗斯能过好日子	[俄]涅克拉索夫	飞白
汤姆·索亚历险记 哈克贝利·费恩历险记	[美]马克·吐温	成时
外祖母	[捷]鲍·聂姆佐娃	吴琦
维加戏剧选	[西班牙]维加	胡真才 吕晨重
亚·奥斯特洛夫斯基契诃夫戏剧选	[俄]亚·奥斯特洛夫斯基 契诃夫	陈冰夷 臧仲伦等
珍妮姑娘	[美]德莱塞	潘庆舲
爱伦·坡短篇小说集	[美]爱伦·坡	陈良廷 徐汝椿
古希腊戏剧选	人民文学出版社编选	罗念生等
十日谈	[意大利]薄伽丘	王永年
包法利夫人三故事	[法]福楼拜	张道真 刘益庚
勃洛克叶赛宁诗选	[俄]勃洛克 叶赛宁	郑体武 郑铮
杜甫选集	袁世硕等选注	
戈洛夫廖夫老爷们童话集	[俄]谢德林	杨仲德 张孟恢

关汉卿选集		康保成　李树玲选注
黑暗的心　吉姆爷	[英]康拉德	黄雨石　熊蕾
"水仙号"的黑水手	[英]康拉德	袁家骅
鲁达基　海亚姆　萨迪	[波斯]鲁达基　海亚姆	潘庆舲等
哈菲兹作品选	萨迪　哈菲兹	
鲁迅散文选集	人民文学出版社编	
马雅可夫斯基诗选	[苏联]马雅可夫斯基	卢永等
屈原选集	金开诚　高路明选注	
汤姆叔叔的小屋	[美]斯陀夫人	王家湘
塔杜施先生	[波兰]密茨凯维奇	易丽君　林洪亮
哥尔多尼戏剧集	[意]哥尔多尼	孙维世等
红与黑	[法]司汤达	张冠尧
红字　七个尖角顶的宅第	[美]霍桑	胡允桓
呼啸山庄	[英]爱米丽·勃朗特	张玲　张扬
纪伯伦诗文选	[黎巴嫩]纪伯伦	冰心等
诗经全注	褚斌杰注	
斯特林堡小说戏剧选	[瑞典]斯特林堡	张道文　李之义
歌德诗选	[德]歌德	冯至　钱春绮　绿原
金瓶梅词话（上下）	兰陵笑笑生	
罗兰之歌　特利斯当与伊瑟列那狐的故事	[法]罗兰	杨宪益　罗新璋
埃涅阿斯纪	[古罗马]维吉尔	杨周翰
波斯人信札	[法]孟德斯鸠	罗大冈
大卫·科波菲尔（上下）	[英]狄更斯	庄绎传
古罗马戏剧选		杨宪益　杨周翰　王焕生
古希腊散文选	[古希腊]柏拉图等	水建馥
乐府诗选	曹道衡选注	
木桶的故事　格列佛游记	[英]斯威夫特	主万　张健

你往何处去	[波兰] 显克维奇	张振辉
施托姆小说选	[德] 泰奥道尔·施托姆	关惠文等
田园三部曲	[法] 乔治·桑	罗旭等
雨果诗选	[法] 雨果	程曾厚
变形记	[罗马] 奥维德	杨周翰
华兹华斯 柯尔律治诗选	[英] 华兹华斯 柯尔律治	杨德豫
庄子选集	陆永品选注	
奥利弗·退斯特	[英] 查尔斯·狄更斯	黄雨石
狄德罗小说选	[法] 狄德罗	多人
欧洲寓言选	[古希腊] 伊索	王焕生等
高乃依 拉辛戏剧选	[法] 高乃依 拉辛	张秋红等
韩愈选集	吴小林选注	
红楼梦（上下）	曹雪芹 高鹗著	
基度山伯爵（上下）	[法] 大仲马	蒋学模
莫里哀喜剧选	[法] 莫里哀	赵少侯等
三国演义（上下）	罗贯中	
莎士比亚悲剧选	[英] 莎士比亚	朱生豪
莎士比亚历史剧选	[英] 莎士比亚	朱生豪
王尔德作品选	[爱尔兰] 王尔德	黄源深等
西游记（上下）	吴承恩	
博马舍戏剧二种	[法] 博马舍	吴达元
莎士比亚喜剧选	[英] 莎士比亚	朱生豪
尤利西斯（上下）	[爱尔兰] 乔伊斯	金隄
马克·吐温中短篇小说选	[美] 马克·吐温	叶冬心
白鲸	[美] 梅尔维尔	成时
水浒传（上下）	施耐庵 罗贯中	
白居易选集	周勋初 严杰选注	
苏轼选集	张志烈 张晓蕾选注	

5. "汉译世界学术名著丛书"书目

哲学类

书名	作者
第一哲学(上下)	[德]胡塞尔编
哲学和自然之镜	[美]理查德·罗蒂
人类理解论(上下)	[英]洛克
实验医学研究导论	[法]克洛德·贝尔纳
科学—神学论战史(全两卷)	[美]安德鲁·迪克森·怀特
释梦	[奥]弗洛伊德
伦理学中的形式主义与质料的价值伦理学	[德]马克斯·舍勒
自然哲学	[德]黑格尔
悲剧的诞生	[德]弗里德里希·尼采
保卫马克思	[法]路易·阿尔都塞
伦理学的两个基本问题	[德]叔本华
健全的思想	[法]霍尔巴赫
先验唯心论体系	[德]谢林
论老年论友谊论责任	[古罗马]西塞罗
知性改进论	[荷兰]斯宾诺莎
科学的规范	[英]卡尔·皮尔逊
示教千则	[印度]商羯罗
权力意志(上下)	[德]尼采
人是机器	[法]拉·梅特里
欧洲科学的危机与超越论的现象学	[德]胡塞尔

书名	作者
认识的途径	[美]威廉·佩珀雷尔·蒙塔古
人类理解研究	[英]休谟
论有学识的无知	[德]库萨的尼古拉
爱因斯坦文集全三卷	[美]爱因斯坦
宗教与科学	[英]罗素
忏悔录	[古罗马]奥古斯丁
神圣人生论(上下)	[印度]室利·阿罗频多
美学第一卷	[德]黑格尔
美学第二卷	[德]黑格尔
美学第三卷上册	[德]黑格尔
美学第三卷下册	[德]黑格尔
第一哲学沉思集	[法]笛卡尔
泛神论要义	[英]约翰·托兰德
哲学研究	[奥]维特根斯坦
游叙弗伦 苏格拉底的申辩 克力同	[古希腊]柏拉图
人生的亲证	[印度]罗宾德拉纳特·泰戈尔
原始思维	[法]列维-布留尔
拓扑心理学原理	[德]库尔特·勒温
近代心理学历史导引(上下)	[美]G.墨菲 J.柯瓦奇
诗学	[古希腊]亚里士多德
精神分析引论	[奥]弗洛伊德
人类知识起源论	[法]孔狄亚克
形而上学导论	[德]海德格尔
善的研究	[日]西田几多郎
人类的知识	[英]罗素
逻辑与演绎科学方法论导论	[波兰]塔尔斯基
基督何许人也	[日]幸德秋水
谈谈方法	[法]笛卡尔

埃克哈特大师文集	[德]埃克哈特
宗教经验之种种	[美]威廉·詹姆士
物种起源	[英]达尔文
思想录	[法]帕斯卡尔
文明论概略	[日]福泽谕吉
阿维斯塔	[伊朗]贾利尔·杜斯特哈赫
普通认识论	[德]M.石里克
人类理智新论（上下）	[德]莱布尼茨
圣教论	[印度]乔荼波陀
回忆苏格拉底	[古希腊]色诺芬
艺术的起源	[德]格罗塞
十六、十七世纪科学、技术和哲学史（上下）	[英]亚·沃尔夫
苏鲁支语录	[德]尼采
物理学	[古希腊]亚里士多德
纯粹现象学通论	[德]胡塞尔
结构主义	[瑞士]皮亚杰
基督教并不神秘	[英]约翰·托兰德
劝学篇	[日]福泽谕吉
自然哲学的数学原理	[英]牛顿
偶像的黄昏	[德]尼采
袖珍神学	[法]保尔·霍尔巴赫
真理、意义与方法	[美]唐纳德·戴维森
性心理学	[英]霭理士
算术基础	[德]G.弗雷格
心的概念	[英]吉尔伯特·赖尔
法哲学原理	[德]黑格尔
任何一种能够作为科学出现的未来形而上学导论	[德]康德

理想国	[古希腊]柏拉图
伦理学体系	[德]费希特
给塞伦娜的信	[英]约翰·托兰德
灵魂论及其他	[古希腊]亚里士多德
历史理性批判文集	[德]康德
论学者的使命人的使命	[德]费希特
西方哲学史（上卷）	[英]罗素
西方哲学史（下卷）	[英]罗素
发生认识论原理	[瑞士]皮亚杰
历史与阶级意识	[匈]卢卡奇
物理学和哲学	[德]W.海森伯
科学与近代世界	[英]A.N.怀特海
科学与方法	[法]昂利·彭加勒
基督教的本质	[德]费尔巴哈
作为意志和表象的世界	[德]叔本华
哲学辞典（上下）	[法]伏尔泰
科学社会学（上下）	[美]R.K.默顿
自然宗教对话录	[英]休谟
人性论（上下）	[英]休谟
动物四篇	[古希腊]亚里士多德
人有人的用处	[美]N.维纳
时间与自由意志	[法]柏格森
哲学的改造	[美]杜威
感觉的分析	[奥]马赫
计算机与人脑	[美]约·冯·诺伊曼
斯宾诺莎书信集	[荷]斯宾诺莎
逻辑哲学论	[奥]维特根斯坦
科学中华而不实的作风	[俄]赫尔岑
自然的体系（上下）	[法]霍尔巴赫

精神现象学（上卷）	[德] 黑格尔
精神现象学（下卷）	[德] 黑格尔
实验心理学史（上下）	[美] E.G. 波林
自然哲学	[德] 莫里茨·石里克
哲学史教程（上卷）	[德] 文德尔班
哲学史教程（下卷）	[德] 文德尔班
我的哲学的发展	[英] 伯特兰·罗素
一年有半、续一年有半	[日] 中江兆民
十七世纪英格兰的科学、技术与社会	[美] 罗伯特·金·默顿
论灵魂	[阿拉伯] 伊本·西那（阿维森纳）
哲学作为严格的科学	[德] 胡塞尔
对莱布尼茨哲学的批评性解释	[英] 罗素
全部知识学的基础	[德] 费希特
人类知识原理	[英] 乔治·贝克莱
动物志	[古希腊] 亚里士多德
精神分析引论新编	[奥] 弗洛伊德
论原因、本原与太一	[意] 布鲁诺
行为的结构	[法] 莫里斯·梅洛－庞蒂
奥义书	
物理学理论的目的与结构	[法] 皮埃尔·迪昂
薄伽梵歌论	[印度] 室利·阿罗频多
心的分析	[英] 伯特兰·罗素
新系统及其说明	[德] 莱布尼茨
多元的宇宙	[美] 威廉·詹姆士
数学、科学和认识论	[匈] 拉卡托斯
尼耳斯·玻尔哲学文选	[丹麦] N. 玻尔
范畴篇 解释篇	[古希腊] 亚里士多德

莱布尼茨与克拉克论战书信集	[德]莱布尼茨
面向思的事情	[德]海德格尔
纯粹理性批判	[德]康德
诠释学ⅠⅡ：真理与方法	[德]汉斯－格奥尔格·伽达默尔
宗教的本质	[德]费尔巴哈
感觉与可感物	[英]J.L.奥斯汀
逻辑与知识	[英]伯特兰·罗素
路标	[德]海德格尔
耶稣传全两卷	[德]大卫·弗里德里希·施特劳斯
耶稣传	[法]欧内斯特·勒南
道德原则研究	[英]休谟
巴曼尼得斯篇	[古希腊]柏拉图
意义与真理的探究	[英]伯特兰·罗素
简论上帝、人及其心灵健康	[荷兰]斯宾诺莎
科学与假设	[法]昂利·彭加勒
道德情操论	[英]亚当·斯密
逻辑学讲义	[德]康德
自我的超越性	[法]让－保尔·萨特
形而上学	[古希腊]亚里士多德
躯体的智慧	[美]坎农
科学哲学的兴起	[德]H.赖欣巴哈
判断力批判（上卷）	[德]康德
判断力批判（下卷）	[德]康德
科学的价值	[法]昂利·彭加勒
伦理学	[荷兰]斯宾诺莎
狄德罗哲学选集	[法]狄德罗
人类的由来（上下）	[英]达尔文
物性论	[古罗马]卢克莱修

佛教逻辑	[俄]舍尔巴茨基
内时间意识现象学	[德]埃德蒙德·胡塞尔
薄伽梵歌	[古印度]毗耶娑
逻辑大全	[英]奥卡姆
新工具	[英]培根
笛卡尔哲学原理	[荷兰]斯宾诺莎
思维方式	[英]怀特海
声音与现象	[法]雅克·德里达
对笛卡尔《沉思》的诘难	[法]伽森狄
实践理性批判	[德]康德
对莱布尼茨哲学的叙述、分析和批判	[德]费尔巴哈
培根论说文集	[英]培根
尼各马可伦理学	[古希腊]亚里士多德
在通向语言的途中	[德]海德格尔
最后的沉思	[法]彭加勒
艺术即经验	[美]约翰·杜威
事实、虚构和预测	[美]纳尔逊·古德曼
数理哲学导论	[英]罗素
小逻辑	[德]黑格尔
亚里士多德的三段论	[波兰]卢卡西维茨
天象论 宇宙论	[古希腊]亚里士多德
认识与谬误	[奥]恩斯特·马赫
尼采(上下卷)	[德]马丁·海德格尔
论个人在历史上的作用问题	[俄]普列汉诺夫
十八世纪科学、技术和哲学史(上下)	[英]亚·沃尔夫
哲学史讲演录(第一卷)	[德]黑格尔
哲学史讲演录(第二卷)	[德]黑格尔
哲学史讲演录(第三卷)	[德]黑格尔

| 哲学史讲演录（第四卷） | [德]黑格尔 |
| 逻辑学（上下卷） | [德]黑格尔 |

政法类

书名	作者
实用主义	[美]威廉·詹姆士
保守主义	[英]休·塞西尔
街角社会	[美]威廉·富特·怀特
论平等	[法]皮埃尔·勒鲁
普通法的诉讼形式	[英]梅特兰
原始分类	[法]爱弥尔·涂尔干马塞尔·莫斯
布朗基文选	[法]布朗基
论自由	[英]约翰·密尔
神学政治论	[荷兰]斯宾诺莎
利维坦	[英]霍布斯
英国宪法	[英]沃尔特·白芝浩
欧文选集（第一卷）	
欧文选集（第二卷）	
欧文选集（第三卷）	
互助论	[俄]克鲁泡特金
遗书（第一卷）	[法]让·梅叶
遗书（第三卷）	[法]让·梅叶
遗书（第二卷）	[法]让·梅叶
圣西门选集（第三卷）	
海军战略	[美]艾·塞·马汉
和谐与自由的保证	[德]威廉·魏特林
为平等而密谋（上卷）	[法]菲·邦纳罗蒂
为平等而密谋（下卷）	[法]菲·邦纳罗蒂

塞瓦兰人的历史	[法]德尼·维拉斯
论特权第三等级是什么？	[法]西耶斯
社会学方法的准则	[法]E.迪尔凯姆
论人与人之间不平等的起因和基础	[法]卢梭
格雷文集	[英]约翰·格雷
拿破仑文选（上卷）	
拿破仑文选（下卷）	
政治正义论（全两卷）	[英]威廉·葛德文
华盛顿选集	[美]乔治·华盛顿
权力论	[英]伯特兰·罗素
雪莱政治论文选	[英]雪莱
民族主义	[印度]泰戈尔
司法过程的性质	[美]本杰明·卡多佐
圣西门学说释义	[法]巴札尔安凡丹罗德里格
基督城	[德]约翰·凡·安德里亚
圣西门选集（第一卷）	
圣西门选集（第二卷）	
美洲三书	[英]埃德蒙·柏克
现实的人类和理想的人类	[德]威廉·魏特林
一个贫苦罪人的福音	
为英国人民声辩	[英]约翰·弥尔顿
革命法制和审判	[法]罗伯斯比尔
自然政治论	[法]霍尔巴赫
论美国的民主（上下）	[法]托克维尔
女权辩护 妇女的屈从地位	[英]玛丽·沃斯通克拉夫特
	[英]约翰·斯图尔特·穆勒
论世界帝国	[意]但丁
萨摩亚人的成年	[美]玛格丽特·米德
政府论上篇	[英]洛克

政府论下篇	[英]洛克
论法的精神（上下）	[法]孟德斯鸠
伊加利亚旅行记（第一卷）	[法]埃蒂耶纳·卡贝
伊加利亚旅行记（第二、三卷）	[法]埃蒂耶纳·卡贝
自然法典	[法]摩莱里
通过法律的社会控制	[美]罗斯科·庞德
法学总论	[罗马]查士丁尼
国家篇　法律篇	[古罗马]西塞罗
法律的道德性	[美]富勒
人类幸福论	[英]约翰·格雷
关于国家的哲学理论	[英]鲍桑葵
波斯人信札	[法]孟德斯鸠
忏悔录（第一部）	[法]卢梭
忏悔录（第二部）	[法]卢梭
傅立叶选集（第一卷）	[法]傅立叶
傅立叶选集（第二卷）	[法]傅立叶
傅立叶选集（第三卷）	[法]傅立叶
太阳城	[意]康帕内拉
公有法典	[法]泰·德萨米
自然法权基础	[德]费希特
温斯坦莱文选	[英国]温斯坦莱
宗教生活的基本形式	[法]爱弥尔·涂尔干
唯一者及其所有物	[德]麦克斯·施蒂纳
劳动组织	[法]路易·勃朗
论实证精神	[法]奥古斯特·孔德
自由主义	[英]霍布豪斯
社会主义神髓	[日]幸德秋水
菊与刀	[美]鲁思·本尼迪克特

政治学	[古希腊] 亚里士多德
乌有乡消息	[英] 威廉·莫里斯
社会静力学	[英] 赫伯特·斯宾塞
权威与个人	[英] 罗素
人类婚姻史全三卷	[芬兰] E.A. 韦斯特马克
人口问题	[英] 亚·莫·卡尔—桑德斯
君主论	[意] 尼科洛·马基雅维里
社会契约论	[法] 卢梭
古代法	[英] 梅因
俄国社会思想史（第一卷）	[俄] 戈·瓦·普列汉诺夫
俄国社会思想史（第二卷）	[俄] 戈·瓦·普列汉诺夫
俄国社会思想史（第三卷）	[俄] 戈·瓦·普列汉诺夫
拿破仑法典(法国民法典)	
回顾	[美] 爱德华·贝拉米
政治学：谁得到什么？何时和如何得到？	[美] 哈罗德·D. 拉斯韦尔
自杀论	[法] 埃米尔·迪尔凯姆
论出版自由	[英] 弥尔顿
对劳动的迫害及其救治方案	[英] 约翰·勃雷
乌托邦	[英] 托马斯·莫尔
爱弥儿（上下）	[法] 卢梭
形而上学的国家论	[英] L.T. 霍布豪斯
祖国在危急中	[法] 奥·布朗基
代议制政府	[英] J.S. 密尔
马布利选集	[法] 马布利
社会命运（全两卷）	[法] 维克多·孔西得朗
面包与自由	[俄] 克鲁泡特金
潘恩选集	[英] 托马斯·潘恩

什么是所有权	[法] 蒲鲁东
贫困的哲学(上下)	[法] 蒲鲁东
新爱洛漪丝	[法] 卢梭
联邦党人文集	[美] 亚历山大·汉密尔顿、约翰·杰伊、詹姆斯·麦迪逊
人文类型	[英] 雷蒙德·弗思
雅典政制	[古希腊] 亚里士多德
法的形而上学原理	[德] 康德
罗马盛衰原因论	[法] 孟德斯鸠
阿奎那政治著作选	[意] 托马斯·阿奎那
论宗教宽容	[英] 洛克
象征之林	[英] 维克多·特纳
社会生活中的交换与权力	[美] 彼得·M. 布劳
缅甸高地诸政治体系	[英] 埃德蒙·R. 利奇
大洋国	[英] 詹姆士·哈林顿
一个孤独的散步者的梦	[法] 卢梭
杰斐逊选集	[美] 托马斯·杰斐逊
皮佑选集	[法] 让·雅克·皮佑
政府片论	[英] 边沁
政治中的人性	[英] 格雷厄姆·沃拉斯
阿赞德人的巫术、神谕和魔法	[英] E.E. 埃文思-普里查德
休谟政治论文选	[英] 休谟
林肯选集	[美] 亚伯拉罕·林肯
人和公民的自然法义务	[德] 塞缪尔·普芬道夫
托克维尔回忆录	[法] 托克维尔
笛福文选	[英] 笛福
日本官僚制研究	[日] 辻清明
对德意志民族的演讲	[德] 费希特

书名	作者
法国革命论	[英] 柏克
道德与立法原理导论	[英] 边沁
互动仪式链	[美] 兰德尔·柯林斯
马基雅维里主义	[德] 弗里德里希·迈内克

经济类

书名	作者
资本主义发展论	[美] 保罗·斯威齐
家庭论	[美] 加里·斯坦利·贝克尔
政治经济学的国民体系	[德] 弗里德里希·李斯特
最能促进人类幸福的财富分配原理的研究	[英] 威廉·汤普逊
经济学原理下卷	[英] 马歇尔
关于财富的形成和分配的考察	[法] 杜阁
资本主义与自由	[美] 米尔顿·弗里德曼
穆勒政治经济学概述	[俄] 尼·加·车尔尼雪夫斯基
企业的性质	[美] 奥利弗·E.威廉姆森 西德尼·G.温特
通货原理研究	[英] 托马斯·图克
关于德国国家经济状况的认识	[德] 卡·洛贝尔图斯
论决定自然利息率的原因	[英] 约瑟夫·马西
富兰克林经济论文选集	[美] 富兰克林
经济科学的性质和意义	[英] 莱昂内尔·罗宾斯
李嘉图著作和通信集（第一卷）	[英] 彼罗·斯拉法主编
李嘉图著作和通信集（第三卷）	[英] 彼罗·斯拉法
自然价值	[奥] 弗·冯·维塞尔
历史方法的国民经济学讲义大纲	[德] 威廉·罗雪尔
政治经济学新原理	[瑞士] 西斯蒙第

中世纪经济社会史（下册）	[美]汤普逊
政治经济学原理	[英]约·雷·麦克库洛赫
民主财政论	[美]詹姆斯·M.布坎南
用商品生产商品	[英]斯拉法
改造传统农业	[美]西奥多·W.舒尔茨
政治经济学理论	[英]斯坦利·杰文斯
制度经济学（上册）	[美]康芒斯
制度经济学（下册）	[美]康芒斯
货币和资本理论的研究	[瑞典]林达尔
政治经济学研究（第一卷）	[瑞士]西斯蒙第
政治经济学研究（第二卷）	[瑞士]西斯蒙第
魁奈经济著作选集	[法]魁奈
财富理论的数学原理的研究	[法]奥古斯丹·古诺
中世纪晚期欧洲经济社会史	[美]詹姆斯·W.汤普逊
投入产出经济学	[美]沃西里·里昂惕夫
金融资本	[德]鲁道夫·希法亭
人类交换规律与人类行为准则的发展	[德]赫尔曼·海因里希·戈森
就业、利息和货币通论	[英]约翰·梅纳德·凯恩斯
价值与资本	[英]希克斯
贫困与饥荒	[印度]阿马蒂亚·森
经济学原理（上卷）	[英]马歇尔
法国农村史	[法]马克·布洛赫
贸易论（三种）	[英]托马斯·孟 尼古拉斯·巴尔本 达德利·诺思
资本主义的法律基础	[美]约翰·R.康芒斯
农业志	[古罗马]M.P.加图
经济周期理论研究	[美]小罗伯特·E.卢卡斯

罗马帝国社会经济史（上下）	[美] M. 罗斯托夫采夫
资本实证论	[奥] 庞巴维克
政治经济学概论	[法] 萨伊
休谟经济论文选	[英] 大卫·休谟
亚当·斯密关于法律、警察、岁入及军备的演讲	[英] 坎南编著
货币万能	[英] 雅各布·范德林特
风险、不确定性与利润	[美] 弗兰克·H. 奈特
经济史理论	[英] 约翰·希克斯
亚当·斯密通信集	[英] 欧内斯特·莫斯纳伊恩·辛普森·罗斯编
中世纪经济社会史（上册）	[美] 汤普逊
十八世纪产业革命	[法] 保尔·芒图
论英国本土的公共福利	[英] 伊丽莎白·拉蒙德编
配第经济著作选集	[英] 配第
利息与价格	[瑞典] 魏克赛尔
食利者政治经济学	[俄] 尼·布哈林
有闲阶级论	[美] 凡勃伦
货币、信用与商业	[英] 马歇尔
企业论	[美] 凡勃伦
经济分析史（第一卷）	[美] 约瑟夫·熊彼特
经济分析史（第二卷）	[美] 约瑟夫·熊彼特
经济分析史（第三卷）	[美] 约瑟夫·熊彼特
阿克洛夫、斯彭斯和斯蒂格利茨论文精选	[美] 乔治·阿克洛夫 [美] 迈克尔·斯彭斯 [美] 约瑟夫·斯蒂格利茨
经济和谐论	[法] 弗雷德里克·巴师夏
政治经济学要义	[英] 詹姆斯·穆勒

资本与利息	[奥]庞巴维克
货币均衡论	[瑞典]米尔达尔
财富的分配	[美]克拉克
政治经济学大纲	[英]西尼尔
经济增长理论	[英]阿瑟·刘易斯
布阿吉尔贝尔选集	
经济落后的历史透视	[美]亚历山大·格申克龙
国民财富的性质和原因的研究(上卷)	[英]亚当·斯密
国民财富的性质和原因的研究(下卷)	[英]亚当·斯密
论财富的分配和赋税的来源	[英]理查德·琼斯
论降低利息和提高货币价值的后果	[英]约翰·洛克
经济史上的结构和变革	[美]道格拉斯·C.诺思
论货币和贸易	[英]约翰·罗
经济论 雅典的收入	[古希腊]色诺芬
科学在现代文明中的地位	[美]托尔斯坦·凡勃伦
孤立国同农业和国民经济的关系	[德]约翰·冯·杜能
现代经济学导论	[英]琼·罗宾逊 约翰·伊特韦尔
人口原理	[英]马尔萨斯
资本主义、社会主义与民主	[美]约瑟夫·熊彼特
纯粹经济学要义	[法]莱昂·瓦尔拉斯
货币论(上卷)	[英]凯恩斯
货币论(下卷)	[英]凯恩斯
论财富的分配	[英]乔治·拉姆赛
论影响社会上劳动阶级状况的环境	[英]约翰·巴顿
施蒂格勒论文精粹	[美]库尔特·勒布 托马斯·盖尔·穆尔编
资本主义经济制度	[美]奥利弗·E.威廉姆森
政治经济学原理(上下)	[俄]М.И.杜冈-巴拉诺夫斯基

早期经济思想	[美] A.E. 门罗编
现代英国经济史(上卷一、二分册)	[英] 克拉潘
现代英国经济史(中卷)	[英] 克拉潘
现代英国经济史(下卷)	[英] 克拉潘
论农业	[古罗马] M.T. 瓦罗
商业性质概论	[爱尔兰] 理查德·坎蒂隆
官僚体制的政治	[美] 戈登·塔洛克
各国的经济增长	[美] 西蒙·库兹涅茨
福利经济学(上下)	[英] A.C. 庇古
经济发展理论	[美] 约瑟夫·熊彼特
进步与贫困	[英] 亨利·乔治
国民经济学基础	[德] 瓦尔特·欧肯
英国得自对外贸易的财富	[英] 托马斯·孟
俄国工人阶级状况	[俄] 恩·弗列罗夫斯基(瓦·瓦·别尔维)

历史类

书名	作者
德国南部中心地原理	[德] 沃尔特·克里斯塔勒
哲学与人文地理学	[英] R.J. 约翰斯顿
法国革命史	[法] 马迪厄
地理学与地理学家	[英] R.J. 约翰斯顿
菲利普二世时代的地中海和地中海世界(全两卷)	[法] 费尔南·布罗代尔
区位和土地利用	[美] 威廉·阿朗索
阿古利可拉传 日耳曼尼亚志	[古罗马] 塔西佗
马可波罗行纪	[法] 沙海昂
思想自由史	[英] J.B. 伯里

历史著作史（上下卷全两册）	[美] J.W. 汤普森
哥特史	[拜占庭] 约达尼斯
伯罗奔尼撒战争史（上下）	[古希腊] 修昔底德
新史学	[美] 詹姆斯·哈威·鲁滨逊
长征记	[古希腊] 色诺芬
历史学的理论和实际	[意] 贝奈戴托·克罗齐
	[英] 道格拉斯·安斯利英译
比较城市化	[美] 布赖恩·贝利
法兰克人史	[法兰克] 都尔教会主教格雷戈里
十六世纪的无信仰问题	[法] 吕西安·费弗尔
罗马史（上卷）	[古罗马] 阿庇安
罗马史（下卷）	[古罗马] 阿庇安
罗马帝国衰亡史（上册）	[英] 爱德华·吉本
罗马帝国衰亡史（下册）	[英] 爱德华·吉本
美国文明的兴起（上下）	[美] 查尔斯·A. 比尔德
	玛丽·R. 比尔德
喀提林阴谋朱古达战争	[古罗马] 撒路斯提乌斯
征服新西班牙信史（上下）	[西] 贝尔纳尔·迪亚斯·德尔·卡斯蒂略
蒙塔尤	[法] 埃马纽埃尔·勒华拉杜里
世界征服者史（上下）	[伊朗] 志费尼
新科学（上下）	[意] 维柯
十九世纪历史学与历史学家（上下）	[英] 乔治·皮博迪·古奇
路易十四时代	[法] 伏尔泰
历史的观念	[英] 柯林武德
罗马十二帝王传	[古罗马] 苏维托尼乌斯
地理学中的解释	[英] 大卫·哈维
旧制度与大革命	[法] 托克维尔

古代的地理学	[苏联]波德纳尔斯基编
封建社会(上下)	[法]马克·布洛赫
秘鲁征服史	[美]普雷斯科特
拿破仑时代(上下)	[法]乔治·勒费弗尔
历史的地理枢纽	[英]哈·麦金德
英国的家庭、性与婚姻1500-1800	[英]劳伦斯·斯通
法国文明史(第一卷)	[法]基佐
法国文明史(第二卷)	[法]基佐
法国文明史(第三卷)	[法]基佐
法国文明史(第四卷)	[法]基佐
塔西佗历史	[古罗马]塔西佗
伟大的德国农民战争(上下)	[德]威廉·戚美尔曼
法国革命史	[法]米涅
气候与生命	[苏联]Л.С.贝尔格
地理学的性质	[美]理查德·哈特向
历史是什么?	[英]E.H.卡尔
明日的田园城市	[英]埃比尼泽·霍华德
地理学	[德]阿尔夫雷德·赫特纳
工作与时日神谱	[古希腊]赫西俄德
查理大帝传	[法兰克]艾因哈德圣高尔修道院僧侣
三十年战争史	[德]弗里德里希·席勒
圣路易(上下)	[法]雅克·勒高夫
工业区位论	[德]阿尔弗雷德·韦伯
亚历山大远征记	[古希腊]阿里安
意大利文艺复兴时期的文化	[瑞士]雅各布·布克哈特
内战记	[古罗马]恺撒
欧洲文明史	[法]基佐

大陆和海洋的形成	[德]阿·魏根纳
一六四〇年英国革命史	[法]F.基佐
英吉利教会史	[英]比德
地理学性质的透视	[美]R.哈特向
战争史（上下）	[拜占庭]普洛科皮乌斯
经济空间秩序	[德]奥古斯特·勒施
蒙古帝国史	[法]雷纳·格鲁塞
希罗多德历史（上下）	[古希腊]希罗多德
论历史上的英雄、英雄崇拜和英雄业绩	[英]托马斯·卡莱尔
往年纪事	[俄]拉夫连季编
摩奴法典	[法]迭朗善
理论地理学	[美]威廉·邦奇
巴布尔回忆录	[印度]巴布尔
人文地理学问题	[法]阿·德芒戎
风俗论（上册）	[法]伏尔泰
风俗论（中册）	[法]伏尔泰
风俗论（下册）	[法]伏尔泰
两次世界大战之间的国际关系 1919-1939	[英]E.H.卡尔
印卡王室述评	[秘鲁]印卡·加西拉索·德拉维加
法国革命史	[法]乔治·勒费弗尔
塔西佗《编年史》（上下）	[古罗马]塔西佗
美国政治传统及其缔造者	[美]理查德·霍夫施塔特
德国的浩劫	[德]弗里德里希·迈内克
草原帝国（上下）	[法]勒内·格鲁塞
盎格鲁－撒克逊编年史	
莱茵河	[法]吕西安·费弗尔
高卢战记	[古罗马]凯撒

佛罗伦萨史	[意]尼科洛·马基雅维里
中世纪的城市	[比利时]亨利·皮雷纳
美国宪法的经济观	[美]查尔斯·A.比尔德
宪章运动史	[英]R.G.甘米奇
西印度毁灭述略	[西]巴托洛梅·德拉斯·卡萨斯
克拉维约东使记	[西班牙]罗·哥泽来滋·克拉维约
琉璃宫史(全三卷)	
古代社会(上下)	[美]路易斯·亨利·摩尔根
史集(第一卷第一分册)	[波斯]拉施特主编
史集(第一卷第二分册)	[波斯]拉施特主编
史集(第二卷)	[波斯]拉施特主编
史集(第三卷)	[波斯]拉施特主编

语言类

书名	作者
语言论	[美]布龙菲尔德
语言	[法]约瑟夫·房德里耶斯
普通语言学教程	[瑞士]费尔迪南·德·索绪尔
语言分析纲要	[美]B.布洛赫　G.L.特雷杰
语言论——言语研究导论	[美]爱德华·萨丕尔
语法哲学	[丹麦]奥托·叶斯柏森
汉语的本质和历史	[瑞典]高本汉
普遍唯理语法	[法]安托尼·阿尔诺　克洛德·朗斯洛
论语言的起源	[德]J.G.赫尔德
对人类语言结构的差异及其对人类精神发展的影响	[德]威廉·冯·洪堡特

诵读古今经典，弘扬传统美德！

全民阅读活动·全国中小学"韬奋书屋"计划之

"未来精英"中国阅读之星风采展示活动
暨《读懂中国》中华经典诵读评选活动

　　书是人类进步的阶梯，阅读则是了解人生和获取知识的重要手段和最好途径。国际阅读学会在总结阅读对于人类的最大益处时，曾经在一份报告中指出："阅读能力的高低直接影响到一个国家和民族的未来。"开展全民阅读活动，是党中央关于建设学习型社会要求的重要举措。党的十八大以来，以习近平同志为核心的党中央高度重视全民阅读，习近平总书记出席全国文艺工作座谈会发表的重要讲话，将全民阅读提到了国家战略和阅读立法的新高度。2017年6月，国务院法制办审议并原则通过了《全民阅读促进条例(草案)》。国家新闻出版广电总局在《全民阅读"十三五"时期发展规划》中强调：全民阅读的原则之一为"坚持少儿优先，保障重点"，大力促进少年儿童阅读，支持和帮助中小学生参加校外阅读活动，开展少儿阅读推广活动。

　　为深入贯彻习近平新时代中国特色社会主义思想和党的

诵读古今经典，弘扬传统美德！

十九大精神，落实国务院印发的《全民阅读促进条例》，学习贯彻全国教育大会精神，落实教育部、国家语委印发的《中华经典诵读工程实施方案》，积极深入推广开展全民阅读活动和中华经典诵读工程，韬奋基金会联合中宣部学习出版社、中国下一代教育基金会、中国儿童文学研究会等单位联合组织开展"未来精英"中国阅读之星风采展示活动暨《读懂中国》中华经典诵读评选活动。

　　"未来精英"中国阅读之星风采展示活动已经成功举办四届，作为"全民阅读"活动的有力实践者和推动者，未来精英将紧密结合新的时代条件，致力于传承和弘扬中华优秀传统文化，根据学生年龄特点，有机结合"阅"+"读"，通过阅读创作、

诵读古今经典,弘扬传统美德!

阅读演讲、阅读辩论、经典诵读等形式为广大少年儿童与家长搭建阅读平台,帮助孩子树立积极正确的价值观与世界观,在阅读中养成思考和探索的习惯,从小立志做国家文化生态体系的修复者、中华传统文化的弘扬者、中外文化交流的小使者。

一、组织机构

主办单位: 韬奋基金会 中宣部学习出版社 中国下一代教育基金会 中国儿童文学研究会 国家图书馆少儿馆 中国网文化中国 中国写作学会阅读学专业委员会

阅读推广支持单位(排名不分先后): 当当童书频道、中国出版集团公司、生活·读书·新知三联书店、中华书局、中共中央党校出版社、中国少年儿童出版社、四川人民出版社、二十一世纪出版社、人民文学出版社、中国青年出版社、天天出版社、江苏文艺出版社、湖北教育出版社、云南教育出版社、河北教育出版社、江苏凤凰教育出版社、湖南人民出版社、浙江少年儿童出版社、山东人民出版社、中国青年出版总社、广西师范大学出版社、广西民族出版社

执行单位: 北京外国语大学、韬奋书局、未来精英教育科技中心、北京青少年阅读体验大世界

媒体支持单位: 人民日报、中央电视台、中国教育电视台、参考消息、乐视教育、中央人民广播电台、中国国际广播电台、北京电视台、北京人民广播电台、中国全民阅读网、新华网、央视网、中国青年网、团中央未来网、新浪教育、腾讯教育、中华读书报、中华儿女报、千龙网

诵读古今经典,弘扬传统美德!

二、活动口号

弘扬核心价值观,昂首走进新时代!

阅读,为我们的思想插上翅膀!

诵读古今经典,弘扬传统美德!

三、专家顾问团主要成员

专家顾问团:

李肇星　全国人大外事委员会主任委员、中国人民外交学会名誉会长、原中华人民共和国外交部部长

欧阳中石　著名教育家、文化学者、书法家,首都师范大学教授、博士生导师

聂震宁　全国政协委员、中国韬奋基金会理事长、中国出版协会副理事长、原中国出版集团公司总裁

董俊山　学习出版社社长、原中宣部宣传教育局副局长

王　萍　教育部关心下一代工作委员会副主任、中国下一代教育基金会理事长兼秘书长

庄正华　中国儿童文学研究会会长、中国儿童艺术剧院原党委书记

郭英剑　中国人民大学外国语学院院长、教授,中国写作学会阅读学专业委员会副会长

乔安山　雷锋同志生前最亲密的战友、未来精英德育导师

纪　东　周恩来总理生前秘书、原武警指挥学院副院长、周恩来邓颖超研究中心顾问

郑贤兰　未来精英总督导、中国儿童文学研究会副秘书长、

诵读古今经典,弘扬传统美德!

国家图书馆副研究馆员

阅读专家评委团:

詹福瑞　原中国国家图书馆馆长、教育部中文学科教学指导委员会委员、文心雕龙研究会会长

王泉根　北京师范大学教授、中国作家协会儿童文学委员会副主任、儿童文学理论家

曹文轩　中国作家协会儿童文学委员会副主任、北京大学中文系教授、著名儿童文学作家

张之路　中国作家协会儿童文学委员会副主任、著名儿童文学作家

顾之川　教育部课程教材研究所研究员、人民教育出版社编审

海　飞　著名作家、原中国版协副主席、少儿读物工作委员会主任

徐德霞　中国儿童文学研究会副会长、著名儿童文学作家、原《儿童文学》主编

李　潘　全民阅读形象大使、中央电视台《读书》栏目制片人、主持人

张晓爱　原中国电视艺术家协会副主席、原北京电视台台长、第三届韬奋新闻奖获奖者

黄国荣　著名作家、韬奋基金会副秘书长、原解放军文艺出版社副社长

张明舟　国际儿童读物联盟中国分会副主席、中国儿童文

诵读古今经典,弘扬传统美德!

学研究会副会长

  王志庚 国家图书馆少儿馆馆长、国家图书馆研究馆员

  楚三乐 中国儿童文学研究会副会长兼秘书长

  王道峰 中国网文化中国主编、未来精英阅读顾问

  李蓉梅 北京师范大学儿童文学博士、"未来精英"中国阅读之星资深评委

  马 妍 北京市朝阳区教育研究中心小学语文教研室教研员,学科组长、北京市学科带头人

  常宏玖 北京人民广播电台《读书俱乐部》主持人

朗诵专家评委团:

  曹 灿 著名朗诵艺术家、北京市语言学会朗诵研究会名誉会长、中国国家话剧院国家一级演员

  瞿弦和 全国政协委员、中国诗歌学会朗诵演唱专业委员会主任、北京市语言学会朗诵研究会会长

  陈 铎 中央电视台著名节目主持人、著名朗诵艺术家

  虹 云 北京市语言学会朗诵研究会副会长、原中央电视台《话说长江》主持人、著名语言艺术家

  张筠英 著名朗诵艺术家、中央戏剧学院表演系教授

  方 明 中央人民广播电台播音部主任、中国播音学研究会会长

  雅 坤 中央人民广播电台著名播音员、节目主持人,中国广播电视学会主持人节目研究委员会副会长

  殷之光 著名朗诵艺术家、现任北京朗诵艺术团团长、国

诵读古今经典，弘扬传统美德！

家一级演员

刘纪宏　中央军委政治工作部话剧团国家一级演员、中国著名影视编剧、著名表演艺术家

陆　洋　中央人民广播电台播音指导、著名播音员、全国人民代表大会常务委员会特约播音员

杜　敏　北京人民广播电台播音指导、中国儿童艺术促进会语言艺术专业委员会会长

付　程　中国传媒大学教授、硕士研究生导师，曾任中国传媒大学播音主持艺术学院副院长

严燕生　原北京人民艺术剧院副院长、国家一级话剧演员、未来精英朗诵顾问

曲敬国　原解放军艺术学院戏剧系台词教研室主任、教授、硕士生导师、国家级普通话水平测试员

柴芦径　中国传媒大学播音主持艺术学院教授、播音主持艺术学院播音主持艺术研究所所长

周笑莉　著名影视演员、原北京大学歌剧研究院教研室主任、未来精英朗诵顾问

方　亮　中央人民广播电台中国之声《新闻和报纸摘要》节目主播

王　言　中央电视台新闻频道播音员，节目有《朝闻天下》《午夜新闻》《新闻直播间》《文化十分》

马笑书　中央电视台科教频道主持人，主持节目有《原来如此》《健康之路》《走进科学》《解码科技史》

诵读古今经典，弘扬传统美德！

芦　巍　中国传媒大学播音主持艺术学院高级讲师

嘉　华　中央人民广播电台制作人、主持人

小群姐姐　北京人民广播电台《听听糖耳朵》《毛毛狗的故事口袋》主持人

徐　萌　中央人民广播电台"中国广播网"节目主持人、未来精英资深评委

四、活动安排

1. **参选对象**

（1）喜爱阅读、朗诵及演讲的中小学生均可报名参加；

（2）活动分为学前组、小低组、小中组、小高组、初中组、高中组六个组别。

2. **活动安排及参选形式**（以下环节仅供参考，详细内容参照活动通知书）

环节	参选内容	展示形式
地区海选	阅读插画作文	作品评审
地区初选	阅读演讲＋经典诵读	线下展示
地区复选	阅读思维导图荐书演讲＋阅读交流＋经典诵读	线下展示
地区总决选	阅读创作与演讲＋经典诵读＋少年读书会＋阅读辩论	线下展示
全国总选拔及节目录播	阅读创作与演讲＋经典诵读＋古诗今讲＋阅读辩论	线下展示

3. **奖项设置**

（1）全国综合奖项：特等奖、一等奖、二等奖、三等奖、优胜奖；

诵读古今经典，弘扬传统美德！

（2）全国荣誉勋章：阅读之星勋章、朗诵之星勋章；

（3）各组别前十名获奖选手将有机会参加中央电视台科教频道《读书》栏目《中国少年读书会》节目录制；

（4）大赛组委会面向参赛学校及机构设立"阅读示范基地"、优秀组织奖、优秀指导教师奖。

4. 参考用书

（1）未来精英中国传统文化读本《读懂中国》，由上海远东出版社出版。国学大师任继愈先生为《读懂中国》题写书名，并担任总顾问。《读懂中国》正是适应当代中小学生健康成长的迫切需要而编写出版的。中华文化经典浩瀚如海，这部读本以独特的编辑视角，科学地选取最基本最精要的呈现给读者。它深入浅出，图文并茂，生动活泼，穿梭古今，中小学生读者定会乐于亲近，欣然阅读。

（2）未来精英朗诵读本：《全民经典朗读范本》，由中宣部学习出版社出版。中共中央党校常务副校长、我国思想理论家郑必坚担任总主编并题写书名。《全民经典朗读范本》由国学大师、语言艺术大家、大学教授及中小学教师精选篇目，并且集合了我国语言朗诵艺术界40多位语言艺术大家：曹灿、殷之光、方明、雅坤、陈铎、虹云、瞿弦和、张筠英、刘纪宏、濮存昕、唐国强、张凯丽、温玉娟、赵忠祥、敬一丹、任志宏、海霞、梁艳……为本书留下了经典精彩的有声资源，语言艺术家们对经典文化作品的精准生动的诠释，恰是全民经典朗读的范本。

诵读古今经典，弘扬传统美德！

（3）未来精英德育读本：《中华传统美德名典》，由中共中央党校出版社出版。本书入选"国家新闻出版广电总局向全国青少年推荐百种优秀图书"。

（4）未来精英经典导读读本：《眼睛看不见的智慧》，由四川人民出版社出版。未来精英阅读顾问刘莘教授经典导读《夏洛的网》《城南旧事》《窗边的小豆豆》《爱的教育》《小王子》《假如给我三天光明》《毛毛》《安德的游戏》《呼兰河传》《苏菲的世界》10部作品，经典阅读，思维促进，为孩子做有思想的减法。

5. 联系方式

（1）地址：北京海淀区北三环西路48号北京科技会展中心B座16E

北京海淀区西三环北路甲2号北京理工大学国防科技园1号楼926号

电话：010-53392876　010-53392878　010-53392879

网址：www.ispeaking.cn

第五届"未来精英"中国阅读之星风采展示活动

全国组委会

二零一八年九月

阅读，为我们的思想插上翅膀！